사회복지
조사론

2판

이봉재 지음

신정

개정판 머리말

2016년 1판이 출간된 이래로 이 책을 통해 수업을 진행하면서 발견한 오류들을 수정하고 새롭게 추가될 필요가 있는 내용들을 보완하기 위해 이번 개정판을 출간하게 되었다. 특히 이번 개정에서는 2020년 11월 한국사회복지교육협의회에서 발행한 2021-2022년도 사회복지학 교과목지침서가 제시하고 있는 사회복지조사론 교과목 내용과의 관련성을 높이고자 하였다.

개정을 하면서 가장 중점을 둔 부분은 다음과 같다. 대표적으로 초판에서는 다루지 않았던 양적자료분석의 기초통계 부분에 해당되는 통계의 개념, 빈도분석, 중앙집중경향도와 산포도 등을 마지막 장에 포함시켰다. 또한 칼 포퍼(Karl Popper)의 반증주의와 토마스 쿤(Thomas Kuhn)의 과학혁명을 중심으로 과학적 지식의 개념적 · 방법론적 쟁점을 다룬 과학철학에 대한 설명에 대해서도 알기 쉽게 보완하는 작업을 거쳤다. 그리고 1판이 출간된 이후 개정되거나 신설된 법규에 따른 각종 명칭들을 새로운 법규에 맞게 수정하는 작업을 하였다. 그밖에도 본문에서 설명하고 있는 내용을 표나 그림으로 요약하여 독자들이 보다 쉽게 사회복지조사론의 내용을 정리하는 데 도움을 주고자 하였다.

개정판을 준비하면서 일관되게 사회복지사 1급 국가시험의 출제경향을 본문에서 놓치지 않으려 하였으며, 수험생들이 이해하기 힘들어하는 내용을 중심으로 보다 많은 설명을 제공하고자 하였다. 하지만 개정판임에도 불구하고 여전히 부족하게 느껴지는 부분이 있어 아쉬움을 느끼며, 추후에 더 보완할 것을 다짐한다.

COVID 19로 인해 더 열악해진 시장환경에도 불구하고 기꺼이 개정판 출간을 결정해주신 도서출판 신정의 최용구 대표님과 이 책이 인쇄되어 나오기까지 애써주신 관계자 여러분께 감사드린다.

2022년 8월

저자 씀

차례

PART 01
과학적 연구의 기초 / 11

PART 02

개념과 측정 / 93

PART 03

조사설계 / 137

PART 04

자료의 수집 및 분석 / 201

PART 01

과학적 연구의 기초

Research Methods for Social Welfare

chapter

01 지식과 과학적 연구

이 장에서는 사회복지조사의 이론과 실제에 대한 구체적인 내용들을 본격적으로 학습하기 전에 사회복지조사가 과학적 탐구 속에서 차지하는 학문적 정체성을 먼저 살펴본다. 특히 사회복지조사란 사회복지사가 사회복지실천현장에서 필요한 지식을 얻는 수단과 방법이라고 할 때, 객관적 지식을 추구하는 과학적 탐구방법이 사회복지조사에 대해서 가지는 유용성을 살펴보고자 한다.

1. 지식의 기반

우리는 이미 많은 지식을 갖고 있다. 지금은 멸종했지만 과거 거대한 몸집의 공룡이 지구상에 살았다는 사실과, 그리고 정상혈압의 범위는 수축기 혈압이 120 이하이면서 이완기 혈압이 80 이하일 때라는 것, 3 · 1운동이 1919년에 일어났다는 사실도 알고 있다. 또한 삼각형의 내각의 합은 180°이고 스트레스는 면역체계를 약화시켜서 질병에 걸리기 쉽게 만든다는 것도 알고 있다.

그렇다면 우리는 이러한 사실들을 어떻게 알게 되었을까? 일반적으로 두 가지 접근방식을 생각해 볼 수 있다. 첫 번째는 합의된 믿음을 수용하는 것이고, 두 번째는 직접적인 경험을 통해 현상을 아는 것이다.

1) 합의된 믿음을 통해 현상을 아는 방식

먼저 합의를 통해 현상을 아는 방식이다. 우리는 공룡시대에 살아본 적이 없지만 남아 있는 화석을 통해 공룡의 존재를 인식하고 있으며, 이들의 식생에 대해서는 책이나 TV 프로그램 등에서 제공하는 정보를 보고 지식을 습득하였다. 그리고 병원에서 측정한 혈압으로 내 혈압이 정상혈압인지 아니면 고혈압이나 저혈압인지를 알게 되었다. 또한 초 · 중 · 고교의 생물, 역사, 수학시간에 인간의 면역체계와 3 · 1운동이 일어난 해, 그리고 각종 도형의 각도 및 그 각의 합을 배웠을 것이다.

이처럼 우리가 알고 있는 것들의 대부분은 동의와 믿음의 결과라고 할 수 있다. 즉, 지금 내가 알고 있는 것은 내가 직접 경험해 보거나 발견한 사실에 근거하기보다는 주변의 사람들이 이미 알고 있는 사실을 가르쳐주는 대로 받아들인 결과라고 하는 것이 더 정확한 이해일 것이다. 그렇기 때문에 만약 누군가가 주위의 사람들은 다 받아들이는 사실들에 회의를 품거나 의문을 제기한다면 다른 사람들로부터 이상한 사람 취급을 당할 가능성이 높다. 예를 들어, 주변의 거의 모든 사람들이 알고 있는 공룡의 존재를 심각하게 의심한다거나, 1919년 일어난 3 · 1운동의 사실 여부에 대해서 의문을 제기한다면 주위로부터 고립될 수도 있다.

이러한 점에서 Babbie(2021)는 지식의 기반을 사람들 사이의 합의라고 보았다. 그리고 그러한 합의를 수용하는 것이 삶을 수월하게 만드는 길이기도 함을 밝히고 있다. 즉, 우리는 세상의 모든 일을 직접 경험해 보거나 생각해서 깨달을 수 없기 때문에 다른 사람들이 이미 밝혀놓은 사실들을 받아들이고 믿기만 하면 세상에서 누릴 수 있는 것들이 너무나 많다. 하지만 그렇다고 해서 주위의 지식들에 대해서 전혀 의문을 제기할 필요가 없다는 것은 아니다. 수많은 과학적 · 사회적 진보는 바로 합리적 의심과 의문에서 출발한 것들이기 때문이다. 따라서 이 단계에서 강조되는 점은 우리가 알고 있는 많은 것들이 사회 통상적으로 받아들여지고 있는 것이라는 점일 뿐이다.

2) 직접적인 경험을 통해 현상을 아는 방식

다음으로 경험에 의한 지식이 있을 수 있다. 만약 한겨울 부산 해운대에서 열리는 북극곰 수영대회에 참가해서 겨울바다에 뛰어든다면 바닷물 속이 엄청나게 차가울 것이라는 다른 사람들의 말을 귀담아듣지 않았더라도 물속으로 뛰어든 순간 우리 몸은 곧바로 그 사실을 피부로 느끼게 될 것이다. 이처럼 합의를 통해 현상을 아는 것과 달리 우리는 직접 경험해 보는 방식을 통해서도 현상을 알 수 있다.

그런데 문제는 우리의 경험이 합의에 따른 믿음과 상충될 때, 대부분의 경우 경험을 버리고 합의를 취하는 경향을 보인다는 점이다. 이와 관련하여 유명한 원효대사의 이야기는 우리에게 어떤 지식이 실재하는 지식인지에 대해서 시사점을 던져 주고 있다.

> 7세기 당나라로 유학을 떠나던 원효대사가 하루는 어두운 동굴에서 잠을 자게 되었다. 한밤중에 목이 말라 잠이 깬 원효대사는 잠이 덜 깬 상태에서 주위에 있던 바가지 같은 곳에 담긴 물을 맛있게 마시고 다시 잠을 청했다. 그런데 아침에 잠에서 깬 후 소스라치게 놀라지 않을 수 없었다. 바로 간밤에 자신의 목마름을 달래 주었던 그 물이 해골 속에

> 고여 있던 물이었기 때문이다. 곧바로 역겨움에 한참을 토하던 원효대사는 이 일로 인해 무엇이든 마음먹는 일에 따라 결과가 달라질 수 있다는 큰 깨달음을 얻고 당나라로 가던 발걸음을 되돌려 다시 신라로 돌아왔다고 전해지고 있다.

이 이야기는 실재에 대한 탐색과 관련해서 중요한 시사점을 제공하고 있다. 즉, 원효대사가 잠결에 마신 물에 대한 느낌은 잠결과 잠에서 깨어난 다음 가진 느낌 모두 매우 실제적이라는 사실이다. 원효대사가 잠결에 마신 물에서 느낀 단맛은 분명한 실재였다. 그런데 아침에 잠에서 깨어 자신이 잠결에 마신 물이 해골 속에 고여 있던 물이었다는 사실을 알고 구역질을 했다는 점도 마찬가지이다. 그런데 아침에 느낀 역겨움은 해골에 담긴 물은 더럽고 혐오스러우며 공포스럽기까지 하다는 사람들의 인식, 학습 및 합의의 산물임이 명백하다. 인간 사회에서 해골은 멀리하는 대상이며, 죽음은 공포와 불안을 안겨주며, 해골에 담긴 물을 아무 거리낌 없이 먹을 수 있는 사람은 거의 없기 때문에 자신이 해골에 담긴 물을 먹었다는 사실을 안 순간 기겁을 하는 것은 당연한 일인 것이다.

하지만 문제는 해골 속에 담긴 물이 약간의 비위생적인 면으로 인해 깨끗한 물은 아닐지언정 물 자체가 원래부터 혐오스럽거나 두려운 존재는 아니라는 점이다. 따라서 목마름을 해소시켜준 시원한 물(경험)을 한 순간 더럽고 혐오스러운 물(합의)로 이해함으로써 경험이 합의와 상충될 때 경험을 버리고 합의를 취하게 되는 과정에 주의를 기울일 필요가 있다.

우리가 알고 있는 것 가운데 일부는 진실이 아닐 수도 있으며, 무엇이 실재인지를 제대로 구분하지 못하고 살아가는 경우도 있을 수 있다. 이러한 고민 속에서 등장한 전략이 바로 과학이며, 과학은 합의적 실재와 경험적 실재 두 가지 모두에 대한 접근법을 제공한다. 이때 과학은 납득될 수 있는 논리적 지지와 세상의 관찰과 부합하는 경험적 지지를 함께 필요로 한다.

3) 과학적 지식

서양에서 '과학(science)'은 '안다'는 것을 뜻하는 라틴어 'scire'에 어원을 둔 'scientia'에서 유래된 것으로, 이 라틴어는 그리스어 'epistēmē'를 번역한 단어이다. 그리고 'epistēmē'의 본래 뜻은 통상 '과학'으로 알려져 있는 오늘날의 의미와는 달리 '학문'이나 '참된 앎(인식)'을 뜻하는 용어로 사용되었다. 오늘날 과학이라고 알려져 있는 'science'는 세상과 사물을 알아가는 방법, 즉 우리를 둘러싸고 있는 여러 현상에 대한 지식을 습득하고 탐구하는 방법을 의미하였다.

과학이 가지고 있는 이러한 언어적 전통 속에서 과학은 우리를 둘러싸고 있는 세상을 정확하게 인식할 수 있도록 도움을 주고자 한다. 그리고 이 과정에서 과학자는 사물의 현상을 정확성과 유용성이라는 각도에서 기술하고, 여러 가지 현상 속에 내재하는 어떤 규칙성을 발견하여 이를 법칙과 이론으로 일반화시키려고 한다(김광웅, 2006; 이종승, 2013). 그렇다면 좀 더 구체적으로 합의된 믿음을 통해 얻게 되는 지식이나 직접적인 경험을 통해 얻어지는 지식과 달리 과학은 어떤 특성을 가지고 있을까? 또한 과학적 탐구방법이 차지하는 가치는 어떤 것이 있는지, 그리고 과학적 방법의 목적은 무엇인지 등에 대해서 살펴보도록 하자.

2. 지식획득 과정의 오류와 과학적 탐구방법의 가치

다음은 지식획득 과정에서 흔히 발생하는 오류와 실수들이다. 과학이 그런 실수들과 어떤 관계를 가지고 있는지 살펴보도록 하자.

1) 부정확한 관찰

과학은 '부정확한 관찰' 대신 '의식적 관찰'을 선택한다. 1주일 전에 경험했던 일들, 즉 누군가와 만나서 나누었던 대화 내용, TV드라마 속 이야기, 업무 관련 회의 주제 등을 정확히 기억하는 데 어려움을 경험한 적이 있을 것이다. 심지어 1주일 전 수업시간의 강의자가 남성이라면 넥타이를 하고 왔는지 하지 않았는지, 여성이라면 치마를 입었는지 바지를 입었는지 정확히 기억해 내기도 쉽지 않다. 이처럼 우리의 일상적 관찰은 부정확하기 때문에 신뢰하기 힘든 것이 사실이다.

하지만 과학적 관찰은 의도적이고 의식적으로 진행된다. 과학에서는 일상에서 이루어지는 일들에 대해 계획을 가지고 접근하며, 의식적이고 의도적인 관찰을 진행한다. 또한 그러한 관찰을 기억에만 의존하는 것이 아니라 다양한 기록수단을 활용함으로써 오류를 줄이고자 한다.

2) 과도한 일반화

과학은 과도한 일반화의 오류를 극복하고자 한다. 사람들은 특정한 사회현상을 일정한 방식으로 유형화시키려하는 경향이 있다. 그래서 몇몇 유사한 경우나 무리들을 일반적 유형의 근거로 활용하게 된다. 즉, 전체를 살피지 않고 일부 제한된 사례에 대한 관찰에 기반하여 일반화시키는 오류를 범하기 쉽다.

예를 들어, 우리나라의 차별금지법안이 수년째 제정되지 못하고 있는 중요한 이유 중 법안에 '성적 지향'이라는 용어의 포함 여부와 관련이 있다. 법안에서 '성적 지향'을 포함하는 것에 대해 강력하게 반대의사를 표시하는 측에서는 이 법이 통과되면 동성애자가 급속도로 늘어날 것이며, 그 결과 저출산 문제가 더 심각해질 것이고, AIDS 감염 속도는 더 빨라질 것이라고 주장하고 있다. 개별 법안을 반대하는 의사표현은 얼마든지 가능하지만 '성적 지향'이 동성애자 수의 급증과 이에 따른 저출산 문제, AIDS 감염 문제를 심화시키는 요인이 될 수 있다는 주장은 '과도한 일반화'에 근거한 가정의 예가 될 수 있는 논란을 안게 된다.

이에 비해 과학적 관찰은 통계적으로도 유의미한 결과를 인정받을 만큼 충분한 크기의 관찰표본을 통해 '과도한 일반화'를 경계한다. 그리고 비슷한 조건과 상황에서도 같은 결과가 나올 수 있는지를 살피는 탐구의 재현(replication)을 통해 결론을 일반화시키는 데 확신을 얻음으로써 과도한 일반화를 예방하고자 한다.

3) 선별적인 관찰

사람들은 한 번 특정한 유형이 존재한다고 결론을 내리고 그 이유에 대한 일반적 이해를 해나가기 시작하면 그 유형에 들어맞는 사건과 상황에는 주목하지만 그렇지 않은 것은 무시하는 경향이 높다. 예를 들어, 인종이나 민족에 대한 편견의 지속은 이런 선별적 관찰에 크게 좌우된다. 하지만 과학은 특수한 사례나 상황에 초점을 맞추고 관찰하는 경우와 선입견을 가지고 관찰하는 등의 선별적 관찰에 따른 오류를 지양한다.

선별적 관찰에 따른 오류를 방지하기 위해 연구자들은 연구설계를 할 때 결론에 도달하기 위한 기초로서 조사대상자의 범위와 규모를 미리 규정한다. 예를 들어, 차별금지법안의 성별 지지 수준을 알고자 한다면 연구설계 당시 조사대상자의 수를 미리 정해 놓아야 한다. 따라서 처음에 면담했던 10명의 여성이 그 법률안을 지지하고 남성 10명이 반대했다고 하더라도 선별적인 관찰을 예방하기 위해 조사연구자는 그 연구에서 선정된 모든 사람들과 면담을 해야 하고 그 결과를 기록해야 한다.

4) 사후소급가설 설정(사후발생적 가설)

과학적 탐구에서는 사전가설 설정방법을 사용한다. 하지만 사후소급가설에서는 이와 반대로 관찰이 이루어진 결과에 맞추어, 즉 이미 수집되어 있는 자료들을 확인한 후에 가설을 설정하는 오류를 범하게 된다. 사후소급(ex post facto)이라는 말은 원래 라틴어 ex(from) + post(after) + facto(deed)의 합성어로서 영어로 after the fact라는 뜻이다. 예를 들어, 맨 처음 '당분 함량이 높은 음식을 많이 먹는 아동은 비만이 될 것'이라는 가설을 설정하였다고 가정하자. 그런데 이 가설을 검증하기 위해 조사한 결과, 실제로는 TV시청 시간이 아동의 비만을 이끄는 것으로 나타났다. 이러한 결과를 통해 원래 설정했던 가설을 바꾸어 'TV시청 시간이 많은 아동은 비만할 것'이라는 식으로 가설을 변경하였다면 관찰결과에 맞추어 가설을 바꾸어 설명하는 전형적인 사후소급가설 오류가 되는 것이다.

5) 자아가 개입된 이해

어떤 사건과 상황에 대한 규칙성과 일반화된 이해를 탐색하려는 노력은 대단히 어려운 지적 활동이다. 그러나 때로는 그것이 우리에게 특별한 심리적 의미를 지닐 수 있다. 나아가 세상을 이해하는 데 자아가 개입되는 것은 과학적 탐구와 정확한 이해를 하는 데 걸림돌이 될 수 있다. 예를 들어, 평가연구를 수행하는 경우, 자신의 연구가 평가하는 프로그램의 효과성을 지지하지 않을 때 종종 이런 형태의 자아개입에 직면한다. 하지만 방법론적 결함 가능성에 대한 열린 자세와 우리가 검토한 다른 과학적 기준에 대한 분명한 준수는 자아개입으로 인한 문제를 어느 정도 해소시켜 줄 것이다.

6) 비논리적 추론의 다른 형태들

과학은 비논리적 추론을 지양하는 대신 과학적인 증거를 찾고 이를 비판적으로 평가한다. 흔히 비논리적 추론의 예로서 도박꾼의 오류(gambler's fallacy)가 언급되고 있다(Babbie, 2021; Rubin & Babbie, 2016). 도박꾼을 포함해서 사람들은 좋은 운이나 나쁜 운이 지속되는 것을 정반대의 상황이 나타날 전조로 여기는 경향이 있다. 예를 들어, 포커 게임에서 저녁 내내 잃기만 하면 이제 곧 대박이 터질 것이라는 잘못된 믿음 때문에 많은 도박꾼들이 더 오래 머물다가 가진 돈을 전부 잃고 마는 경우가 종종 발생한다. 하지만 과학은 의식적이고 분명한 논리체계를 통해 도박꾼들이 범하고 있는 것과 같은 비논리적 추론을 피하고자 한다.

3. 과학의 특성

과학이란 무엇인가? 사회복지조사론 과목에서 왜 과학을 먼저 언급하는 것일까? 일반적으로 과학(science)이라고 하면 실험실 풍경이나 컴퓨터, 기계, 지구과학 등을 쉽게 떠올리게 된다. 그리고 많은 경우 사람들은 중고등학교 시절 물리, 화학, 수학 등의 과목을 힘들게 공부했던 경험 때문에 과학에 대한 이미지가 '어렵다'는 식으로 형성되어 있으며, 고등학교 졸업 이후 과학적 탐구와는 아예 담을 쌓고 지내는 경향이 있다. 하지만 조금만 생각해 보면 과학에 대한 본인의 태도와 관계없이 우리 모두는 '과학'과의 깊은 관련성 속에서 살아가고 있음을 깨닫게 된다. 즉, 과학을 어렵다고 느끼는 것과는 별개로 우리는 과학기술의 발달에 따른 혜택을 생활 곳곳에서 누리며 살아가고 있다. 또한 신경과학이나 후성유전학의 새로운 발견들은 인간 이해의 수준을 한층 더 높여 놓았으며 여러 가지 심리적 · 정신적 문제들을 해결하는 데 도움을 주고 있다.

이러한 과학이 무엇을 의미하는지 또 다른 측면에서 살펴볼 수 있다. 과학적 연구의 가장 큰 특징은 연구자의 선입견이나 주관성을 배제하고 객관성을 추구하는 데 있으며, 객관적 실체에서 근거를 찾고자 하는 경험적 검증 가능성을 중요하게 생각한다는 점이다(이종승, 2013). 이와 관련하여 김광웅(2006), 김구(2020), 채서일(2016), Babbie(2021) 등은 과학의 특성을 다음과 같이 언급하고 있다.

1) 논리성

과학은 논리적(logical)이다. 여기서 논리적이라는 말의 의미는 동전을 던졌을 때 동전의 앞뒷면이 동시에 나타날 수 없듯이 서로 이율배반적인 것을 동시에 가질 수 없다는 것을 의미한다. 과학자들은 의식적이고 분명한 논리체계를 사용하여 지식획득과정의 오류와 비논리적인 추론의 함정을 피하려고 노력한다.

2) 결정론적

과학은 결정론적(deterministic)이다. 결정론적이라는 의미는 원인과 결과라는 인과적 차원에서 어떤 행동이나 현상에는 원인이 있다고 보는 것이다. 예를 들어, 과학적 탐구를 통해 청소년들의 자살생각에 학업스트레스가 미친 영향을 인과적 차원에서 규명하고자 하는 접근을 할 수 있다.

3) 일반적

과학은 일반적(general)이다. 과학자들은 특정한 사실 한두 가지를 가지고 모든 것을 설명하려고 하지 않는다. 그보다는 일반적인 성향이나 경향성을 통해 전체적인 그림을 그리고자 한다. 따라서 과학적 발견의 중요한 특성 중 하나가 바로 '일반화의 가능성'이라고 할 수 있다.

4) 간결성

과학은 간결(parsimonious)하다. 과학에서는 설명의 단순화를 추구한다. 과학자들은 어떤 현상을 이해할 때 필요한 최소한의 설명변수로 가능한 최대한의 설명력을 얻고자 한다. 예를 들어, 선행연구들은 노인의 자살생각에 영향을 미치는 요인들로서 성별, 연령, 거주지역 등의 인구학적 요인과 소득수준, 고용상태, 직업 등의 사회경제적 요인, 그리고 신체적 질환과 정신적 스트레스, 우울 등의 건강 및 심리사회적 요인 등을 제시하고 있다. 이때 간결성 차원에서 노인의 자살생각에 우울이 미치는 영향력이 가장 큰 것에 초점을 맞추어 어떤 프로그램이나 접근이 노인의 우울수준 감소에 가장 효과적일지에 대한 내용을 구체화하게 된다.

5) 특정적

과학은 특정적(specific)이다. 어떤 개념을 설명하거나 이해하는 방식은 매우 다양할 수 있기 때문에 과학은 조작화(operationalization) 과정을 통해 이번 연구에서 살펴보고자 하는 것이 구체적으로 무엇인지를 명확히 하게 된다. 그렇지 않을 때 연구주제의 혼란이나 연구결과에 대한 확대 해석의 문제 등이 발생할 수 있다.

6) 검증 가능성

과학은 경험적으로 검증 가능(empirically verifiable)하여야 한다. 만약 어떤 연구자가 "스트레스는 면역체계를 약화시켜서 질병에 잘 걸리도록 만든다"는 이론을 제시하였다면, 과학적 연구에서는 이를 입증하기 위해 실제 자료를 수집하고 분석하는 검증절차를 통해 현실세계에서 이 이론을 입증하고자 한다. 예를 들어, 최근에 사별, 정리해고 등과 같은 극심한 스트레스를 경험한 사람을 대상으로 혈액검사를 통해 스트레스, 면역기능, 질병 사이의 연관성을 검증 가능한 수준에서 살펴볼 수 있다.

7) 간주관성

과학은 간주관적(intersubjective)이다. 이 말은 서로 다른 연구자가 서로 다른 동기나 성향을 가지고 연구를 하더라도, 동일한 방법과 과정을 통해 실험을 한 경우 그 결과는 같아야 한다는 의미이다. 우선 자연과학적으로는 같은 실험실 상황에서 동일한 실험대상에 동일한 방법을 적용하였다면 같은 실험결과가 얻어져야 할 것이다. 또한 사회과학적으로도 동일한 연구설계를 통해 진행한 연구는 조사연구자가 달라도 같은 연구결과를 기대할 수 있다. 예를 들어, 같은 자료수집방법과 분석방법을 사용하였다면 서로 다른 정치적 성향을 가지고 있는 연구자가 조사를 하여도 보수적인 기독교인들은 동성애 혐오수준이 높을 것이고, 자유주의적인 기독교인들은 동성애에 대해서 보다 개방적이라는 연구결과를 얻게 될 것이다.

8) 수정 가능성

과학은 수정 가능(open to modification)하다. 과학적 발견이 불변하는 절대적 진리인 것처럼 주장하는 과학자는 과학적이지 못한 사람이다. 과학적 발견은 시간이 지남에 따라 얼마든지 틀릴 수도 있음을 인정하는 자세가 바로 과학적 자세이다. 그리고 현재 시점에서 누구나 인정하는 이론이라도 새로운 이론으로 대체될 수 있음을 인정하는 것이 과학이다.

4. 과학의 목적

과학 또는 과학적 연구방법의 목적은 사회현상이나 자연현상을 설명하고 예측함으로써 세상을 이해하고자 하는 데 있다. 최성재(2005), Rubin과 Babbie(2016), White와 Mcburney(2013)는 과학의 목적(goals)을 다음과 같이 설명하고 있다.

1) 설명

과학의 첫 번째 목적은 어떤 사실이나 현상을 설명하고자 하는 것이다. 이때 '설명'이 의미하는 것은 어떤 한 현상과 그 현상에 영향을 미치는 다른 현상을 연결시키는 절차, 즉 원인과 결과 사이의 어떤 인과관계에 대한 일반적 법칙을 제공해 주는 것을 말한다. 따라서 설명을 통해 얻고자 하는 것은 관심의 대상이 되는 어떤 현상이 왜 일어나는지에 대한 궁금증을 풀어줄 해답이다. 이러한 점에서 과학이 추구하는 목적 중의 하나는 바로 이 '왜'에 대한 일반적 설명을 찾으려는 것이다.

2) 이해

과학은 사람들이 현상을 잘 이해하도록 도와주는 것을 또 다른 주요 목적으로 하고 있다. 예를 들어, 아동의 분리불안에 대한 이해를 위해서는 분리불안의 다양한 증상들에 대한 이해가 반드시 필요하다. 그리고 공황장애의 원인은 유전, 뇌에서의 화학적 불균형 및 개인적인 스트레스의 결합 등이 상호관련되어 있는 것으로 받아들여지고 있다. 특히 공황발작의 발생을 촉진시킬 수 있는 생물학적 취약성과 관련하여 '과잉호흡이론'은 다음과 같이 공황장애의 생물학적 연관성을 설명하고 있다. 공황장애 환자들은 호흡기능과 관련된 자율신경계의 생물학적 결함으로 인해 혈액 속의 이산화탄소 수준을 낮게 유지해야 하며, 그 결과 깊은 호흡을 빨리하는 경향이 있는데 이로 인한 과잉호흡이 공황발작을 유발하는 것으로 설명하고 있다. 이처럼 과학적 연구는 자연현상과 사회현상을 사람들이 보다 잘 이해하도록 돕는 역할을 한다.

3) 예측

사물과 현상에 대한 설명, 즉 이유에 대한 이해는 불가피하게 예측의 단계로 나아가게 된다. 예를 들어, 노인 취업알선 프로그램이 노인의 재취업에 크게 도움이 된다는 것을 알게 되었다면, 우리는 그 프로그램이 성공적으로 수행될 때 노인의 소득수준을 높일 것이라고 충분히 예측할 수 있다. 이처럼 어떤 현상에 대한 과학적 지식을 알고 있다면 그것에 근거하여 다른 현상을 정확히 예측할 수 있는데, 현상에 대한 예측은 과학의 중요한 목적 중 하나이다.

chapter

02 과학적 연구와 이론

앞서 과학의 목적이 사회현상이나 자연현상을 설명하고 예측함으로써 세상을 이해하려는 것이라고 했다. 이때 이론은 우리가 알고자 하는 자연현상이나 사회현상을 설명하고, 예측하고, 이해하도록 도와주는 역할을 한다. 따라서 과학의 궁극적인 목적은 존재하는 현상들 사이의 관계를 설명할 수 있는 이론의 개발이라고도 할 수 있다(최성재, 2005; White & Mcburney, 2013).

2장에서는 이론이란 무엇인지, 이론의 구성요소와 이론의 형태에 대해 살펴보고, 대표적인 사회과학이론의 패러다임 및 과학적 연구방법에 관한 이론을 다루고 있는 과학철학에 대해서 고찰하도록 하자.

1. 이론의 의의

1) 이론의 의미

정신분석이론이나 인지행동이론 등과 같은 특정한 이론에 의존해 인간의 심리와 행동을 해석하는 경우가 있다. 이 경우 이론은 패러다임과 마찬가지로 조사연구의 내용과 방향에 영향을 미치게 된다. 패러다임이 삶을 바라보는 일반적인 틀인데 비해 이론은 사회적 삶의 특정 측면을 설명하는 상호 연관된 진술의 체계적 집합이라고 할 수 있다. 따라서 이론은 사람들이 인간과 사회를 보다 풍성하게 이해할 수 있도록 돕는다. 이때 동일한 패러다임을 공유하는 상이한 사람들이 동일한 이론적 지향을 공유할 수도 있고 그렇지 않을 수도 있다. 즉, 동일한 실증주의 패러다임을 취한다고 하더라도 어떤 연구자는 정신분석이론에서 도출된 실천개입의 효과성을 검증하고자 할 수 있고, 다른 연구자는 인지행동주의 이론에 바탕을 둔 실천개입의 효과성을 규명하고자 할 수도 있다. 또한 이론은 어떤 현상을 설명하는 기능과 더불어 그 일의 전개를 예측하는 기능도 가지고 있다. 예를 들어, 아동학대의 가해자 가운데는 자신이 아동기 때 학대를 경험한 경우가 있으며 학대의 피해자들 가운데 성인이 되었을 때 가해자가 될 가능성이 높다는 것을 예측하는 식이다.

이론은 가치와 같이 무엇이 옳고 그른지에 대한 당위성을 주제로 삼지 않는다. 나아가 과학적 이론은 가치에 대한 논쟁을 해결할 수 없다. 과학은 특정하게 합의된 일련의 기준이 없다면 무엇을 결정하지 못하는 특성을 가지고 있다. 예를 들어, 학대와 방임 문제로 의뢰된 부모들에게 개입하는 아동복지 프로그램으로 입양의 필요성을 평가할 때 프로그램의 성공과 실패에 대한 기준 마련에 어려움이 있을 수 있다. 먼저 '가족의 유지'라는 가치를 프로그램의 성공에 대한 중요한 기준으로 삼는 사회복지사의 경우 가족이 유지되는지의 여부가 무엇보다 중요한 이슈가 된다. 따라서 이들에게 있어서 학대받는 아동을 입양가정에 보낸다는 것은 아동복지 프로그램의 실패를 가리키는 지표가 될 수 있다. 반면 '아동보호'를 프로그램 성공의 중요한 가치로 여기는 사회복지사는 아이의 행복을 성공과 실패에 대한 중요한 지표로 여기기 때문에 입양을 실패의 지표로 판단하는 쪽의 생각에 동의하지 못한다. 이처럼 가족의 유지가 옳은지 아니면 아동보호가 우선인지를 따지는 가치 관련 쟁점을 해결하기 위해 합리적 증명을 다루는 과학을 사용하는 일은 적절하지 않을 것이다. 다른 말로 표현하자면 합리적 증명을 다루는 과학을 통해서는 옳고 그름을 따지는 가치 논쟁을 해결할 수 없다는 의미이다.

2) 이론의 역할

조사연구와 실천개입에서 이론이 차지하는 역할은 다음과 같다. 이론은 다양한 관찰을 통해 발견한 것들을 이해할 수 있도록 만들며, 그것들을 유형화시키는 역할을 할 수 있다. 즉, 이론의 도움으로 관찰한 것들을 납득하거나 유형화시키는 방향으로 나아갈 수 있게 만든다. 또한 이론을 통해 우리는 탐구나 실천과정에서 우연히 발생한 것들과 예측 가능한 것들을 구별할 수 있게 된다. 이에 반해 이론이 없다면 연구를 설계하는 데 있어서 중요한 단서를 찾기 힘들 것이다. 즉, 이 프로그램은 어느 정도 지속되어야 하는지, 대상자의 최소 혹은 최대 연령은 몇 살이어야 하는지 등을 결정하는 것과 관련된 문제에 직면할 수 있다. 다음 사례는 실천과정에서 이론적 배경의 유무에 따른 차이를 잘 보여주고 있다(Rubin & Babbie, 2016).

본 사례는 2001년 미국 뉴욕의 세계무역센터에서 발생한 테러로 인해 아빠를 잃은 여섯 살 된 소녀를 대상으로 한 모래놀이 치료와 관련된 것이다. 이 소녀는 그 날의 테러로 세계무역센터가 붕괴되는 것을 본 뒤로 집 밖으로 나오기를 싫어하고, 우울증상을 보이고 있다. 몇 번의 모래놀이 이후 소녀는 분노를 폭발하기 시작했으며, 아빠를 찾아 여러 번 심하게 흐느끼는 증상을 보였다.

이에 대해 이론적 배경을 가지지 못한 실천개입가는 모래놀이가 소녀에게 부정적 영향을 미치지나 않을까 걱정스러워 당장 모래놀이를 중단하려고 할 것이다. 하지만 아동발달이론과 외상후 스트레스 장애에 대한 이론에 대해 알고 있는 실천개입가라면 소녀가 보인 행동변화를 하나의 필요한 단계, 즉 슬픔을 치유하는 과정에서 겪는 긍정적 초기 단계로 해석할 것이고, 그에 따라 모래놀이를 통한 개입을 중단하지 않을 것이다.

3) 이론의 유용성

모든 조사연구에서 이론을 요구하는 것은 아니다. 즉, 사회복지사들의 평균 임금이나 사회복지서비스 이용자들의 다양한 서비스에 대한 욕구 등을 알아보고자 하는 기술적 조사에서는 특정한 이론적 설명이 필요하지 않을 수 있다. 하지만 다음의 예에서는 이론이 세상을 구성하는 부분들 사이에 존재할 것으로 기대되는 논리적 관계를 통해 조사결과로부터 사회복지실천과 정책에서 유용한 함의나 시사점을 발견하는 데 도움을 준다. 청소년 비행과 관련된 한 연구에서 한부모가정의 청소년에게서 더 많은 문제행동이 발견되고 있다고 가정해 보자. 이 연구에서 이론을 사용하지 않는다면 한부모가정의 청소년에게서 더 많은 문제행동이 발생하는 이유에 대한 설명과 이 문제에 대해 사회복지실천 및 정책 측면에서 무엇을 해야 하는지에 대한 이해는 다소 제한적일 수밖에 없다. 그런데 만약 긍정적인 역할모델의 부재가 한부모가정의 청소년들에게 더 많은 문제행동을 유발할 수 있다는 이론적 설명을 가지고 있다면, 이 문제의 해결을 위해 방과 후 멘토링 프로그램과 같은 개입 프로그램을 개발할 가능성을 높일 수 있다.

2. 이론의 구성요소

1) 가설

이론은 사물과 현상을 설명함으로써 우리의 이해를 풍부하게 하려는 상호 연관된 진술의 체계적 집합이라고 하였다. 이때 이론이 맞다면 실제 세상에서도 그것이 관찰될 것이라는 기대를 할 수 있을 것이다. 이러한 기대를 가리켜 가설이라고 한다. 즉, 가설은 이론이 맞다면 실제 세상에서 관찰되어야만 하는 것을 예측하는 것이다. 또한 가설은 한쪽의 변화가 어떻게 다른 쪽의 변화를 설명할 것인지에 대한 잠정적이며 검증 가능한 진술이라고 할 수 있다. 따라서 '아이들이 더 많은 칭찬을 들으면 더 많은 자존감을 가지게 될 것'이라는 가설은 학습이론과 관련된 가설의 예가 될 수 있다.

2) 변수

가설은 어느 한쪽의 변화가 어떻게 다른 쪽의 변화를 설명할 것인지를 예측하는 형태인데 이러한 가설을 구성하는 요소를 가리켜 변수라고 한다. 앞서 예를 든 가설은 두 가지 변수로 구성되어 있다. 즉, '칭찬의 양'과 '자존감의 수준'이라는 두 변수를 통해 가설은 그 관계를 예측하는 것이다. 그리고 이러한 관계를 독립변수와 종속변수로 표현하기도 한다. 먼저 독립변수는 가설 속에서 원인, 즉 무언가를 설명하는 변수를 가리킨다. 반대로 결과 또는 설명되는 변수를 가리켜 종속변수라고 한다. 앞의 가설에서는 '칭찬의 양'이 독립변수가 되고, 자존감의 수준이 '종속변수'가 되는 관계이다.

3) 개념

'자존감의 수준'처럼 변수는 어떤 개념을 내포하고 있다. 이러한 개념은 어떤 생각이나 사물, 사건 혹은 사람을 상징하는 정신적 이미지라고 할 수 있다. 따라서 개념은 단순하고 관찰이 용이한 것에서부터 추상적이고 관찰하기 힘든 것에 이르기까지 매우 다양하다. 또한 변수들은 변화하기 때문에 그 자체가 다른 변수들로 구성된 개념이 된다. 즉, 성별이라는 변수는 남성과 여성이라는 다른 변수들로 구성된 개념이다.

4) 속성

일반적으로 속성이란 사물이나 사람을 묘사하는 특성이나 성질을 가리킨다. 이러한 차원에서 개념은 변수의 속성이라고 표현할 수 있으며 변수는 속성의 논리적 배치라고 할 수 있다. 즉, 남성과 여성은 하나의 속성이고 성별은 이 두 가지 속성을 결합시킨 변수가 된다. 농부, 버스기사, 주방장, 치과의사 등은 직업이라는 변수를 구성하는 속성이 되는 것이다.

3. 이론화의 방향

이론을 사용하는 방식에 따라 두 가지 과학적 방법이 있을 수 있다. 하나는 연역적 논리에 근거하는 연역적 방법(deductive method)이고, 다른 하나는 귀납적 논리에 근거하는 귀납적 방법(inductive method)이다(최성재, 2005; Rubin & Babbie, 2016).

논리학자들은 특수한 사례에서 보편적 원칙인 이론으로 향하는 귀납적 추론과 이론을 특수한 사례에 적용하는 연역적 추론으로 구별하고 있다. 귀납에서는 관찰된 자료에서 출발해 관찰된 대상들 사이의 관계를 설명하는 일반화로 발전하는 반면, 연역적 추론에서는 일반적 법칙에서 시작해 그 법칙을 특수한 경우에 적용하는 것으로 그 논리체계를 설명한다(Beveridge, 1950).

1) 연역적 논리

연역적 논리의 고전적 사례는 삼단논법이다. 즉, 모든 사람은 죽는다. 소크라테스는 사람이다. 따라서 소크라테스는 죽는다는 식이다. 이러한 삼단논법은 이론과 이론의 조작화를 제시한다. 그리고 증명을 위해서는 소크라테스의 죽음에 대한 경험적인 검증을 수행해야 한다.

연역적 방법의 과정은 다음과 같다. 먼저 특정한 문제나 생각을 설명하는 이론으로 시작한 다음, 검증을 위해 하나 혹은 그 이상의 가설을 그 이론에서 도출한다. 다음으로 각 가설에서 변수와 변수를 측정할 때 사용될 조작을 구체적이고 관찰될 수 있는 용어로 정의한다. 일반적인 개념이 가설을 검정할 수 있도록 구체적이고 관찰 가능한 지수로 전환되어야 한다. 마지막으로 구체적인 측정을 실행하는데, 현상들이 실제로 어떤지 관찰하고 그런 관찰이 가설을 확증하는지 아니면 확증하지 못하는지를 살핀다. 이때 사용하는 방법으로는 실험을 수행하거나, 조사대상자들에 대한 면접, 관심 있는 연구대상을 방문해 관찰하는 것 등이 있다.

예를 들어, 가족역기능이 청소년 가출을 이끄는 것으로 청소년 가출 문제를 설명하는 가족체계이론을 통해 연역적 추론을 이끄는 과정을 살펴보자. 먼저 가족체계 치료를 제공하면 미래에 일어날 가출사건의 가능성을 감소시킬 것이라는 가설을 도출할 수 있다. 가설을 도출한 다음, 검증될 가족체계의 유형을 구성하는 내용과 과정을 구체적인 용어로 묘사하여야 하고, 무엇이 가출사건을 구성하는지 관찰할 수 있는 용어로 명확하게 설명하게 된다. 그런 다음 마지막으로 그러한 가설을 검정하기 위해 구체적인 관찰이 이루어진다.

2) 귀납적 논리

연역적 논리에 비해 귀납적 논리는 소크라테스가 죽었다는 것을 알고 다른 사람들도 그렇다는 것을 관찰하면서 시작한다. 그 다음 관찰한 모든 사람이 죽었다는 것에 주목하게 되고, 결국 모든 사람이 죽는다는 잠정적인 결론에 도달한다.

현상에 대한 관찰에서 출발하는 귀납적 방법은 먼저 구체적 현실을 관찰하여 그 결과에 의하여 어떤 개념 간의 관계를 논리적으로 추정하거나 가정하게 된다. 즉, 어떤 구체적 현실을 관찰함으로써 일반화된 논리를 이끌어내는 것이다. 귀납적 방법에서는 비슷한 현상에 대한 관찰의 결과가 반복되거나 동시에 비슷한 관찰의 결과가 나타나면 그러한 결과는 일반화된 관계의 진술로 발전하고, 나아가서 더욱 추상적인 개념 간 관계의 진술로 발전하여 결국 이론으로 구축된다(최성재, 2005).

3) 연역과 귀납의 상호 순환적 관계: 월리스(Wallace)의 모델

앞서 언급한 청소년 가출 문제와 관련하여 이 문제를 이해하고 대책을 마련하고자 한다면 가족체계이론으로부터 가설을 설정하고 그 가설을 검정할 관찰을 하는 단계를 거치는 연역적 방법을 사용할 수도 있고, 아니면 특정 이론적 방향을 가리키는 것과 같은 어떤 일관된 유형을 발견할 때까지 가출에 대한 관찰에 몰두하면서 가설과 관찰로 이어지는 귀납적 방법을 사용할 수도 있다.

이와 같이 이론은 가설을 창출하고, 가설은 관찰을 제안하며, 관찰은 일반화를 산출하고, 그런 일반화는 이론의 수정을 가져온다. 그리고 수정된 이론은 다소 수정된 가설과 새로운 관찰을 제안하며, 이들은 다소 개정된 일반화를 낳고 나아가 이론을 수정하게 된다. 따라서 이론과 연구는 연역, 귀납, 연역의 끝없는 순환을 통해 상호작용할 수 있다. 이러한 현상에 대해서 Walter Wallace는 논리적 추론을 끝도 없고 시작도 불분명한 순환관계로 묘사하였다. 더불어 논리적 추론을 위한 과학적 방법은 이론과 연구 간의 양방통행 다리를 제공한다. 그리고 실제 과학적 탐구는 통상 연역과 귀납 간의 교대와 관련된다. 연역적 방법에서는 관찰 방향으로 추론을 해 나가고, 귀납적 방법에서는 관찰로부터 추론을 하게 된다. 따라서 논리와 관찰은 두 방법에 모두 존재하는 것이다(Rubin & Babbie, 2016).

4. 이론적 패러다임

세상을 어떠한 관점에서 보느냐에 따라 사회를 이해하고 설명하는 몇 가지 상이한 이론적 체계들이 있는데, 이러한 이론적 체계를 패러다임(paradigm)이라고 한다. 지금까지 사회현상을 이해하거나 설명하고자 한 대표적인 사회과학 조사연구의 패러다임들로는 실증주의, 해석주의, 비판적 사회과학 등이 있다. 과학적 방법의 철학적 기초로서 패러다임과 대표적 패러다임들에 대해서 살펴보도록 하자(Rubin & Babbie, 2016).

1) 패러다임

(1) 패러다임의 정의

패러다임이란 무언가에 대한 우리의 관점을 조직하는 근본적 모델 혹은 도식이다. 패러다임은 실재의 본질과 그것을 관찰하는 방법에 대해 취하는 상이한 철학적 입장으로서 우리의 관찰을 조직화하고 그 의미를 이해하게 한다. 특히 Thomas Kuhn은 이러한 패러다임을 가리켜 '의미를 탐색할 때 과학을 특징짓는 근본적 관점'이라고 하였다. 그리고 하나의 패러다임은 새로운 패러다임에 의해 대체될 수 있는 것으로 설명하고 있다. 따라서 각 패러다임은 다른 패러다임에서 결여된 통찰력을 가지기도 하지만 다른 패러다임이 드러내는 사회적 삶의 측면을 간과하기도 한다.

(2) 패러다임과 관점

패러다임은 한 가지 이상의 방식으로 사물을 조직화하고 이해하게 만든다. 예를 들어, 정서적으로 학대받는 여성을 대상으로 일하는 두 명의 사회복지사가 있다고 가정하자. 이들 중 한 명은 비기독교인 페미니스트이고 다른 한 명은 보수적 기독교 신앙과 비페미니스트의 관점을 견지하는 사회복지사이다. 이들은 각각 클라이언트인 학대받는 여성의 문제를 해결하는 과정에서 상이한 설명을 전개해 나가고 상이한 실천모델을 선택할 수 있다. 즉, 페미니스트 사회복지사는 가정폭력 피해 여성에게 폭력을 행사하는 남편을 떠나도록 격려할 것이다. 반대로 보수적인 기독교 신앙을 가지고 있는 사회복지사는 비록 가정폭력이 존재하지만 이혼이나 별거보다는 결혼생활을 유지시키기 위해 때리는 남편과 맞는 아내가 함께 가족치료 프로그램에 참가하도록 조언할 것이다. 이처럼 상이한 관점은 동일한 상황에 대해 상이한 설명과 대안을 제시한다는 사실을 알 수 있다.

2) 대표적인 사회과학 조사연구의 패러다임

실증주의, 해석주의, 비판적 사회과학 등은 객관적인 사회적 실재를 이해하고자 하는 대표적인 사회과학의 조사연구 패러다임에 해당된다. 사람에 따라 특정 패러다임에 대한 좋고 싫음이 다를 수 있다. 따라서 어느 한 패러다임을 반드시 선택하거나 꼭 그 패러다임만 따라야 할 필요는 없다. 연구질문이나 연구목적에 따라 보다 적절한 패러다임이 있을 수 있으며, 동일한 연구에서도 하나 이상의 패러다임이 결합될 수도 있다. 이들에 대한 간략한 설명은 다음과 같다.

(1) 실증주의

실증주의(positivism)는 사회적, 정신적 현상들을 설명하는 데 객관적이고 경험적으로 검증된 결과만을 사실로 인정하는 태도나 경향을 가리킨다(김구, 2020). 이러한 실증주의는 시대적 상황을 반영하는 철학적 사조이다. 실증주의자들은 당시까지 서구사회를 지배해왔던 종교적 관점, 즉 세상의 모든 일은 신의 의지가 반영된 것이라는 종교적 패러다임에서 인간과 사회를 분리시키고자 하였다. 따라서 실증주의자들은 19세기까지 서구사회를 지배해왔던 종교적 믿음을 논리성과 합리성이라는 과학적 객관성으로 대체함으로써 사회과학의 근본적 토대를 형성한 것으로 평가받고 있다.

한편 실증주의에서 연구의 객관성과 엄밀성, 일반화 가능성 등을 강조하지만 관찰이나 측정이 기대하는 만큼 손쉽게 객관화될 수는 없다는 것을 인정하고 있다. 그렇지만 실증주의는 인간이 항상 합리적으로 행동할 수는 없다는 사실을 인정하면서도 '비합리적인' 인간의 행위 역시 과학적 연구를 통해 합리적으로 이해할 수 있다고 주장한다. 그리고 실증주의에서는 조사를 통해 절대 진리를 발견하거나 보편적인 법칙을 규명하려고 하기보다는 특정한 이론과 가설이 존재하고 반증되지 않는 조건을 탐구하고자 시도한다.

실증주의자들이 이해하는 조사연구란 서로 다른 연구자들에 의해 연구결과가 재현(replicate)됨으로써 이루어지는 지식에 대한 지속적인 자기교정이라고 할 수 있다. 그리고 조사연구자의 개인적 가치라든지 조사 수행 인력에 미칠 수 있는 경제적 · 정치적 영향력 등으로 인해 조사의 객관성이 의심받을 수 있으며 연구결과의 일반화에 한계가 있을 수 있다. 이러한 우려에 대해서 실증주의자들은 연구결과에 미치는 영향을 줄일 수 있는 통계적 기법과 논리적 장치 및 실험기법 등 고도로 구조화된 조사방법을 통해 그 영향력을 통제할 수 있다고 생각한다. 그리고 무엇보다도 실증주의자들은 연구결과가 본질적으로 잠정적이며 탐색적인 것으로 간주함으로써 사회적 실재의 특정 측면을 조사하는 데 유연성을 강조하고 있다.

또한 실증주의는 다른 연구자들이 선행연구자의 연구결과물이 가진 타당성을 평가할 수 있으며, 비슷한 연구질문을 가지고 있는 다른 연구자의 후속연구로 그 결과물을 검증할 수 있다는 가정을 통해 보다 객관적인 사회적 실재를 이해하고자 한다.

(2) 해석주의

실증주의와는 달리 사회현상을 이해하기 위해 사회적 상황 속에서 삶을 살아가는 사람들의 말과 행동을 이해하고 의미를 파악하는 데 관심을 두는 접근법을 해석주의(interpretivism)라고 한다(김구, 2020). 해석주의에서는 어떤 현상의 원인을 객관적으로 측정하거나 일반화를 전개하는 데 초점을 두지 않는다.

대신 해석주의는 개인의 일상 경험을 해석하고 더 깊은 의미와 감정 그리고 그들의 행위에 대한 특유의 개인적 이유를 추구함으로써 사람들이 내적으로 어떻게 느끼고 있는가를 이해하고자 한다.

실증주의에서는 실험과 같은 자연과학의 원리를 사용하는 것에 비해, 해석주의에서는 연구자가 관찰대상자들과 교류하며 삶에 대한 심도 깊은 주관적 이해를 전개할 수 있는 자연스러운 상황에서 그들을 관찰한다. 또한 불특정 다수의 일반인들을 대상으로 특정한 인과과정의 통계적 확률을 보고하기보다는 연구결과를 읽는 독자가 연구대상이 되었던 소수의 상황과 입장이 어떠한지를 이해하고 느낄 수 있도록 만들고자 한다.

연구과정에서 해석주의자들은 연구대상이 보이는 외적 행위의 측정이나 표준화된 척도를 사용해서 알고자 하는 개념을 측정하는 방식 등을 지양한다. 대신 이들은 연구대상이 지각하는 것들에 대한 주관적 의미와 개인이 하는 말이나 행위의 사회적 맥락이 더욱 깊이 고찰되어야 한다고 본다.

실증주의는 주어진 이론에 대한 과학적 검증에 기반을 두지만, 해석주의는 주관적인 이해의 기초 위에서 세상을 어떻게 인지하고 경험하는지를 발견하고 이해하는 데 관심을 두고 있다. 나아가 해석주의는 실재에 대한 인간의 주관적 해석이 어떻게 사회적 실재의 창출에 영향을 미치는지를 강조하고 있다.

이러한 해석주의의 패러다임을 '여성 노숙인의 삶'을 관찰하는 예를 통해 실증주의와 비교하면 다음과 같다. 먼저 실증주의 연구자들은 여성 노숙인에 대한 표본조사를 실시한 다음 유의미한 연구결과들을 도출하게 된다. 조사를 통해 발견한 여성 노숙인의 특성 가운데 이들이 개인위생을 소홀히 하고 있는 사실에 주목하면서 그 원인을 정서적 역기능과 연관짓거나 사회복지실천 개입을 위해 사회기술훈련의 필요성에 대한 제안을 할 수 있다. 한편 이러한 실증주의와 대조적으로 해석주의에서는 연구대상자들인 여성 노숙인들 가운데 앞서 실시한 실증주의 연구에 비해 소수의 여성 노숙인을 선정해 더욱 집중적으로 접근하는 방법을 사용한다. 이를 통해 해석주의 연구자는 여성 노숙인의 사회적 실재에 대한 그들의 주관적 해석으로 깊이 파고들어가는 시도를 하게 된다. 그리고 여성 노숙인들의 소홀한 개인위생이나 외적 모습은 거리나 지하도 등 자신들이 위험한 사회적 정황이라고 인식하고 있는 곳에서 경험할 수 있는 성폭행을 예방하고자 하는 합리적 전략이었음을 발견하는 식으로 실증주의와의 차이를 보인다(Rubin & Babbie, 2016).

(3) 비판사회과학

비판사회과학(critical social science) 패러다임은 경제적 · 사회적 · 정치적 약자에게 가해지는 억압에 관심의 초점을 맞추어 이들의 해방과 역량강화에 조사연구를 수단적으로 사용하고자 한다. 따라서 비판사회과학 패러다임에서는 한 가지 특정한 연구절차와 방법을 선호하는 것은 아니며, 연구목적에 따라 때로는 실증주의의 매우 구조화된 조사방법을 사용할 수도 있고 어떤 경우에는 해석주의의 유연한 연구절차와 결합되기도 한다.

조사연구에 대한 태도에 있어서 비판사회과학 패러다임은 실증주의와 구별되는 면이 있다. 실증주의에서는 조사결과를 해석할 때 정치적이거나 이데올로기적 가치의 영향을 최소화하고, 중립적이며 사실적인 방식으로 해석하고자 한다. 이에 비해 비판사회과학 패러다임은 동일한 조사결과로부터 조사연구대상자들에 대한 임파워먼트와 옹호를 목적으로 조사결과를 해석하고자 한다.

한편 비판사회과학 패러다임은 해석주의와도 구별된다. 해석주의는 연구대상자들이 가진 주관적 의미를 찾는 일에 관심을 둔다. 하지만 비판사회과학 패러다임이 해석주의와 결합할 때, 해석주의가 찾고자 하는 연구대상자들에 대한 주관적 의미를 넘어 객관적 실재에서 부당한 현실을 극복할 수 있도록 의식을 고양하고 능력을 강화하려는 시도를 함으로써 해석주의를 넘어서고자 한다. 예를 들어, 비판사회과학 패러다임에서는 동성애자들이 이성애 중심 사회에서 경험하는 현실을 바라보는 데 그치지 않고 동성애자의 성 정치 의식을 고양하고 사회일반의 동성애 혐오와 차별의식을 개선하려는 전략을 도출하고자 할 것이다.

5. 과학철학

과학에 관한 철학인 과학철학(科學哲學, philosophy of science)은 철학이라는 학문의 한 분과를 지칭하기도 하지만, 조사방법론과 관련해서는 과학적 인식이나 과학적 방법을 탐구하는 것을 의미한다. 이러한 과학철학은 과학적 지식의 개념적 · 방법론적 쟁점을 분석하고 평가하는 것을 목적으로 삼는다. 지금까지 우리는 과학적 지식이 무엇인지, 과학적 탐구방법과 이론의 관계 및 과학적 이론들이 어떤 의미가 있는지를 살펴보았는데, 과학적 설명의 절차와 논리에 관한 분석인 과학철학에 대한 이해 또한 조사방법론 학습에 필수적이다(김광웅, 2006).

과학적 연구방법에 관한 이론은 학자에 따라 상이한 견해들이 피력되고 있는데 논리실증주의와 논리경험주의, Karl Popper의 반증주의, Thomas Kuhn의 과학혁명 등을 중심으로 그 입장들을 정리하면 다음과 같다(김광웅, 2006; 채구묵, 2015).

1) 논리실증주의와 논리경험주의

논리실증주의(logical positivism)는 19세기까지 서구사회를 지배해왔던 형이상학적이고 종교적인 담론을 비과학적인 것으로 간주하고 과학을 종교로부터 분리하려는 시도에서 시작하였다. 과학에 대한 논리실증주의의 주요한 입장은 이론이 관찰을 통해 검증되어야만 정당화될 수 있다는 것이다. 즉, 귀납적 방법을 통해 추론된 이론만이 유의미한 것으로 인정된다는 것이었다. 하지만 이러한 논리실증주의의 태도는 서로 다른 상황 속에서 이루어지는 한정적인 경험과 제한된 관찰만으로 정확한 이론을 생성하는 것은 현실적으로 불가능하다는 점 때문에 그 타당성이 의문시되어 왔다. 논리실증주의가 과학철학의 범주를 넘어 인접 학문분야에까지 커다란 영향을 미친 것은 사실이지만 20세기 중반에 들어와서는 더 이상 과학적 발전과 조화를 이룰 수 없는 이론이 되어 그 자리를 논리경험주의에 넘겨주게 되었다.

논리경험주의(logical empiricism)는 논리실증주의가 가졌던 과학에 대한 기본적 태도, 즉 이론이 경험적 검증을 통해 정당화되어야 한다는 점에서는 논리실증주의와 같은 입장이었다. 하지만 논리실증주의에 비해 검증 가능성 또는 확증 가능성의 기준과 관련해서는 좀 더 유연한 입장을 취하는 차이를 보였다.

논리경험주의 역시 논리실증주의가 가진 한계와 마찬가지로 이론을 정당화하기 위해 다양한 상황에서 검증을 충분히 해야 한다는 애매성과 제약이 문제이며, 관찰자의 주관이 이론형성에 있어서 개입될 소지로 인해 발생할 수 있는 오류 가능성이 문제시되었다. 또한 이론 검증을 위해 행해지는 관찰 역시 선행이론에 의존함으로써 과학적 지식으로서 오류가 있을 수 있다는 근본적 한계를 지닌다. 이처럼 논리실증주의와 논리경험주의 모두 관찰과 경험을 통해 이론을 검증하고자 하는 귀납적 방법론에 의존하기 때문에 근본적으로 이론 검증에 오류가 개입될 소지가 있으며, 그러한 관찰과 경험에 의한 결과만으로는 이론을 정당화할 수 없다는 비판에 처하게 되었다.

2) 반증주의

과학적 방법론을 중심으로 한 과학철학의 주장들은 Karl Popper(1902~1994) 이전과 이후로 나뉜다고 할 정도로 과학철학의 본질에 대해서 가장 잘 접근한 사람이 영국의 철학자 Karl Popper이다. 1934년 출간된 『과학적 발견의 논리(The Logic of Scientific Discovery)』에서 Popper는 과학적 진술은 반증이 가능해야 한다는 반증법(falsificationism)의 요체를 잘 요약해 주었다.

Popper는 과학적 가설이 항상 입증될 수 있는 것은 아니며, 오히려 반증될 수 있다고 해야 옳다면서 반증법의 논리적 근거를 통해 과학적 설명의 절차와 논리에 커다란 영향을 미쳤다. 논리실증주의와 논리경험주의가 선택한 고전적인 귀납적 과학 방법론을 거부하고 가설을 반증하는 방법을 통해 과학이 발전함을 주장한 Popper의 경우, 이론은 증명되는 것이 아니라 오직 반증(falsification)될 뿐이라고 하였다. 여기서 반증(反證)이란 다음과 같은 의미이다. 예를 들어, 원앙새가 알을 낳는 것을 보고 '새는 알을 낳는다'라는 가설을 세웠다고 하자. 그런데 만약 어떤 다른 새가 알을 낳지 않는 걸 발견했다고 하면 '새는 알을 낳는다'는 가설은 여지없이 허위가 되고 말 것이다. 따라서 '새는 알을 낳지 않는다'라는 것을 부정할 수 있어야 원래 주장하고 싶은 '새는 알을 낳는다'라는 가설이 타당해지는 것이다.

따라서 Popper의 견해에 따르면 가설과 반대(상충)되는 입장을 취하는 진술인 영가설(귀무가설)을 설정하여 이 영가설의 증거를 찾으려는 반증의 노력을 먼저 시도해야 한다(영가설에 대해서는 제4장의 해당 내용을 참조). 그런 다음 영가설을 지지하는 증거를 찾지 못하면, 즉 반증하지 못하면 조사가설은 현재까지 수집된 자료로는 반증할 수 없다고 할 수 있다. 이러한 차원에서 Popper는 '과학적 진술'인지 아닌지는 어떤 가설이 반증될 수 있는가 없는가를 보면 된다고 하였다. 그리고 만약 그러한 반증이 가능하다면 그것은 '과학적인 진술'

이라고 하였다.

이 점에서 Popper는 과학과 과학 아닌 것의 경계 내지는 판단 기준을 제시한 것으로 평가받고 있다. 즉, "과학적이라면 가설은 논리적으로 반증 가능하여야 한다"는 것이다. 그래서 Popper는 이론을 반증하는 일이 과학의 정수라고까지 말하였다(김광웅, 2006). 즉, 반증주의는 관찰을 통해 이론이 참이라는 주장을 이끌어내는 것은 불가능하지만, 참된 관찰언명이 주어지면 이것을 근거로 이론이 거짓임을 유도하는 것은 논리적으로 가능하다고 하였다. 하지만 이러한 Popper의 주장에 대해서 확실한 관찰언명 자체가 존재하지도 않으며, 모든 관찰언명은 오류를 범할 수 있기 때문에 이론의 완전한 반증이란 애시당초 불가능하다는 비판도 제기되었다.

3) 과학혁명

1962년 출판된 『과학혁명의 구조(The Structure of Scientific Revolution)』로 유명한 미국의 철학자 Thomas Kuhn(1922~1996)은 과학을 '패러다임'이라는 차원으로 조망하면서 과학에 '정상과학(normal science)'과 '혁명과학(scientific revolution)'이라는 개념을 동원해 과학적 인식이나 과학적 방법을 설명하였다.

먼저 Kuhn에 의하면 패러다임이라는 용어는 우리가 어떤 현상을 보는 시각을 형성하는 기본적 틀이나 구조를 의미한다. 따라서 생물학의 진화론, 물리학의 상대성 원리, 유전학의 멘델의 법칙 등과 같이 어떤 학문 분야에서 기준으로 삼고 있는 가장 기본이 되는 이론, 법칙 등을 패러다임이라고 밝히고 있다. 그렇기 때문에 사회과학에서도 연구자가 어떤 패러다임으로 사회현상을 바라보는지에 따라 사회현실의 성격에 대한 해석, 현상을 설명하는 이론의 의미, 인간의 본성, 과학적 지식과 가치 관련성 등이 달라지게 된다. 또한 패러다임에 따라 조사방법의 근거가 되는 전략, 행동계획, 과정, 연구설계 등과 같은 과학적 방법론에서도 상당한 차이를 보이게 된다(최성재, 2005).

한편 Kuhn은 기존의 과학자 공동체가 인정하는 과학적 방법에 따라 한 시대의 지배적 패러다임을 계속 유지하면서 그 패러다임하에서 모든 이론을 설명하고 연구하는 것을 '정상과학(normal science)'이라고 지칭하였다. 즉, 정상과학은 당대의 과학자 공동체에서 정해 놓은 과학적 방법의 규정과 절차에 순응하면서 지배적 이론과 패러다임에서 벗어나지 않는 것을 의미한다. 그래서 기존의 지배적인 패러다임을 정교하게 하는 작업을 정상과학의 주요한 내용이라고 보았다. 그 결과 정상과학에서는 기존의 패러다임을 벗어나는 변화와 혁신을 제한하고 새로운 패러다임이나 이론이 만들어지는 것을 저해하는 역할을 하기도 한다. 이러한 정상과학의 지배적 카르텔 속에서는 '태양이 지구를 돈다'는 천동설이 정상과학이며, '지구가 태양의 주위를 돈다'는 지동설은 탄압과 재판의 대상이 된다. 하지만 우연이든 필연이든 인류역사는 정상과학에 맞서 혁명과학을 통해 이른바 과학혁명이 일어나고 있는 사실을 보여주고 있다. Kuhn에 의하면 과학혁명은 다음과 같은 과정을 통해 일어나게 된다(최성재, 2005).

과학자 공동체에서 정해 놓은 과학적 방법의 규정과 절차는 연구자들에게 있어서 일종의 바이블(기준) 역할을 하게 된다. 즉, 누구나 그 절차를 따르도록 훈련받고, 지배적 이론이나 패러다임을 재검토하는 식으로 사고하는 일에 길들여지게 된다. 하지만 시간이 지남에 따라 기존 패러다임의 여러 이론을 경험적으로 검증하면서 그동안 과학 공동체가 인정하던 패러다임과 경험적 조사결과 사이에 불일치하는 문제가 여기저기서 발생하게 된다. 이런 가운데 현실을 설명하는 새로운 패러다임이 나타나게 되고, 기존의 패러다임 뒤에서 순응하거나 기득권을 누리던 과학 공동체와 새로운 패러다임을 지지하는 신진 세력 간의 갈등이 조성되기 시작한다. 그러한 긴장과 갈등 속에서도 관련된 연구는 계속해서 진행되면서 기존의 지배적인 패러다임은 지속적으로 도전받는 일이 발생하게 된다. 이러한 과정을 거치면서 만약 새로운 패러다임이 진실에 더 가깝다면 과학 공동체는 그 사실을 인정하고 기존의 패러다임을 새로운 패러다임으로 교체하게 된다. 이에 따라 Kuhn은 과학혁명을 패러다임의 전환이라고 하였다. 예를 들어, 과거에는 부분이 모여 전체가 된다는 생각을 중심으로 통일성을 강조하거나, 전체를 위해 부분이 희생되는 것을 당연시하였다면, '부분이 곧 전체'라는 인식의 전환에 따라 '마을이 모여 국가가 되는 것이 아니고, 마을도 어엿한 하나의 독립된 개체로서 지방국가'라는 식으로 패러다임의 전환이 이루어지기도 한다. 이러한 과학혁명의 과정은 과학 공동체에서 갑자기 이루어지는 것이 아니라 서서히 이루지는 것이며, 새로운 패러다임은 한동안 정상과학의 패러다임으로 자리잡게 된다. 이처럼 Kuhn은 새로운 패러다임이 새로운 질문을 던지고 상이한 관찰과 실험기법을 제의해서 연구질문들을 성공적으로 풀어가는 과정을 거쳐 과학적 지식이 발전한다고 보았다.

결론적으로 과학적 인식이나 과학적 방법에 있어서 Popper와 Kuhn 사이에는 근본적인 차이가 있음을 알 수 있다. Kuhn은 패러다임이 Popper가 보는 것처럼 반증의 대상이 되어 거부되는 것이 아니라, 대체 가능한 것으로 보았다. 그리고 과학자들은 단순히 현재 나타나는 변이만을 이유로 지나치게 개입해서 패러다임을 거부해서도 안 된다고 보았다. 심지어 패러다임에 몰두한 Kuhn은 이론을 논박하는 일에 그리 관심을 가지지 않았으며, 방법론으로서의 반증주의를 명시적으로 거부하기까지 하였다.

한편 Kuhn이 설명한 과학혁명을 통한 패러다임 변화에 있어서도 패러다임 선택이 객관적인 기준에 의해 이루어지는 것이 아니라 과학자 개인 또는 과학 공동체에 의해 결정된다는 측면에서 비판을 받고 있다. 즉, 이론 선택을 이끌어줄 합리적인 기준이 존재하지 않는다면, 이론의 변화는 이론 지지자들의 권력관계에 좌우될 것이며 종교적 개종과 다를 바 없다는 것이다. 또한 과학적 진보를 이끄는 패러다임의 변화 과정에서 패러다임 중립적인 이론 평가 기준이 존재할 수 없다는 비합리성도 비판을 받는다. 즉, 패러다임의 차이로 인해 발생할 수밖에 없는 개념이나 용어의 차이는 패러다임 또는 이론 간의 의사소통과 비교가 원천적으로 불가능한데도 불구하고 과연 하나의 패러다임에서 또 다른 패러다임으로의 대체가 가능한지에 대해서도 비판을 받기도 한다(채구묵, 2015).

chapter

03 과학적 연구와 사회복지조사

1. 과학적 연구방법의 유용성

사회복지실천은 사람들이 가지고 있는 문제를 해결하고 필요한 욕구를 충족시키기 위한 사회복지사의 의도적이고 전문적인 개입활동이라고 할 수 있다. 그런데 사회복지사들이 어떤 문제를 제대로 해결하려면 먼저 문제의 원인이 무엇인지를 파악해야 하며, 해결책으로는 어떤 것들이 있는지를 알아야 한다. 이때 문제의 원인을 파악하고 해결방안을 모색하는 데 있어서 논리적 타당성과 경험적 증명 등과 같은 과학적 탐구는 가장 설명력이 높은 접근방법으로 인정받고 있다(김구, 2020).

또한 조사연구는 어떤 유형의 클라이언트가 치료를 계속하고, 어떤 클라이언트가 그만둘까? 그 이유는 무엇일까? 어떤 특성을 지닌 자원봉사자가 오랫동안 지속적으로 봉사를 할까? 왜 그렇게 많은 노숙인들이 쉼터에 머무르는 것을 거부하고 길바닥에서 노숙을 하는 것일까? 등과 같은 수많은 사회복지 분야의 의문점들에 대한 시사점과 답을 제공한다. 즉, 사회조사는 인간의 심리적 특성이나 행동을 포함한 여러 가지 사회현상들이 왜 발생했으며, 어떤 요인들이 그러한 현상이 생겨나는 데 영향을 미쳤는지를 알고자 하는 활동과 관련된다.

이처럼 조사방법론을 배운다는 것은 단지 연구결과를 이용하는 것 이상의 가치를 실천가에게 가져다준다. 이에 따라 과학적 탐구가 사회복지실천에서 차지하는 유용성을 중심으로 사회복지전공자들이 사회조사방법론을 배우는 이유를 살펴보면 다음과 같다(Rubin & Babbie, 2016).

1) 전문가 윤리 차원

전문가에게는 가능한 한 클라이언트에게 가장 효과적인 서비스를 제공해야 하는 책무성이 따른다. 이를 위해 자신의 분야에서 진행되는 최신 연구에 대한 충분한 이해가 있어야 할 것이다. 사회복지실천현장에서 조사연구를 필요로 하는 가장 중요한 이유 가운데 하나가 바로 더 나은 대안 서비스에 관한 과학적 증거의 추구에 있다.

많은 실천현장에서 실제로 무엇이 효과적인지 불확실한 상태에서여전히 개입이 이루어지고 있다. 그래서 실제로 어떤 기관에서는 조사에 의해 비효과적이라고 밝혀진 실천개입을 계속 제공하기도 한다. 만약 현재의 개입이 덜 효과적인데도 계속 동일한 서비스가 제공된다면 더 나은 서비스를 받지 못하는 클라이언트에게 해를 끼치는 일이 될 것이다. 따라서 사회복지사가 조사연구에 대한 지식이 있다면 이런 상황을 인지하고 개입의 효과성을 향상시킬 수 있는 더 나은 입장에 설 수 있을 것이다. 즉, 조사방법을 이해하고 분명하게 사용하는 것이 보살핌과 같은 사회복지의 기본 가치와도 깊은 연관이 있으며, 결국 클라이언트에게 더 많은 도움을 주게 된다는 것이다.

2) 개입의 효과성 확인 차원

사회복지사들은 실천개입 시 좋은 의도만으로는 충분하지 않다는 것을 실천 경험을 통해 발견하곤 한다. 사회복지 실천개입을 둘러싼 현실은 스스로 개입의 효과성을 입증해야 함과 동시에 외부에서 비판하는 사회복지 실천개입의 비효과성을 방어해야 하는 상황이다.

조사연구를 통해 실천개입의 효과성을 검증하는 것은 클라이언트의 이익 증진을 위해 필요한 일이다. 이 일을 하지 않고 사회복지사가 행하는 개입이 모두 효과적이라고 주장할 수는 없다. 이런 현실에 직면해 과학적 탐구와 조사연구에 대한 이해는 곧바로 실천적 지식이 되는 것이다. 따라서 사람을 돕는 일에 조사방법론이 왜 필요하며, 남을 돕는 데 필요한 실천기술을 익히기에도 부족한 시간을 왜 조사연구의 이론과 방법을 이해하는 일에 소모해야 하는지에 대해서 어느 정도 이해가 될 것이다.

3) 비판적 평가 차원

현장의 사회복지사들이 조사연구를 직접 수행하지 않는다 하더라도 조사방법론에 대한 지식이 있다면, 다른 사람들이 수행한 조사연구를 비판적으로 평가하고 이용하는 것이 가능하다. 예를 들어, 어떤 연구에서 공공복지 지출의 확대가 오히려 사람들을 불행하게 만들었다는 연구결과를 보고했다고 가정해 보자. 그러한 연구결과는 기존의 연구들과는 상당한 차이가 있는 연구라고 할 수 있다. 이때 그러한 연구결과를 제대로 이해하기 위해서는 조사연구의 전체 과정을 비판적으로 분석할 수 있는 지식과 기술이 필요하다.

또한 사회복지실천가는 사회복지 분야에서 이루어진 조사연구결과를 실천현장에서 적절히 활용하고자 한다. 이를 위해서 사회복지사들은 적절한 과학적 방법론을 통해 신뢰할만한 연구결과를 얻은 조사연구와 그렇지 못한 연구를 구별할 수 있는 수준의 조사방법에 대한 지식과 기술이 필요하다.

2. 사회복지와 조사연구

일반적으로 조사(research)란 관련 증거가 없는 상식을 체계적 · 구체적 · 논리적인 방법으로 증거를 확인하여 이론을 정립하는 작업을 가리킨다(성태제 · 시기자, 2020). 조사연구에서는 알고자 하는 주제, 이해하고자 하는 내용, 또는 주장하고자 하는 이슈가 있을 때 개인의 생각을 바탕으로 주관적인 주장을 펼치는 것이 아니다. 그렇게 되면 객관성이 결여되기 때문에 사람들에게 소설처럼 들릴 수 있다. 직관에 의한 판단이나 개인의 상상력이 동원된 결과물이 아니라 자료(data)를 근거로 한 주장이 이루어져야 한다. 특히 관찰을 통해 얻어진 자료를 근거로 연구문제를 검증하거나 주장을 펼치는 것을 가리켜 경험적 조사연구(empirical research)라고 한다.

한편, 사회복지조사는 사회과학의 연구대상 중 사회복지와 관련되는 대상의 문제와 이를 해결하기 위한 지식을 논리적 타당성과 경험적 확인을 통하여 수립 · 검증하는 활동과 절차를 말한다(최성재, 2005). 사회복지사에게 있어서 사회복지대상자와 이들을 둘러싼 사회 · 경제 · 문화적인 환경에 대한 이해는 필수적이며 사회복지조사는 사회복지학에서 매우 중요한 위치를 차지할 수밖에 없다. 특별히 오늘날처럼 사회복지실천 환경을 둘러싼 변화의 속도가 급속도로 빠른 상황에서 사회복지사들에게 요구되는 기본적인 역량 가운데 하나가 사회현상을 과학적으로 이해할 수 있는 능력이라고 할 수 있다. 즉, 사회복지

대상자들의 문제를 해결하고 욕구를 충족시킬 수 있는 대책을 모색하기 위해 사회복지사들은 급변하는 사회현상을 과학적으로 이해하고 문제해결을 위해 과학적인 조사방법을 활용할 수 있는 능력이 요구된다.

미국 사회복지교육협의회(Council on Social Work Education: CSWE)는 각 사회복지교육기관(대학)에서 교과과정과 프로그램별 교육과정에 포함시켜야 할 교육내용의 방침들을 제시하고 있다. CSWE가 제시한 교육프로그램의 내용으로는 사회복지가치와 윤리, 다양성, 사회적/경제적 정의, 취약인구집단, 인간행동과 사회환경, 정책 및 서비스, 실천, 조사연구, 실습 등이 포함된다. 그리고 CSWE는 이들 프로그램을 통해 미국 전역에서 이루어지는 다양한 사회복지교육이 다양성을 보장하면서도 일관성을 유지하게 될 것으로 기대하고 있다.

한편 CSWE는 각 사회복지교육기관(대학)들이 '조사연구' 과목과 관련하여 강의계획서 속에 다음과 같은 내용을 포함할 것을 제시하고 있다.

- 실천지식 축적과 서비스 전달에 대한 평가를 기하는 과학적, 분석적 접근
- 양적/질적조사 방법의 이해와 활용

또한 2022년 수정된 CSWE의 사회복지교육 평가기준인 '교육지침 및 인증표준(Educational Policy and Accreditation Standards: EPAS)'에서는 아홉 가지 역량기반교육을 새로운 사회복지교육의 정책 과제로 제시하였다. 이들 역량 가운데 네 번째 핵심역량이 '실천에 근거한 조사연구와 조사연구에 근거한 실천(practice-informed research and research-informed practice)'이다. 즉, 사회복지사들이 조사연구를 통해 밝혀진 연구결과들을 실천활동, 정책입안 및 프로그램 개발에 적용해야 한다는 것이다. 또한 질적연구 및 양적연구방법을 통해 사회복지가 지향하는 것들을 고양시킬 수 있음을 강조하고 있다. 이는 CSWE에서

목표로 하는 일반주의 사회복지사(generalist social worker) 양성에서 '조사연구'에 대한 지식, 가치 및 기술이 차지하는 중요성을 보여주는 하나의 예라고 할 것이다.

우리나라 사회복지교육에서도 사회복지조사 교육과 관련된 교과목의 정체성을 보여주는 자료가 있다. 한국사회복지교육협의회에서 발간한 '교과목 지침서'는 〈사회복지조사론〉의 교육목표를 다음과 같이 소개하고 있다.

- 과학적 방법 및 사회복지 조사방법에 관한 기본개념과 기초이론 및 활용을 학습한다.
- 양적조사방법론의 설계, 측정, 자료수집방법을 학습한다.
- 질적조사방법론의 설계, 자료수집 및 분석방법을 학습한다.
- 조사연구의 설계와 실행을 통해 사회복지조사의 실제 수행능력을 학습한다.

일반적으로 어떤 학문세계의 발전은 그 학문에서 다루는 개념과 연구방법의 수준만큼 이루어진다. 따라서 해당 학문세계 고유의 개념을 발전시키는 것 못지않게 그 개념을 발견하고, 과학적 방법을 통해 검증하기 위한 연구방법은 학문발전의 기초이자 핵심적 요소가 된다. 사회복지교육에서 사회복지조사를 교육하는 목적과 사회복지조사의 목적은 별개의 것이 아닐 것이다. 즉, 사회복지교육의 일차적인 목적 가운데 하나는 사람들이 세상에 존재하는 문제에 대처하도록 돕는 잠재적 가치를 지닌 사고방식과 인식방식을 과학적인 사회복지학이 제공하고 있다는 이해를 가지도록 만드는 것일 것이다.

이러한 사회복지교육의 목표는 학생들에게 '인간행동과 사회환경'에 관해 과학자로서 사고하는 방식을 가르치는 것이어야 한다. 따라서 사회복지조사를 통해 실생활에서 얻을 수 있는 유용성은 일일이 나열할 수 없을 정도로 많다. 예를 들어, 정신장애인의 사회적응력을 높일 수 있는 더 나은 방법, 다문화가족 이주여성의 삶의 만족도를 향상시킬 수 있는 새로운 개입 기술의 발견, 노년기 스트레스의 감소에 긍정적 효과를 안겨주는 노인자원봉사활동에 대한 관리기술, 발달장애인가족 지원을 위한 조례제정의 효과 등이 포함될 수 있다. 사회복지학은 다른 사회과학 분야에 비해 비교적 젊은 학문분야이다. 그럼에도 불구하고 사회복지조사의 기여로 인해 인간행동과 사회환경에 대한 과학적 이해를 극적으로 증가시켰다.

결론적으로 사회조사가 과학적 연구방법으로 조명되면서, 그리고 사회복지서비스에 대한 평가가 중요시되면서 사회복지학에서 사회조사의 적용과 사회복지학의 학문으로서의 과학성을 높이기 위한 시도들이 폭넓게 이루어졌다. 사회복지조사의 목적은 사회복지실천현장이 필요로 하는 실천지식과 기술을 과학적으로 발전시키고 실천의 과정에서 이론을 적용하여 검증하고자 하는데 있다. 이러한 차원에서 사회복지조사는 개인을 둘러싼 가족, 집단, 조직, 지역사회 등의 사회체계 속에서 나타나는 문제와 이를 해결하기 위한 사회제도에 관련되는 지식을 논리적 타당성과 경험적 확인을 통하여 수립하고 검증하는 활동과 절차라고 할 수 있다(최성재, 2005).

3. 사회복지조사와 증거기반실천

1) 증거기반실천의 의의

지금까지 우리는 사회복지조사에서 과학적 탐구의 유용성, 사회복지와 조사연구 등에 대해서 살펴보았다. 이제 사회복지사가 실천에서 과학적 접근을 취하도록 이끄는 새로운 모델이라고 할 수 있는 증거기반실천(evidence-based practice)에 대해서 살펴보고자 한다(Rubin & Babbie, 2016).

원래 증거기반실천이란 용어는 의료전문가들이 환자에 대해 임상적 결정을 내릴 때 이용 가능한 최선의 증거를 사용하는 과정을 묘사하기 위해 만든 용어인 증거기반의료(evidence-based medicine)에 기초한 것이다. 사회복지실천에 있어서 증거기반실천은 개입의 효과성을 입증하기 위해, 그리고 적용한 개입방법이 다른 대안보다 더 효과적일 가능성이 높음을 확인하고자 하는 차원에서 출발하였다. 또한 사회복지사들이 자신들이 행하는 실천이 과학에 근거한 원조 기술이기를 바라는 마음에서 증거기반실천을 사용하게 되었다.

증거기반실천은 '권위에 기반을 둔 실천(authority-based practice)'과 달리 과학적 방법을 실천결정에 적용한다. 증거기반실천은 사회복지사가 활용 가능한 최선의 연구결과를 통해 실천에 관한 의사결정을 내리는 하나의 과정이라고 할 수 있다. 이 과정에서 증거기반실천은 사회복지사에게 과학적 증거와 자신의 실천적 전문성 및 지식을 통합함으로써 가능해진다. 따라서 증거기반실천 모델을 적용하는 사회복지사의 경우, 새로운 클라이언트를 맡으면 클라이언트의 문제와 치료 욕구를 사정할 때 과학적으로 가장 타당한 진단기술을 찾아 사용하고자 하며, 이용 가능한 한 최선의 조사증거에 비춰 어떤 실천개입이 가장 효과적일지를 선택하게 된다. 이러한 접근방식은 정책개발이나 지역사회복지 차원에서도 마찬가지이다. 즉, 증거기반실천 모델을 따를 때, 사회정책의 수준에서도 추구하는 정책 목표를 가장 잘 달성할 수 있는 이용 가능한 최선의 연구결과가 제안하는 정책을 입안할 것이며 지역사회 수준에서 일하는 경우에도 지역사회 수준의 조사연구결과에 기반한 실천 결정을 내리게 된다.

또한 증거기반실천과 사회조사의 관계에서 증거기반실천을 따르는 사회복지사의 경우, 자신의 실천 결정을 평가하기 위해 조사방법을 사용하게 된다. 즉, 증거에 기반한 개입 결정과 그에 따른 개입 결과가 어느 정도 목표를 달성했는지를 평가하기 위해 조사방법을 사용할 수 있는 것이다. 조사결과 만약 애초의 목표를 달성하지 못한 것으로 평가된다면 증거기반실천을 따르는 사회복지사는 대안적 개입을 선택할 것이며, 그러한 평가과정은 목표달성을 확인할 때까지 반복할 것이다.

2) 증거기반실천의 단계

증거기반실천을 위해서는 질문의 형성, 증거의 탐색, 발견한 연구에 대한 비판적 평가, 어떤 증거기반 개입이 자신의 특정한 클라이언트에게 가장 적합할지에 대한 결정, 증거기반 개입의 적용, 평가과정과 피드백의 제공 등의 단계를 거치게 된다. 다음은 Rubin과 Babbie(2016)와 이경순 외(2016)가 밝히고 있는 증거기반실천의 6단계에 대한 설명이다.

(1) 실천욕구에 답하기 위한 질문의 형성

첫 번째 단계는 실천대상이 되는 문제를 정의하는 것이다. 어떤 문제의 분명한 답을 얻기 위해서는 먼저 문제를 명확히 규명해야 한다. 문제를 명확히 한다는 것은 실천대상자의 문제뿐 아니라 이미 알려져 있는 것과 최선의 결정을 위해서 어떤 추가적 정보가 필요한지를 구체화하는 것을 의미한다. 이러한 작업은 사회복지사, 클라이언트, 가족 그리고 다른 전문직들과 협동적으로 이루어지게 된다.

특히 Rubin과 Babbie(2016)는 보다 더 명확한 문제 규정을 위해 클라이언트의 특성, 고려되고 있는 개입, 대안적 개입 및 그 결과와 관련된 질문 형식의 접근을 권유하고 있다. 예를 들어, 아동학대 피해 소녀를 대상으로 한 실천개입과 관련하여 다음과 같은 질문이 가능하다. "어떤 실천개입이 재가치료시설에 거주하는 학대받은 소녀들에게 제일 효과가 큰 것으로 연구증거에 의해 가장 높은 지지를 받고 있을까?" 사회복지사는 이 질문에 대한 답을 얻기 위해 선행연구결과들을 찾게 되고, 보다 더 명확한 답을 얻기 위해 비슷한 질문들을 확장시켜 나가게 된다.

(2) 증거의 탐색

두 번째 단계는 근거를 찾아나가는 것이다. 이를 위해 대부분의 사회복지사들은 전공 교과서, 학술데이터베이스 등을 활용하게 된다. 특히 정보기술의 발달은 사회복지사들이 필요로 하는 중요한 정보들을 탐색하는 데 도움을 주고 있다. 학술데이터베이스에 접근하는 것은 이미 대중화되었기 때문에 새로운 연구결과들을 체계적으로 찾아가는 것이 어려운 일이 아니다. 이들 데이터베이스는 목차, 초록, 원문을 제공하고 있으며 주기적으로 새로운 연구결과들을 업데이트하고 있기 때문에 인터넷으로 새로운 연구증거들을 활용하는 데 매우 유용하다.

(3) 발견한 관련 연구들을 비판적으로 평가

세 번째 단계는 발견한 관련 연구들을 분석하는 일이다. 연구결과들을 비판적으로 평가할 때 제기하는 두 가지 중요한 질문은 다음과 같다.

- 치료결과가 믿을 만하고 타당하며 편향되지 않게 측정되었는가?
- 개입이나 다른 것들이 클라이언트에게 나타난 결과의 편차를 가장 그럴듯하게 설명할 수 있는지를 결정적으로 보여줄 수 있을 만큼 연구설계가 충실한가?

증거의 질을 평가하는 의미는 실천개입이 치료결과를 가장 설득력 있게 설명하고 있는지에 대한 것이다. 따라서 사회복지사는 현재의 상황에 적합한 연구결과를 이해하고 활용하는 능력 개발이 요구된다. 그래야 자신이 선택한 근거가 엄격하고 체계적인 연구에 바탕을 두고 있음을 확신할 수 있을 것이다. 이때 발견한 관련 연구결과들은 그 신뢰성뿐만 아니라 특수한 실천문제에 얼마나 타당성 있게 적용되는가에 대해서도 비판적으로 평가가 이루어져야 한다.

(4) 내가 다루는 사례에 가장 적합한 증거기반개입이 무엇인지를 결정

네 번째 단계는 클라이언트에게 있어서 가장 성공적인 결과를 달성할 가능성이 높은 개입을 선택하는 것이다. 최선의 증거로 지지되는 개입일지라도 클라이언트에 따라서 비효과적인 개입결과를 가져올 수 있다. 그리고 어떤 집단(인종, 연령대, 종교 등)에는 효과적이라고 밝혀진 개입이 다른 집단에 속한 클라이언트에게는 별 효과가 없을 수도 있다. 따라서 최선의 개입들 가운데 어떤 것이 특정 클라이언트나 클라이언트 집단에 가장 잘 부합하는지를 신중하게 선택하는 것이 필요하다.

(5) 증거기반개입의 적용

다섯 번째 단계는 근거를 적용하는 단계이다. 연구결과를 실천현장에서 사용 가능한 정보로 전환하는 것은 증거기반개입의 가장 핵심적인 부분이다. 이러한 과정에 앞서 지속적인 교육 워크숍이나 전문학회를 통해 개입에 대한 훈련을 받는 것은 증거기반개입의 적용에 도움이 될 수 있다. 그리고 증거기반실천을 따르는 사회복지사는 클라이언트와 협력해 선택된 개입이 진정으로 클라이언트에게 도움이 되는지 평가하는 과정에서 측정될 치료목표나 성과지표를 사전에 설정해야 한다.

(6) 평가

여섯 번째 단계는 개입의 결과를 평가하는 것이다. 이는 증거기반개입의 마지막 단계로 근거의 사용이 실천을 통한 문제해결과 욕구충족에 얼마나 도움이 되었는지를 지속적으로 평가하고 검증하는 것이다. 이 단계에서 사회복지사와 클라이언트는 전 단계에서 설정된 치료목표와 성과지표의 달성과정을 측정하고 평가하게 된다.

4. 사회복지조사의 유형

조사연구는 어떤 목적을 가지고 시작한다. 가장 일반적인 조사연구의 목적으로는 탐색(exploration), 기술(description), 설명(explanation), 평가(evaluation) 등이 있다. 한 연구가 하나 이상의 목적을 가질 수 있지만, 각 목적은 상이한 함의를 가지고 있기 때문에 이를 구분해서 살펴보면 다음과 같다(Rubin & Babbie, 2016).

1) 탐색적 조사

조사연구에서 의미하는 탐색은 한 가지 주제에 대해 익숙해지는 것을 뜻한다. 즉, 새로운 관심사에 대해 연구하거나, 연구주제가 비교적 새롭기 때문에 과거에 거의 연구되지 않았거나, 연구자가 좀 더 철저한 연구를 수행할 수 있는 실행 가능성을 알아보고자 할 때를 의미한다. 따라서 탐색적 연구는 연구자가 새로운 분야에 관심을 가질 때 필요한 연구이며, 해당 분야에 대한 새로운 통찰력을 제공받을 수 있다. 예를 들어, 정신장애인의 바람직한 주거복지에 대한 정보가 부족한 실정이라면 연구자는 "갓 퇴원한 정신질환자들은 어떤 주거환경 속에서 살아가고 있는가?", "임시보호소에서 살고 있는가? 가족과 같이 살고 있는가? 하숙집에서 살고 있는가? 거리에서 살고 있는가?" 등과 같은 연구질문들에 대한 답을 찾기 위해 탐색적 연구를 시도해 볼 수 있다.

하지만 탐색적 연구를 통해 만족할 만한 답을 얻기 힘든 문제가 있다. 따라서 탐색적 연구는 앞으로 좀 더 철저한 연구에서 사용할 방법을 개발하기 위한 차원에서 또는 연구주제에 대한 새로운 통찰력을 얻는 것에 만족하는 차원에서 실시하는 경우가 많다.

2) 기술적 조사

여기서 기술(description)이라고 하는 것은 연구자가 특정 모집단의 특성을 관찰하고 그 내용을 꼼꼼하게 서술해서 기술하는 것을 말한다. 기술적 연구의 대표적인 예는 '인구 센서스'로서 이 경우에는 행정구역별로 전 국민의 다양한 특성을 정확하고 세밀하게 기술하는 것을 그 목표로 하고 있다. 그리고 앞서 언급한 정신질환자의 주거환경과 관련하여 탐색적 연구와 달리 기술적 연구에서는 특정 유형의 주거하에서 생활하는 퇴원한 정신질환자 집단의 정확한 비율, 현 거주지에서 생활한 평균 기간, 약물을 정기적으로 복용하는 사람의 비율, 평균 소득 수준, 평균 연령 등을 기술하게 된다. 이와 같이 기술적 연구는 특정 모집단의 특성을 양적자료에 기초하여 기술하는 경향을 주로 보인다. 하지만 질적연구에서도 어떤 현상과 그 현상의 깊은 의미에 대한 풍부한 고찰을 기술할 수 있다.

3) 설명적 조사

선거를 앞두고 유권자의 투표 성향을 파악하기 위해 여당후보를 지지하는지

야당후보를 지지하는지를 미리 알아보는 연구를 계획한다면 이는 기술적 연구이다. 그와 다르게 사회복지서비스를 확대하기 위한 증세안에 찬성하거나 반대하는지를 조사하는 연구라면 이는 설명적 연구에 해당된다. 이처럼 단순히 어떤 사실을 조사하는 연구는 기술적 연구이고, 어떤 행위나 특성의 이유에 대해서 설명을 제시하려는 목적을 가지는 설명적 연구라고 할 수 있다.

4) 평가적 조사

평가연구에서는 사회복지대상자의 욕구충족과 문제해결을 위해 마련된 사회복지정책, 사회복지 프로그램, 사회복지서비스 등이 애초에 설정한 정책의 목표나 프로그램의 목표를 달성하는 데 얼마나 효과적이었는지를 평가하는 데 그 목적이 있다. 이때 이루어지는 평가는 탐색, 기술, 설명이라는 조사연구의 일반적 목적을 포괄적으로 다룰 수 있다. 예를 들어, 학교사회복지사에게 학교 부적응 학생들을 위한 프로그램에서 설정한 목표를 달성하는 데 가장 효과적이거나 비효과적이었던 개입기법을 기억해내도록 단순한 개방형 질문을 던진다면, 이는 어떤 개입방법이 학교사회복지 현장에서 더 적절할 것인지에 대한 통찰을 얻기 위한 탐색적 차원의 평가연구가 된다. 그런데 학교사회복지 프로그램 참가자의 고등학교 졸업 여부와 프로그램 중도 포기자의 고등학교 졸업 여부 사이의 비율을 조사한다면, 이는 학교사회복지 프로그램과 고등학교 졸업 여부 사이의 기술적 평가 차원의 조사연구가 될 것이다. 또한 학교 부적응 고등학생들을 대상으로 실시한 프로그램의 목표달성 여부와 관련하여 동기부여가 차지하는 매개효과를 검토한다면, 이는 설명적 평가가 될 수 있다.

또 다른 예로써 지역사회보장계획 수립을 위한 지역주민 욕구조사를 실시한다고 가정하자. 먼저 지역주민들의 욕구를 종류별로 그 수준을 평가하기 위해 개방형 면접조사를 탐색적으로 수행하는 조사를 실시할 수 있을 것이다. 또한 지역주민들이 인식하고 있는 지역의 문제와 이 문제를 해결하기 위해 필요로 하는 사회복지시설이나 서비스를 평가하기 위해 기술조사를 실시할 수 있다. 이와 더불어 기존의 지역사회복지서비스와 사회복지시설에 대해 지역주민들이 얼마나 만족하는지를 평가할 수도 있다. 마지막으로 왜 특정 지역의 주민이 다른 지역의 주민보다 청소년유해환경에 대한 문제의식이 높으며, 같은 지자체 안에서 왜 일부 지역 주민들이 특정 사회복지서비스 이용 의사가 더 높은지를 설명하는 평가조사도 가능하다.

5. 사회복지조사의 시간차원

1) 횡단연구

어떤 현상을 시간차원에서 어느 한 시점만을 택해 관찰하는 조사연구를 가리켜 횡단적 연구라고 한다. 횡단연구(cross-sectional study)는 연구목적과 관련하여 탐색, 기술, 설명 연구에서 모두 가능하다. 예를 들어, 특정 기관의 치료종결률이 왜 그렇게 높은지를 통찰하기 위해 클라이언트를 대상으로 면접조사를 실시하는 탐색적 목적을 가진 횡단연구가 있을 수 있다. 인구조사(센서스)는 기술을 목적으로 하는 대표적 횡단연구이다. 그리고 이혼가정과 비이혼가정 자녀는 스트레스 및 심리적 적응수준에서 차이가 있을 것이라는 가설을 검정하기 위해 설명적 목적을 가진 횡단연구를 수행할 수 있다.

한편 설명적 횡단연구는 어느 한 시점에 국한된 일들을 관찰한 것이기 때문에 엄격한 의미에서 인과관계(causal relation)에 대한 검증이기보다는 두 변수 사이의 관련성(association)을 설명하는 것으로 이해할 수 있다.

2) 종단연구

어느 한 시점이 아니라 일정한 기간에 걸쳐 나타나는 어떤 과정에 대해 관찰이 이루어졌다면 이는 종단연구(longitudinal study)이다. 예를 들어, 정신장애인 사회복귀시설에 등록하여 정신보건 프로그램을 이용하는 정신장애인들을 6개월마다 5년에 걸쳐 관찰하여 사회복귀시설 재활프로그램이 정신장애인의 삶의 질에 미치는 영향을 관찰하는 경우를 종단연구의 예로 들 수 있다.

오랜 시간에 걸쳐 소수의 연구대상자들을 관찰하는 질적연구는 그 특성상 자연스럽게 종단적 연구에 해당된다. 그밖에도 경향연구, 동류집단연구, 패널연구 등과 같은 형태의 조사연구가 종단연구에 해당된다.

(1) 경향연구

추이연구라고도 불리는 경향연구(trend study)는 일반 모집단 내의 변화를 일정기간에 걸쳐 연구하는 것을 말한다. 예를 들어, 일정기간 동안의 인구센서스 조사를 비교해서 전국 인구 또는 다문화가구의 변화를 관찰하는 연구가 이에 해당된다. 지역사회복지관에서 사례관리 대상자의 유형이나 문제의 유형이 시간이 흐르면서 어떻게 변화하는지를 분석하는 것도 경향연구의 예이다.

(2) 동류집단연구

시간의 변화에 따른 특정 하위모집단(동류집단)의 변화를 관찰하는 동류집단연구(cohort study)도 종단연구의 한 유형이다. 예를 들어, 자살률은 나이가 들어가면서 어떤 양상을 보이는지 알고자 할 때 동류집단연구를 통해 그 변화를 관찰할 수 있다. 〈표 3-1〉은 자살률에 영향을 미치는 동류집단효과를 보여주고 있다. 1983년 60~64세 연령의 경우 표본의 자살률이 13.1로 나타났다. 그런데 5년 후인 1988년에 65~69세 연령에 해당하는 또 다른 표본은 14.6, 1993년에 70~74세 연령에 해당하는 또 다른 표본은 18.6, 1998년에 75~79세에 해당하는 또 다른 표본은 47.1, 2003년에 80세 이상에 해당하는 또 다른 표본은 114.6으로 자살률이 증가하는 추세를 발견하였다면 이는 동류집단연구의 예가 된다. 따라서 동류집단연구에서는 비록 구체적인 표본은 다르겠지만 각 표본은 조사시작 시점인 1983년에 60~64세에 해당하면서 동류집단 가운데 살아 있는 사람들을 대표하는 표본이 되는 것이다. 이와 관련하여 동류집단효과는 특정 연도 또는 연속되는 연도에 출생한 사실이 특정 사건을 경험할 위험에 영향을 미치고 그들이 나이가 들어도 이 효과가 유지되는 것을 의미한다.

표 3-1 연령별 자살률 추이, 1983~2003년(60세 이상 인구)

연령	자살률				
	1983	1988	1993	1998	2003
60~64세	13.1	9.1	15.1	33.6	42.2
65~69세	12.6	14.6	17.6	33.2	56.8
70~74세	14.7	14.3	18.6	35.8	58.9
75~74세	13.3	17.6	21.9	47.1	92.8
80세 이상	12.3	12.4	23.6	50.8	114.6

자료: 통계청 사망원인통계연보 해당 연도.

(3) 패널연구

패널연구(panel study)는 다른 종단연구들과 달리 동일한 표본을 대상으로 시간을 달리해 관찰하는 연구이다. 예를 들어, 경제적 어려움이 빈곤계층의 정신건강에 미치는 영향을 파악하기 위해 특정 연도에 특정 지역의 기초생활보장수급권자를 대상으로 하는 추적조사가 한 예가 될 수 있다. 즉, 우리나라 기초생활보장수급권자의 16.5%가 거주하고 있는 부산, 울산, 경남지방의 수급자 800명을 대상으로 경제적 압박감, 우울감, 불안감 등의 변수들을 측정하는 조사를 2004년도에 시작하여, 동일한 표본을 대상으로 2005년, 2006년에도 실시하였다면 이는 패널연구에 해당된다. 결론적으로 패널연구를 통해서만 특정 개인들의 변화에 대한 전체적인 모습을 인과관계 차원에서 파악할 수 있으며, 추이연구나 동류집단연구에서는 특정 시기나 관심집단의 변화 수준에 대한 정보만을 보여줄 뿐이다.

일반적으로 종단연구는 일정기간에 걸쳐 일어나는 과정을 기술하는 정보를 제공한다는 명확한 장점이 있다. 그러나 이런 장점을 얻기 위해서는 상당한 시간적, 재정적 대가를 치러야 한다. 그리고 사건이 일어나는 바로 그 시점에서 관찰이 이루어져야 하는 한계가 있다. 특히 패널연구는 비용이 많이 들고, 동일한 대상을 일정기간 추적하는 데 어려움이 따른다. 또한 이사, 죽음, 연구에 대한 흥미상실 등 패널을 놓칠 가능성이라는 근본적 어려움으로 인해 연구결과가 왜곡될 수도 있는 약점이 있다.

6. 사회복지조사의 분석단위

조사연구가 무엇을 대상으로 하고 누구를 대상으로 진행되는가에 관한 것이 분석단위(units of analysis)의 문제이다. 예를 들어, 연구가 개인을 분석단위로 하여 수행될 수 있다. 이때 연구자는 개개인에 대한 관찰을 통해 조사대상자들의 성별, 연령, 거주지, 노인에 대한 태도, 우울수준, 흡연 및 음주행동 등 개인이 가지고 있는 특성을 기술하게 된다. 그리고 조사대상자 전체의 개별 특성에 관한 기술내용을 종합하면 그 개인으로 구성된 집단에 대한 기술도 가능해진다. 사회복지 분야 연구에서는 개인이나 집단뿐만 아니라 이혼, 가정폭력사건, 사회복지법인 이사회 등의 사회적 가공물(social artifacts)도 분석단위가 될 수 있다.

1) 개인

개인은 조사연구의 가장 기초적이고 일반적 분석단위가 된다. 이때의 개인은 클라이언트, 사회복지사, 대학생, 유권자 등이며 그러한 개인에 대한 정보를 종합함으로써 집단이나 조직을 기술하고 이해할 수 있다. 따라서 분석단위로서의 개인은 어떤 사회적 집단의 구성원으로 표현되기도 한다. 예를 들어, 부모의 학력이 고졸 미만인 학생들이 부모의 학력이 고졸 이상인 학생들보다 학교 중퇴의 가능성이 높은지 여부를 조사하고자 할 때, 분석단위는 부모나 가정이 아니라 청소년 개인이 되는 것이다.

2) 집단

기혼자 집단, 사회복지기관, 폭력조직, 지역사회 등 개인들로 구성된 집단도 분석단위가 된다. 집단이 분석단위가 되는 경우, 집단의 특성은 그 집단을 형성하는 특성에서 끌어낼 수 있다. 예를 들어, 개별 사회복지기관은 직원의 수, 예산, 프로그램 이용자 수 등으로 기술하게 된다.

이때 분석단위로서 개인과 집단을 잘 구분할 필요가 있다. 예를 들어, 조직폭력배를 연구하기 위해 폭력조직의 구성원을 연구하고자 한다면 분석단위는 조직원 개인이 되지만 건설업을 배경으로 한 폭력조직과 불법 대부업체를 배경으로 한 폭력조직 사이의 특성을 비교하기 위한 연구를 한다면 '폭력조직'이라는 집단이 분석단위가 되는 것이다. 또한 가구의 평균소득과 가구원 가운데 정신질환자가 있는지의 여부 등을 조사한 다음, 소득 수준이 높은 가구가 소득 수준이 낮은 가구보다 정신질환자가 있을 가능성이 더 높다는 결론을 내릴 수 있다. 이 경우에는 '가구'가 분석단위가 된다.

3) 사회적 가공물

개인이나 집단과는 성격이 다른 사회적 현상도 분석단위가 될 수 있다. 즉, 이혼, 사회복지관의 운영위원회, 노사분규, 아동학대건수 등도 조사연구의 분석단위가 될 수 있는데, 이를 가리켜 사회적 가공물(social artifacts)이라고 한다.

분석단위로서 사회적 존재의 산물 혹은 사회적 존재의 행위이기도 한 사회적 가공물과 관련하여 동성간 결혼식과 이성간 결혼식의 비교를 통해 특정한 방식에서 두 결혼식에 차이가 있다는 연구결과를 가정해 보자. 이 경우에는 결혼하는 개인이 분석단위가 아니라 사회적 가공물인 '결혼식'이 분석단위가 된다.

4) 분석단위 관련 오류

실제 연구과정에서 분석단위를 선택하고 연구결과를 분석단위 차원에서 해석하는 것과 관련한 오류가 발생할 가능성이 있다. 분석단위와 관련된 대표적인 오류들로서 생태학적 오류, 개별주의적 오류 및 환원주의가 문제시되고 있다.

(1) 생태학적 오류

생태학적 오류(ecological fallacy)란 집단에 대한 조사를 기초로 개인에 대한 결론을 이끌어내는 위험을 말한다. 예를 들어, 분석단위를 '선거구'로 한 다음

분석단위 대신 엉뚱하게 '유권자'에 대한 결론을 끌어내는 오류를 범할 수 있다. 예를 들어 새로운 사회 서비스 프로그램의 재원을 마련하기 위한 증세안을 지지하는 유권자들의 특성을 알고자 한다고 가정해 보자. 어느 선거구가 증세안에 대해 지지율이 가장 높고, 어느 선거구에서 지지율이 가장 낮은지를 알기 위해 모든 선거구마다 투표결과를 집계하기로 하였다.

자료분석결과, 상대적으로 유권자의 연령대가 높은 선거구는 유권자가 평균적으로 젊은 선거구보다 증세안에 대한 지지율이 높은 것으로 나타났다. 이에 따라 연구자가 연령이 증세안 지지에 영향을 미친다는 결론을 도출했다면, 이런 결론은 생태학적 오류와 관련된다. 그 이유는 증세안을 찬성하는 사람들 가운데는 '평균 연령이 높은 선거구'에 거주하는 젊은 유권자도 포함될 수 있기 때문이다. 즉, 분석단위로 '선거구'를 설정하고서 조사결과에 대한 설명은 '유권자'의 특성을 가지고 분석하는 생태학적 오류를 범한 것으로 볼 수 있다. 생태학적 오류를 피하기 위해서는 연구설계 단계에서 분석단위로 설정한 '선거구'와 직접 관련된 특성만 언급할 필요가 있다.

또 다른 예로, 어떤 연구에서는 분석단위로 '지역사회'를 설정하였다. 그리고 최근 도착한 이민자들의 비율이 가장 높은 동네가 범죄율도 가장 높다는 것을 발견하였다. 그런데 이 연구에서 분석단위인 특정 '지역사회'가 범죄율이 높다는 설명 대신 최근에 도착한 이민자들의 범죄율이 높다고 결론을 내린다면 집단에 대한 조사를 기초로 하여 이민자 개인에 대한 결론을 이끌어내는 생태학적 오류를 범할 수 있다. 즉, 이민자들은 이민 초기 경제적인 이유로 범죄율이 높고 안전하지 못한 지역인 줄 알지만 값싼 주거지에서 이민 생활을 시작했을 뿐이다. 그렇기 때문에 최근 도착한 이민자들의 범죄율이 가장 높다고 추론하는 것은 분석단위인 '지역사회' 대신 이민자에 대한 분석을 제공한 생태학적 오류로 볼 수 있다.

(2) 개별주의적 오류

개별주의적 오류(individualistic fallacy)란 일반적인 태도와 행동 유형을 개별 예외와 조화시키는 데 있어서의 어려움을 말한다. 예를 들어, 양당제로 운영되는 미국 의회에서 전통적으로 민주당은 자유주의적인 정치성향을 가진 사람들의 지지를 받고 공화당은 보수적인 정치성향을 가진 사람들의 지지가 기반인 것으로 알려져 있다. 또한 공화당에서는 백인 고소득자들의 지지를 얻기 위해, 그리고 민주당은 대졸 이상 중산층의 지지를 얻기 위한 정책과 법안들을 중심으로 양당이 경쟁하고 있다. 그런데 어떤 백인 억만장자가 민주당을 지지한다고 가정해 보자. 분명 다수의 정치 성향과는 다른 모습을 보이는 예외적 경우로 당혹스러울 수 있겠지만, 그것이 대부분의 백인 고소득자들이 공화당 후보에게 투표한다는 사실을 부인하는 것은 아니다. 즉, 예외적인 사례를 동원해 백인 고소득자들이 공화당 지지에서 민주당 지지로 바뀌었다고 집단의 특성을 왜곡시킨다면 개별주의적 오류에 해당된다. 이처럼 일반적으로 인식되고 있는 사실과 개별 사례 사이의 부조화는 분석단위와 관련해서 어려움을 유발할 수 있다.

(3) 환원주의

환원주의(reductionism)는 다양한 인간의 행동을 설명할 때 원인이라고 생각할 수 있는 개념이나 변수의 종류를 지나치게 엄격히 제한하는 것과 관련된다. 예를 들어, 사회학자는 가치 · 규범 · 역할 등과 같은 사회학적인 변수만을 생각하는 경향이 있으며, 경제학자는 수요와 공급, 한계가치 등의 경제학적인 변수만을 고려하는 경향이 있다. 또한 심리학자는 성격 유형, 심리적 증상 등의 심리학적인 변수를 위주로 고려하는 경향이 있다.

이러한 환원주의의 예를 구체적으로 살펴보면 다음과 같다. 아동학대의 원인을 찾는 데 심리학자나 정신건강의학과 의사 등과 같은 전문가집단에서는 분석단위를 개인으로 보고 가해자 개인의 정신병리가 원인임을 강조하는 경향이 있다. 반면, 사회학자나 가족치료전문가 등은 분석단위를 가족으로 두고 가족이 경험하는 사회환경 스트레스의 수준과 가족체계 간 상호작용의 역동성 문제 등을 아동학대의 원인으로 강조하는 경향성을 보인다.

이러한 환원주의는 특정 분석단위가 다른 분석단위보다 중요하다고 여겨 자신과 다른 분야나 그쪽에서 제시하는 답을 무시하는 경향이 있다.

chapter

04 연구문제와 가설

1. 연구과정과 문제형성

1) 사회복지조사의 일반적 과정

일반적으로 사회복지조사를 포함한 조사연구의 과정은 문제형성 → 연구설계 → 자료수집 → 자료처리 → 자료분석 → 결과해석 → 연구보고서 작성의 순서로 진행된다. 연구문제와 가설에 대해 살펴보기 전에 사회복지조사를 포함한 조사연구의 일반적인 진행과정을 먼저 살펴보도록 하자.

(1) 문제형성 단계

조사연구의 시작은 조사연구자가 '무엇을 알고자 하는가'를 확인하는 것부터이다. 따라서 이 단계의 출발은 '아직 모른다는 사실을 아는 것'에서부터 시작한다. 예를 들어, 태양계의 행성은 어떻게 8개로 이루어지게 되었는지, 신체적 건강상태와 경제상태가 노년기 우울증상 변화에 어떠한 영향을 미치는지,

당뇨와 인지기능 사이의 상관관계가 연령집단에 따라 어떻게 변화하는지 등, 모르는 것이 너무 많기 때문에 연구자는 더 많은 지식이 필요하다는 사실을 인식하기 시작한다. 그리고 여기서부터 연구문제가 생겨나게 된다. 이와 더불어 연구자는 연구문제에 내재되어 있는 여러 개념들을 구체화시켜 나가면서 분석단위, 가설, 변수, 조작적 정의 등도 함께 구체화한다. 문제형성 단계에서 이번 연구를 하기에 앞서 유사한 연구문제를 다룬 선행연구를 먼저 살펴보는 것은 중요한 부분을 차지한다.

(2) 연구설계 단계

일반적으로 연구설계(research design)는 논리전개와 자료수집방법이라는 두 가지 의미를 동시에 가지고 있다. 먼저 논리전개 차원에서는 탐색하거나 기술하고자 하는 현상을 어떤 식의 논리전개방식을 통해 결론에 접근하느냐 하는 것이고, 자료수집방법으로서의 연구설계는 표본추출방식, 자료수집 출처와 과정, 측정방법, 자료분석계획 등에 대한 일련의 결정을 의미한다.

(3) 자료수집 단계

연구문제에 대한 해답을 제공하는 데이터를 수집하는 일은 연구설계를 실행에 옮기는 단계에 해당된다. 이때 양적(量的)연구방법에서는 이 단계에서 구조화된 자료수집과정을 거칠 것이며, 질적(質的)연구방법에서는 특정 현상의 의미를 깊이 이해하려는 시도를 하게 될 것이다.

(4) 자료처리 단계

자료수집 단계에서 필요한 데이터가 수집되었지만 자료를 처리하기 전까지는 그저 의미 없는 숫자 내지는 문장들일 뿐이다. 따라서 이 단계에서는 수집한 자료를 해석할 수 있도록 데이터를 변수화하고 입력한 다음, 분석에 앞서 조사과정의 실수나 입력과정의 실수를 찾아 수정하는 단계를 거쳐야 한다. 그리고 조사문제에 대한 답과 가설검정을 위해 필요한 변수들을 처리하고 변환하는 과정도 이 단계에서 준비되어야 한다.

(5) 자료분석 단계

이 단계에서는 처리된 데이터를 여러 가지 통계분석기법들을 사용하여 연구문제와 가설에 대한 답을 얻고자 한다. ANOVA, t-test, 회귀분석 등 다양한 분석방법을 동원해서 자료들을 다루다 보면 기존의 연구문제와 연관된 새로운 문제가 형성되는 등 부차적 소득을 얻기도 한다.

(6) 결과해석 단계

자료분석결과가 애초에 가졌던 연구문제나 가설과 어떤 연관성을 가지는지를 해석하는 단계이다. 연구결과를 바탕으로 일반화를 할 수도 있고, 연구의 방법적 한계에 따라 일반화시킬 수 없는 경우도 있다. 연구의 배경이 되었던 이론 부분에 대한 논의들이 이 단계에서 이루어진다.

(7) 연구보고서 작성 단계

연구과정의 마지막 단계에 해당되는 단계로서 앞에서 언급한 연구과정의 전체적 내용을 다음과 같은 기본적 양식으로 작성하게 된다.

- 서론에서는 연구문제의 배경을 제시하고, 연구의 필요성과 중요성, 관련 이론과 선행연구들을 고찰하게 된다. 이와 더불어 분석단위, 변수, 가설, 가정과 조작적 정의 등 연구의 개념적 요소에 대한 설명을 제시한다.
- 연구방법을 제시하는 부분에서는 표본추출과 자료수집방법, 측정방법 등 연구설계를 밝힌다.

- 연구결과에 해당되는 부분에서는 자료분석결과가 제시되는데, 사용한 통계기법을 분명히 하고 표나 그래프 등으로 자료를 제시하며 그것이 의미하는 바를 기술한다.
- 결론 및 논의에서는 주요한 연구결과를 제시하고, 사회복지실천 또는 사회복지정책 차원에서 어떤 함의들이 있는지 그것이 의미하는 내용을 제시한다.

2) 주제선정과 문제형성

사회복지조사연구는 문제형성 단계에서부터 출발한다. 즉, 클라이언트나 지역사회가 안고 있는 문제가 무엇이며 충족되지 못한 욕구가 무엇인지를 파악하는 것에서부터 조사연구가 시작된다. 이를 위해 연구자는 문제형성과정에서 해결하기를 원하는 문제가 무엇인지를 정확히 인지하고, 규정하며, 구체화하는 노력을 하게 된다. 특히 연구문제에 내재되어 있는 개념들을 구체화시키기 위해 이 단계에서 문헌고찰이 매우 중요한 역할을 한다. 이 과정에서 연구자는 연구의 현실적인 실행 가능성도 염두에 두어야 한다.

(1) 주제선정의 동기

사회복지 조사연구에서 연구의 주제를 선정하는 일차적 동기는 사회서비스를 제공하는 사회복지기관들이 직면한 의사결정 문제와 관련된다. 또한 사회복지실천현장에서 생겨나는 수많은 현실적인 문제를 해결하는 데 필요한 정보와 지식의 필요성 때문이기도 하다. 즉, 지역사회의 잠재적 클라이언트가 지역사회복지관의 프로그램을 이용하지 않는 이유, 사회복지사가 처리하는 업무량이 서비스 전달에 주는 함의, 지역사회조직사업에서 시민참여 활성화 전략에 미치는 긍정적 요인 등과 같은 다양한 문제와 영역이 사회복지 조사연구의 대상이 될 수 있다. 이때 연구자의 지적 호기심과 개인적인 관심이 중요한 연구 시작의 동기로 작용하지만 주제가 사회복지정책이나 실천을 이끄는 데 필요한 정보를 다루고 있다면 그 연구는 사회복지 분야에서 더 중요한 가치를 지니게 된다. 한편 사회복지 조사연구는 일반 사회과학이론과 연결될 수도 있고, 이론과 분명한 연결 없이도 수행될 수 있다. 즉, 탐색적 · 기술적 목적의 연구를 수행할 수도 있고, 이론을 바탕으로 한 설명적 연구가 될 수도 있다.

(2) 사회복지 연구의 차별성

사회복지학의 응용과학적 특성으로 인해 하고자 하는 조사연구가 사회복지의 고유한 연구주제라고 볼 수 있는지의 문제가 늘 고민거리 중 하나이다.

예를 들어, 정신의학, 정신간호학, 임상심리학에서 모두 우울과 자살의 심각성을 밝히고 있는데, 사회복지학 역시 그 문제의 심각성을 강조하고 있다. 이때 정신의학에서 우울과 자살문제에 대해서 진단과 약물치료가 중심이라면 사회복지학은 이 문제들이 생겨난 원인을 해소시키고자 하는 사회정책이나 지역사회중심 접근을 강조하는 차이점이 있다. 이는 동일한 문제에 다른 학문분야와의 차별성을 확인하는 지점이 될 수 있다. 또한 청소년의 학교부적응 문제에 대해서 교육학, 상담학, 사회학에서 함께 고민하지만 교육심리학이나 상담학에서 학생에 대한 심리적 상담을 강조하는 것과 달리 학교사회복지에서는 가족 스트레스의 사회환경적 근원을 완화시키기 위한 개입방법을 강화하거나 가족들이 스트레스에 더 잘 대처하도록 도울 개입방법의 필요성을 강조한다.

이처럼 사회복지연구와 다른 인접 학문분야의 연구 사이에 구분이 모호한 경우가 많기 때문에 사회복지연구를 다른 사회과학 분야의 연구와 구별하는 일은 쉽지 않다. 하지만 최소한 다음과 같은 차원에서 사회복지연구는 이들과 구분된다. 첫째, 연구자가 사회복지분야 인력이라면 사회복지연구가 된다. 둘째, 연구결과 발표가 사회복지관련 학술지에서 이루어졌다면 사회복지연구이다. 셋째, 연구의 목적이 사회복지실천, 계획 및 정책의 필요성에서 기인하며 여기에 기여하고 있다면 사회복지연구라고 할 것이다.

(3) 연구주제를 연구문제로 구체화

사회복지의 관련 영역은 광범위하기 때문에 연구주제 역시 무수히 많다고 할 수 있다. 즉, 의료문제와 정신건강, 아동복지, 노인복지, 장애인복지, 가정폭력, 인터넷 · 알코올 · 약물 · 도박 등 각종 중독과 빈곤, 다문화 등에 걸쳐 연구주제를 선정할 수 있다. 이때 특정한 한 문제영역이 선택될 수도 있고 여러 영역이 겹쳐서 연구주제로 부각될 수도 있다. 그런데 중요한 것은 연구주제는 연구질문(research question) 또는 연구문제(research problem)로 좁힐 필요가 있다는 것이다. 그렇지 않다면 연구자는 무엇을 어디에서부터 시작해야 할지 결정하지 못하고 시간만 허비할 가능성이 높아진다. 연구주제는 엄청나게 다양한 연구문제를 포함하고 있기 때문에 연구주제를 구체적으로 좁히는 과정에서 연구자는 다음과 같은 사항들을 고려하게 된다.

첫째, 개인적 관심(personal interest)에서 출발한다. 많은 경우, 연구자의 경험이나 개인적 호기심이 연구주제를 선택한 동기가 되고 있다. 예를 들어, 연구자가 아동복지기관에서 사회복지사로 일하면서 아동학대 피해자를 대상으로 한 치료프로그램을 진행한 적이 있다면, 연구자는 개입의 효과를 검증하고자 하는 연구를 시작할 수도 있다.

둘째, 연구자가 관련된 기관의 정보 요구(information needs of the agency)는 연구주제 선정과 연구문제를 구체화하는 데 영향을 미치게 된다. 예를 들어, 아동심리치료기관에서 아동의 선택적 무언증(selective mutism) 문제와 관련하여 "긍정적 성인 역할모델을 해주는 사람과 맺은 밀접한 양육관계가 선택적 무언증이 악화되는 것을 막도록 돕는가?"라는 연구주제에 대한 관심보다는 임상 현장에서 지금 당장 선택해서 적용해야 하는 특정 개입기법의 효과성을 파악하는 것이 더 시급하다고 할 수 있다. 따라서 기관이 "선택적 무언증의 치료를 위해서 행동수정 기법 A와 B 중에서 어느 것이 더 효과적인가?"라는 질문에 대한 답을 더 원한다는 메시지를 연구자에게 전달하게 된다.

셋째, 연구문제를 실제로 조사할 수 있는지의 실행 가능성(feasibility)을 따져야 한다. 때로는 다양한 이유와 장벽들로 인해 원래 하고자 했던 연구주제 대신 다른 연구를 할 수밖에 없는 상황이 발생할 수도 있다. 예를 들어, 원래는 기독교 목회자들의 동성애에 대한 태도를 성 정치적 관점에서 분석하고자 하였지만, 자료수집 차원의 어려움으로 인해 사회복지사들의 동성애에 대한 태도에 영향을 미치는 요인들을 파악하는 연구로 바뀔 수 있다.

넷째, 가장 중요한 기준은 사회복지정책 및 실천과의 관련성(relevance for guiding social welfare policy or social work practice)이 있어야 한다는 점이다. 이를 위해 관련 사회복지실천현장과 학계의 전문가로부터 자문을 얻을 수 있고, 선행연구에 대한 문헌고찰을 통해 보다 적절한 연구문제가 선택될 수도 있다. 특히 이 과정에서 문헌고찰은 조사연구의 시작을 돕고 선정된 연구문제의 적절성을 평가하는 데 필수적인 과정이라고 할 수 있다.

(4) 연구주제와 연구질문의 차이

연구주제(research topic)를 연구질문(research question)으로 구체화하는 데 있어서 연구주제와 구분되는 연구질문의 속성은 다음과 같다. 첫째, 연구주제는 연구질문이 아니다. 예를 들어, 성적 학대를 받은 여자아이의 치료는 연구주제에 해당되며, 이 주제에서 가능한 연구질문 가운데 하나는 "놀이치료가 성적 학대를 받은 여자아이의 정신적 외상을 완화시키는 데 효과적일까?"가 될 수 있다. 즉, 연구주제는 그 범위가 광범위하며 질문형태가 아닌 진술문 형태라고 한다면 연구질문은 진술문 형태를 질문형태로 변환한 것이라고 할 수 있다.

둘째, 연구문제는 좁고 구체적이어야 한다. 따라서 더 나은 연구문제가 되기 위해서는 최대한 구체적인 표현을 지향해야 한다. 예를 들어, “여성의 우울증과 아동기 성학대는 어떤 관련성이 있는가?”라는 표현보다는 “우울증 치료를 받고 있는 여성 가운데 몇 퍼센트가 아동기 성학대를 경험하였는가?”와 같은 질문이 더 분명한 연구질문이라고 할 수 있다.

셋째, 연구질문은 관찰 가능한 증거에 의해 답을 찾을 수 있는 형태로 제시되어야 한다. 따라서 관찰 가능한 증거를 제시할 수 없는 가치판단에 기초한 주장은 좋은 연구질문이 될 수 없다. 예를 들어, 성학대 가해자에 대한 형사처벌은 일반 형사범에 비해 더 엄해야 하는지를 묻는 것은 연구문제로 부적절하다. 비록 성학대 가해자의 재범률을 가지고 접근할 수는 있겠지만 죄형 법정주의의 근간을 흔들 수 있는 접근은 조심스러울 수밖에 없다. 이에 비해 특정한 유형의 성범죄자 치료 프로그램의 효과성을 검증하기 위해 해당 치료를 받은 성범죄자와 치료를 받지 않은 성범죄자 사이의 재범률에 차이가 있는지를 질문하는 연구문제는 얼마든지 관찰 가능한 증거에 따른다는 기준에 부합하는 연구질문 형태가 될 수 있다.

넷째, 연구질문은 사회복지실천과의 연관성이나 사회복지에 있어서 중요성과 유용성이 명확해야 한다. 또한 좋은 연구질문은 사회복지기관에서 내려야 하는 의사결정 문제나 사회복지의 여러 가지 다양한 실질적인 문제들을 다루어야 한다.

다섯째, 제기된 연구질문에 대해서 받아들일 수 있는 답은 적어도 하나 이상이어야 한다. 좋은 연구질문이 되기 위해서는 결론이 자명하기 때문에 단 하나의 답만이 유추되는 연구질문은 바꿀 필요가 있다.

(5) 문제형성과정에서 다른 사람들과 소통하기

문제형성 단계에서 동료 연구자들로부터 연구자가 수행하고자 하는 연구의 유용성, 연구모형의 명확성, 윤리적 고려사항 등을 비판적으로 검토한 의견을 듣는 일은 연구문제를 보다 정교하게 다듬는 데 도움이 된다. 또한 조사연구가 사회복지실천현장과 괴리되지 않고 현장의 문제를 발견해서 해결하고, 현장에서 필요로 하는 정보를 충족시키기 위해서는 관련 기관의 사회복지사들의 의견에 귀를 기울여야 한다.

(6) 문제형성과 문헌고찰

문제형성 단계에서 문헌고찰이 필요한 이유는 다음과 같다. 먼저 연구자는 문헌고찰을 통해 자신이 생각하고 있는 연구문제의 질문에 대한 답이 선행연구에 이미 존재하는지 여부를 확인할 수 있다. 또한 본인의 연구와 유사한 선행연구들에 대한 문헌고찰을 통해 다른 연구자가 이미 접했던 개념적 · 실천적 장애요인은 없었는지, 그리고 선행연구를 바탕으로 살펴볼 때 이번 연구에는 어떤 연구설계가 보다 적합한지 등을 파악하게 된다.

따라서 문헌고찰은 문제형성 단계에 있어서 가장 필요한 절차라고 할 수 있다. 특히 문제형성 단계에서 이루어지는 문헌고찰은 이후의 연구설계에도 영향을 미치고, 연구결과의 해석도 풍성하게 만들어주기 때문에 충실한 문헌고찰이 이루어질 수 있도록 주의를 기울여야 한다.

또한 문헌고찰은 조사연구 초기에 연구주제를 선정하는 주요한 원천이 될 수 있다. 그리고 문헌고찰은 연구자가 관심을 가지고 있는 특정 사회복지영역에서 기존의 연구들에서 무엇을 다루었으며, 후속연구를 위해 남겨 놓은 주제는 무엇인지를 파악할 수 있게 한다. 문헌고찰의 또 다른 혜택으로서는 연구자로 하여금 연구문제에 대한 다양한 개념적 이해를 얻게 해주며, 연구자가 미처 생각하지 못한 중요한 변수들을 발견할 수 있게 해준다는 것이다. 따라서 이러한 이유와 이점 때문에 문헌고찰은 주로 연구 초기부터 이루어진다.

2. 가설의 설정

조사연구를 위한 문제를 선정하고 나면 그 연구문제에 대한 해답을 잠정적으로 가정해 보는 가설 설정의 절차를 거치게 된다. 그런데 연구문제에 대한 가설은 모든 유형의 사회조사에서 요구되는 것은 아니다. 즉, 탐색적 조사나 기술적 조사에서는 가설이 필요하지 않지만, 인과적 추론을 목적으로 하는 설명적 조사에서는 변수들 사이의 인과적 관계에 대한 추론, 즉 가설을 필요로 한다. 김구(2020), 김렬(2013), 이종승(2013), 최성재(2005) 등은 다음과 같이 가설의 의미, 가설 설정의 필요성, 바람직한 가설 설정의 요건 등을 설명하고 있다.

1) 가설의 의미와 형태

가설이란 조사연구에서 설정한 연구문제에 대한 예측적 해답을 말한다. 보다 구체적으로 Kerlinger(1986)는 "둘 또는 그 이상 변수 간의 관계에 대한 가정적 진술"이라고 정의하고 있다. 즉, 가설은 연구문제에 포함된 둘 이상의 변수들 간의 관계를 현실세계 속에서 검증 가능한 형태로 진술해 놓은 것이라고 할 수 있다. 따라서 가설은 확정적이 아닌 잠정적 해답이어야 하며, 검정되기 이전이기 때문에 예상대로 맞을 수도 있고 예상과는 다를 수도 있다. 그리고 가설의 진술형태는 변수들 사이의 관계를 진술하는 식으로 구성하게 되는데 여기서 관계란 독립변수와 종속변수 사이의 인과적 관계를 의미한다.

한편 정확한 가설을 구성하기 위해서는 연구질문 속의 개념들을 잘 살펴야 하며, 연구질문을 만들어 낸 선행연구들에 대한 검토가 필요하다. 연구질문에 포함되어 있는 변수들 간의 관계를 구체적이고 상세하게 그리고 논리적으로 명확하게 구성하기 위해 문헌검토는 반드시 필요한 작업이다.

일반적으로 가설은 의문문인 연구문제에서 언급하고 있는 개념을 미래형 긍정문 형태로 구체화 시키게 된다. 예를 들어, "학교폭력 피해경험은 청소년의 자살생각에 영향을 미칠 것인가?"라는 연구문제를 가정해 보자. 이 경우 가설은 "학교폭력 피해경험은 청소년의 자살생각과 관계가 있을 것이다", "학교폭력을 경험한 청소년은 그렇지 않은 청소년보다 자살생각의 수준이 높을 것이다" 등으로 설정해 볼 수 있다.

2) 가설설정의 필요성

그렇다면 왜 이러한 가설설정을 하는가? 가설설정이 필요한 이유를 다음과 같은 차원에서 생각해 볼 수 있다.

(1) 연구문제에 대한 분명한 해답을 얻기 위해 가설설정이 필요하다.

일반적으로 연구문제에서 언급되고 있는 우울, 자살생각, 공격성향, 자기효능감 등의 개념들은 추상적인 경우가 대부분이다. 그렇기 때문에 개념을 제대로 설명하기도 어려울 뿐더러 동일한 개념에 대해서도 이해와 설명이 제각각일 가능성이 높다. 따라서 연구문제 속의 추상적인 개념들을 현실세계 속에서 측정 가능한 수준으로 끌어내리고 같은 차원에서 이해할 필요가 있는데 이 역할을 가설이 담당하게 된다.

(2) 가설설정은 조사의 초점을 맞추는데 도움이 된다.

조사연구에서 다루고자 하는 사항을 가설에서 규정함으로써 제한된 시간과 여건 가운데서 특정 개념이나 관계에 초점을 맞춘 조사가 이루어질 수 있게 된다. 즉, 조사연구의 효율성 차원에서도 가설설정은 필요하다.

(3) 설정된 가설을 검정함으로써 이론형성에 기여하게 된다.

이론은 현상을 설명하고, 조사연구를 위한 준거틀을 제공하며, 발견된 사실을 범주화하여 해석할 수 있도록 도와준다. 한편, 가설은 조사문제에 대한 가정적인 답, 즉 기대되는 관계를 설정한 것이기 때문에 조사결과 기대가 충족될 수도 있고 기대와는 다른 답이 나올 수도 있다. 따라서 문헌고찰을 통해 기존의 이론이 제시하고 있는 내용을 가설에 담아 조사를 통해 가설을 검정함으로써 기존 이론을 수정하거나 발전시킬 수 있으며, 나아가 새로운 이론을 형성하는 데 기여할 수도 있다.

3) 바람직한 가설설정의 요건

(1) 개념적 명백성

가설의 내용은 연구자 개인이 혼자 이해하고 있는 것들이 되어서는 안 되고 일반 대중이 이해하는 데 어려움이 없어야 한다. 즉, 관련 분야의 문헌을 검토하거나 전문가 자문을 통해 가설에 포함된 개념의 의미를 명확히 해야 한다. 이 과정에서 가설에 포함된 개념을 이번 조사연구에서는 어떤 식으로 규정하고 측정할 것인지를 밝히는 '조작적 정의'의 과정이 활용되고 있다.

(2) 구체성

가설에 포함된 개념의 범위가 너무 광범위하거나 추상적인 경우 그 개념을 현실세계 속에서 관찰하거나 측정하기가 어렵다. 따라서 조사가설에 포함된 개념은 너무 일반적이기보다는 개념의 범위를 좁혀서 구체적이고 분명해야 한다. 그렇게 될 때 변수들 간의 인과관계의 방향이나 조건을 검증할 수 있는 좋은 가설이 된다.

(3) 검정 가능성

인간행동이나 심리적 특성을 탐구하고자 하는 사회과학의 특성상 연구의 대상인 인간의 행위 · 태도 · 가치 등은 추상적인 개념일 수밖에 없다. 하지만 가설에 포함된 이러한 개념들은 현실세계 속에서 경험적으로 관찰 가능하고 검정 가능한 것이어야 한다. 따라서 가설에 포함된 개념들을 조작적으로 정의하여 경험적으로 측정될 수 있도록 하여야 한다. 그렇지 않고 사유나 직관을 통해 사물의 본질이나 존재 이유를 묻는 형이상학적인 과제나 주관성이 높은 가치를 강조하는 당위적인 내용을 가설로 설정할 경우 경험적으로 관찰할 수 없다는 문제가 발생한다.

(4) 측정 가능성

연구문제에 대한 가정적 해답인 가설은 그것이 받아들여지는지 아니면 기각되는지를 측정할 수 있어야 한다. 즉, 가설에 포함된 개념들과 개념들 사이의 관계는 현실세계 속에서 측정할 수 있는 방법이 있어야 한다. 이때의 측정 가능성은 주로 신뢰도와 타당도가 확보된 측정도구를 사용할 수 있는지의 여부와 관련된다.

(5) 이론적 준거성

가설은 조사연구의 목적상 이론을 발전시키거나 이론을 검증하기 위한 차원에서 필요하기도 하다. 이때 가설에 포함되어 있는 개념들 사이의 관계는 문헌고찰에 따른 이론적 배경이 있어야 하고, 그 가설의 검정이 기존 이론과 어떤 관계를 가지는가를 고려하게 된다. 따라서 이론적 배경을 가진 가설이 어떻게 검정되는가에 따라 과학적 지식은 지속적으로 재검토되고 수정되며 이론 축적에 기여할 수 있는 것이다.

(6) 가치중립성

과학에서는 개인적 신념이나 가치관이 연구과정이나 결론에 영향을 미치도록 해서는 안 된다. 이러한 의미에서 가설도 가능하면 가치중립적이어야 한다. 가설의 내용은 연구자의 연령, 성별, 인종, 종교, 도덕적 가치관, 장애, 성적 지향성, 정치적 성향, 선입견 등과 관련 없이 관찰하고 결론에 도달하는 가치중립적일 필요가 있다. 따라서 가설에서는 '~해야 한다'거나 '옳다 또는 나쁘다'는 식의 표현은 피해야 한다.

4) 가설의 진술방식과 검정양식

가설을 진술할 때는 다음과 같이 비방향적 또는 방향적 차원에서 경험적으로 검정할 수 있는 형태로 만들어 진술하게 된다.

(1) 비방향적 가설

차이의 유무 또는 관계의 유무에만 초점을 맞추어 진술하는 방식이다. 예를 들어, "노인의 성별 우울수준의 차이는 없을 것이다"와 같이 비방향적 가설은 '~은 차이가 없다' 또는 '~은 관계가 없다'라는 형식으로 진술하게 된다.

(2) 방향적 가설

방향적 가설은 차이나 관계의 유무뿐만 아니라 만약 그러한 차이나 관계가 있다면 어느 쪽으로 있는지 그 방향까지도 예측하여 진술하는 방식이다. 예를 들어, "노인의 우울수준은 여성이 남성보다 높을 것이다"와 같이 방향적 가설은 특정한 방향을 명시하여 '~이 ~보다 더 크다, 더 작다, 더 많다' 등으로 진술하게 된다.

한편 비방향적 가설은 양방검정(two-tailed test)을 방향적 가설은 일방검정(one-tailed test)이라고 하는 서로 다른 통계적 추리방식을 적용하기 때문에 방향적 가설은 그 반대의 방향으로 차이나 관계가 나타날 가능성이 거의 없다고 확신하는 경우에 한하여 설정하는 것이 바람직하다. 양방검정에 비해 일방검정에서는 만약 모집단의 모수치가 그 가설에서 설정한 반대 방향에 있을 경우, 잘못된 가설을 채택함으로써 범하게 되는 오류의 확률이 매우 높아진다.

5) 가설검정과 오류

조사연구, 특히 설명적 목적의 조사연구에서는 기존의 이론을 바탕으로 가설을 설정한 다음 이를 검정하기 위해 자료를 수집하고 통계적으로 분석하는 과정을 거치게 된다. 예를 들어, Emile Durkheim(1858~1917)의 자살론은 "집단으로부터 지지가 부족한 개인은 자살할 위험성이 높다"고 밝히고 있다. 즉, 사회적 결속감이 낮은 개인은 자살생각 및 자살행동의 가능성이 높다는 것이다(최성재, 2005). 이러한 이론을 바탕으로 성소수자를 대상으로 "차별 경험이 많을수록 자살생각의 수준이 높을 것이다"라는 가설을 설정할 수 있을 것이다. 그런데 가설이란 어떤 사실을 설명하기 위하여 잠정적으로 적용하는 진술이다. 따라서 가설을 통계적으로 검정하기 위해서는 다음과 같이 조사가설을 통계적 가설로 전환한 영가설과 연구가설을 필요로 한다.

(1) 연구가설과 영가설

연구가설(research hypothesis)은 연구주제와 관련된 개념적 준거틀 혹은 연구모형으로부터 도출된 가설을 말한다. 따라서 연구자는 이 연구를 통해 발견하기를 원하는 내용이나 밝히기를 기대하는 내용을 연구가설로 설정하게 된다. 즉, 연구가설은 연구문제에 대한 잠정적인 대답으로서 연구자가 제시한 가설을 말하며, 작업가설 또는 대립가설이라고도 한다. 예를 들어, "청소년의 가족갈등 스트레스가 높을수록 인터넷 중독수준이 높아질 것이다" 혹은 "차별경험이 많을수록 자살생각의 수준이 높을 것이다" 등과 같이 변수 간의 관계가 있다는 형태로 구성되게 된다.

영가설(null hypothesis)은 귀무가설이라고도 하는데 연구가설과 논리적으로 반대의 입장을 취하는 진술이다. 이는 수집된 자료에서 나타난 '차이'나 '관계'가 진정한 것이 아니라 우연의 법칙으로 생긴 것으로 진술된다. 따라서 영가설이란 변수들 사이에는 '차이' 또는 '관계'가 없으며, 만약 차이 또는 관계가 있다면 그것은 순전히 우연에 의한 것이라고 보는 가설이다.

일반적으로 조사연구에서 이루어지는 가설검정이라고 함은 이러한 영가설을 기각시킴으로써 연구가설을 입증하는 방식을 말한다. 즉, 영가설은 직접 검정의 대상이 되는 가설이고 연구가설은 영가설의 검정 여하에 따라 채택되거나 기각되는 가설이 된다. 보다 구체적으로 영가설은 표집분포의 위치를 결정하는 데 필요한 구체적인 기준점을 제공하기 때문에 직접 검정할 수 있으나 연구가설은 그렇지 못하다. 예를 들어, '차이가 없다', 즉 같다는 것은 단 하나의 기준점만을 필요로 한다. 하지만 '차이가 있다', 즉 같지 않다고 하는 것은 특정한 기준점이 없이 무수히 많은 경우의 수가 있을 수 있기 때문에, 영가설은 검정이 가능하지만 연구가설은 그 자체를 직접 검정할 수 없는 것이다.

사회복지사들을 대상으로 가정생활의 만족도와 직장생활의 만족도 사이에 어떤 관계가 있을지를 조사한다고 가정하자. 이 경우 영가설은 "가정생활의 만족도는 직장생활의 만족도에 영향을 미치지 않을 것이다"와 같이 변수들 간에 관계가 없다거나 혹은 집단들 간에 차이가 없다는 식으로 진술하면 된다.

(2) 제1종 오류와 제2종 오류

연구자는 수집된 자료에 대한 분석결과를 통해 잠정적으로 '어떤 현상에 대해서 이러저러할 것'이라고 사전에 설정한 가설에 대한 판단을 하게 된다. 하지만 표본조사결과를 통해 모집단의 모수를 추론하는 본질적 한계 때문에 그러한 의사결정은 간접적일 수밖에 없으며, 옳을 수도 있고 틀릴 수도 있다. 또한 모든 연구에서 연구자는 판단을 할 때 옳은 판단도 할 수 있고 그른 판단도 할 수 있다.

예를 들어, 판사는 살인죄로 기소된 피고인에 대해 판결을 통해 다음과 같은 네 가지 의사결정을 할 수 있다(성태제, 2019).

- 살인죄로 기소된 자가 살인 행위를 범하지 않은 사실이 진실이기 때문에 무죄판결을 내리는 옳은 경우(1)
- 살인죄로 기소된 자가 살인 행위를 범하지 않았음에도 불구하고 진실과 달리 살인 행위를 인정하여 유죄판결을 내리는 오판의 경우(2)
- 기소된 자가 살인 행위를 범한 것이 진실임에도 불구하고 무죄판결을 내리는 경우(3)
- 살인혐의를 인정해 유죄판결을 내리는 경우(4)

즉, 네 가지 의사결정 가운데 문제가 없는 의사결정은 살인을 한 적이 없는 사람에게 무죄판결을 내린 경우(1)와 살인을 한 사람에게 유죄판결을 내린 경우(4)이다. 하지만 결백한 사람에게 유죄판결을 내리는 오판(2)과 살인을 저지른 사람에게 무죄판결을 내리는 오판(3)은 의사결정상의 오류라고 할 수 있다. 이를 그림으로 표현하면 〈그림 4-1〉과 같다.

		진실	
		살인하지 않음	살인하였음
의사결정	무죄판결	(1) 문제 없음	(3) 오판
	유죄판결	(2) 오판	(4) 문제 없음

그림 4-1 판사의 재판결과

판사의 재판 결과와 같이 가설검정과정에서도 4가지 의사결정이 가능하며 연구자는 통계적 결정에서 판사의 오판처럼 두 가지 오류를 범할 수 있는데 이를 각각 제1종 오류와 제2종 오류라고 한다.

앞서 영가설은 직접 검정의 대상이 되는 가설이고 연구가설은 영가설의 검정 여하에 따라 채택되거나 기각되는 가설이라고 하였다. 따라서 가설검정과정에서 발생하는 오류 역시 영가설이 진실인데도 그 영가설을 기각하거나, 영가설이 진실이 아닌데도 그 영가설을 기각하지 않고 채택하는 것과 관련이 있다.

이를 판사의 판결과 연결지어 살펴보면 검찰에 의해 살인죄로 기소된 사람이 과연 범인인지 아닌지를 판단하여 유무죄를 결정해야 하는 사안이 가설검정과정에 해당되며 이때 검정을 받게 되는 잠정적 진리인 영가설은 기소된 자는 '결백하다', 즉 '살인하지 않았다'가 된다.

이 경우 '살인하지 않았다'가 영가설에 해당되는 이유는 다음과 같다. 이 재판은 검찰에 의해 살인죄로 기소된 사람이 과연 범인인지 아닌지를 판단하여 유무죄를 결정하는 사안이 핵심이다. 그런데 "열 명의 범죄자를 풀어주더라도 한 명의 억울한 사람이 생기면 안 된다"는 말과 달리 기소된 자가 살인 행위를 범하지 않았음에도 불구하고 유죄판결을 받았다고 가정해 보자. 그렇다면 이는 피고가 살인을 범한 것이 진실임에도 불구하고 무죄판결을 받은 또 다른 오판보다 그 피해는 말할 수 없이 심각한 것이다. 따라서 영가설은 연구에서 검정의 대상이 되기 때문에 이 재판의 경우 "기소자는 살인하지 않았다", 즉 '결백하다'가 신속하게 검정을 필요로 하는 영가설이 된다.

이에 따라 살인죄로 기소된 자가 살인 행위를 범하지 않은 사실이 진실이기 때문에 무죄판결을 내리는 결정을 하면 이는 옳은 결정이지만, '결백하다'는 영가설이 진실인데도 그 영가설을 기각하게 되면 이를 가리켜 제1종 오류(type Ⅰ error)라고 한다. 즉 옳은 영가설을 기각하고 틀린 연구가설을 수용하는 것이 제1종 오류이며, 이러한 제1종 오류를 범할 확률 또는 제1종 오류의 허용수준을 유의수준이라 하고 α로 표기한다.

반대로 살인을 했음에도 불구하고 무죄판결을 내린 오판을 가리켜 제2종 오류(type Ⅱ error)라고 한다. 즉 영가설(살인을 하지 않았음)이 진실이 아닌데도 그 영가설을 기각하지 않고 채택하는 오류를 가리켜 제2종 오류라고 하며 이를 허용하는 확률을 β로 표기한다. 영가설의 진위 여부와 이러한 영가설을 통계적으로 수용 또는 기각한 가설검정의 결과는 〈그림 4-2〉와 같다.

		영가설	
		참	거짓
통계적 결정	영가설 수용	오류 아님	제2종 오류(β)
	영가설 기각	제1종 오류(α)	오류 아님

그림 4-2 가설검정과 오류

한편 교차분석, 분산분석, 회귀분석 등과 같은 다양한 통계적 분석결과에서 통계적 유의미성의 여부를 판단하는 기준인 유의수준은 제1종 오류와 관련된 내용이다. 일반적으로 사회과학 분야의 조사연구에서는 제1종 오류를 범할 확률이 95% 신뢰수준을 기준으로 유의수준 0.05 미만($p < .05$)인 경우 영가설을 기각하고 연구가설을 채택하게 된다. 유의수준을 0.05로 하였다면 영가설의 발생 가능성이 0.05보다 적은 경우에 영가설을 기각하게 되며, 이에 따라 연구가설에서 설정한 변수관계는 통계적으로 유의미한 수준의 관계가 있는 것으로 받아들인다는 것이다.

PART 02

개념과 측정

Research Methods for
Social Welfare

chapter

05 개념화와 조작화

1. 개념화

사회복지조사의 주제가 선정되고 연구문제가 형성되면 연구문제 속에 포함된 개념들을 명확히 하는 과정이 필요하다. 왜냐하면 사회과학에서 탐구하고자 하는 사회현상이나 사회문제의 내용은 대부분 그 속성이 추상적이고 모호한 것들이 많기 때문에 연구조사 시작단계에서 이 부분을 명확히 하는 것이 필요하기 때문이다. 그리고 과학적 탐구를 위한 실증적 연구에서 연구의 대상이 되는 개념을 명확히 인식하기 위해서는 측정이 이루어져야 한다.

Abraham Kaplan(1964)은 측정이 이루어지는 세 가지 유형의 대상을 다음과 같이 구분하였다. 첫째, 직접 관찰할 수 있는 대상이다. 예를 들어, 눈앞에 있는 우유를 보면서 그 색깔과 향을 통해 우유의 종류를 초코 우유, 바나나 우유, 딸기 우유 등으로 구분하듯이 직접적으로 관찰할 수 있는 대상을 통해 측정이 이루어진다. 둘째, 간접적으로 관찰할 수 있는 대상이 있다. 시간과 장소 등의 한계로 인해 직접 관찰한 바는 없지만 자료나 기록물 등을 통해 간접적으로 알 수 있는 대상들이 있다. 예를 들어, 아동 입양의 역사를 과거 아동입양 기관 이사회 회의록을 통해 간접적으로 파악할 수 있는 것 등이다. 셋째, 존재하지 않기 때문에 직접 관찰은 물론 간접적으로도 관찰할 수 없는 대상이 있을 수 있다. 이 같은 경우 개념구성체(construct)를 통해 관찰이 이루어진다. 예를 들어, 우울은 앞서 언급한 것들과 같은 방식으로 존재하지 않기 때문에 직접적으로든 간접적으로든 관찰할 길이 없다. 하지만 우리는 우울과 관련된 일련의 현상이나 어떤 상태를 가리켜 우울이라고 기술하고 있다. 우울을 구성하는 이같은 추상성을 가리켜서 개념구성체라고 한다. 그리고 우리가 측정할 수 있는 것은 '우울'이라는 용어가 의미하는 것으로 생각되는 것을 직접적으로 관찰할 수 있는 것과 간접적으로 관찰할 수 있는 것들이다(Rubin & Babbie, 2016).

앞서 언급한 것처럼 사회복지조사연구의 시작은 문제형성단계로부터 시작된다. 즉, 정신장애인의 인권과 차별, 결혼이주여성의 문화 적응, 청소년의 학업스트레스 등 사회복지와 관련된 문제를 인지하고, 그 문제가 무엇인지를 정의하며, 조사하고자 하는 문제를 구체화하는 과정이 문제형성과정에 해당된다. 하지만 우리가 연구하고자 하는 또는 알고자 하는 많은 것들은 손으로 만질 수 없는 추상적인 것들이 대부분이다. 그렇다면 어떻게 이것들을 알 수 있을까? 그 첫 단계가 바로 이 장에서 다루고자 하는 개념화와 조작화인 것이다. 특히 양적연구에서 연구하려는 대상을 명확하게 하고 현실세계 속에서 연구하려는 대상을 측정 가능한 차원으로 구체화하는 과정을 개념화(conceptualization)와 조작화(operationalization) 과정이라고 한다. 즉, 개념화와 조작화의 과정을 통해 연구자가 조사하고자 하는 추상적인 개념을 상세하게 구체화하며, 이후의 연구과정을 통해 경험적으로 관찰하게 된다.

일상적인 대화에서 사용하는 용어들은 화자(話者)와 청자(聽者) 사이에 그 의미를 정확히 규정하지 않고도 사용하는 데 문제가 없다. 그 이유는 의사소통이 언어적인 것뿐만 아니라 비언어적인 것들이나 상황이 적절히 내포되어 있기 때문이다. 따라서 특별한 경우가 아니면 사용하는 용어의 정확한 사전적 의미를 매번 서로 요구할 필요가 없다. 하지만 조사연구과정에서 연구자와 조사대상자 사이에서 주고받는 특정 용어는 그것이 무엇을 의미하는지 정확하게 구체화할 필요가 있다. 예를 들어, '동정심'이라는 용어와 관련하여 연구자가 조사대상자들에게 여성이 남성보다 더 동정심이 있는지를 물었다고 가정하자. 이때 '동정심'이라는 용어의 의미에 대한 정확한 개념 규정 없이는 조사대상자들이 그 질문에 대한 답을 정확히 할 수 없는 문제가 발생한다. 따라서 특정 용어에 대한 구체적 접근이 필요한데, 이를 가리켜 개념화(conceptualization)라고 한다.

1) 개념화와 변수

우리는 조사연구에서 단순히 개념이라는 용어를 사용하지 않고 변수라는 용어를 사용하며 이를 통해 조사대상을 탐구하게 된다. 개념과 변수 및 그 관계에 대한 개념적인 설명(conceptual explication)은 다음과 같다. 먼저, '개념'은 생각, 대상, 사건, 행동 등을 상징하는 어떤 마음의 이미지라고 할 수 있다. 이러한 개념은 조사연구에서 탐색의 대상이 된다. 또한 개념은 신장, 연령, 성별, 스트레스, 자존감 등 사람들이 무엇인가를 상징하는 데 동의하는 단어들로 생각할 수도 있다.

그런데 어떤 개념은 또 다른 개념으로 구성되기도 한다. 즉, 성별과 같이 남성과 여성이라는 두 개념으로 좀 더 넓은 의미의 또 다른 개념을 만들기도 한다. 이때 성별이라는 개념을 이루는 남성과 여성은 성별의 속성(attribute)으로 표현하기도 한다.

조사연구의 대상은 아동, 청소년, 장애인, 노인 등 다양한 인구집단이 될 수 있다. 그리고 이들을 대상으로 사회적 지지의 수준, 성차별, 동성애 혐오, 우울 수준, 사회복지사의 소진 등에 대해서 그 특성이나 차이 등을 조사할 수 있다.

이때 앞의 개념들은 전부 그 수준이 다양하게 측정되기 때문에 이들을 '변수'라고 부를 수 있다. 즉, 변수가 되기 위해서는 성별처럼 남성과 여성이라는 두 가지 이상의 값을 가지는 개념이 되어야 한다. 남성처럼 오직 한 가지 값만 가지면 '속성'이 될 뿐이다.

결론적으로 개념은 다음과 같은 조건을 만족시키는 변수라고 할 수 있다. 첫째, 둘 이상의 다양한 속성 또는 값으로 구성되어 있어야 한다. 둘째, 양적조사연구에서 개념은 관찰 가능한 용어가 되어야 변수라고 할 수 있다.

2) 변수의 종류

(1) 독립변수와 종속변수

독립변수는 원인변수, 설명변수라고도 하는데 이는 결과가 되는 변수에 일정한 영향을 미치는 기능을 하기 때문이다. 즉, 결과변수라고 하는 종속변수와의 관계 속에서 원인이 되는 변수가 독립변수이며, 독립변수로 인해 일정한 변화가 생기는 변수가 종속변수이다.

그런데 따로 따로 존재하던 개념과 변수에 생명력을 불어 넣는 마력이 가설에 있다. 가설은 연구자가 변수들 간의 관계를 통해 추측하는 있을 법한 진술문이라고 할 수 있다. 가설에는 기본적으로 독립변수라고 불리는 원인이 되는 변수와 결과변수인 종속변수가 필요하다. 그리고 좋은 가설은 다음과 같은 조건을 필요로 한다.

- 가설은 연구질문을 명확하고 구체적으로 내포하고 있어야 한다.
- 독립변수와 종속변수 사이의 관계에서 발생할 수 있는 결과가 둘 이상이어야 한다.
- 가설은 가치중립적이고 검정 가능한 것이어야 한다.

- 독립변수와 종속변수 사이의 관계가 조사해볼 필요도 없는, 즉 자명한 이치여서는 안 된다.

(2) 외생변수

독립변수나 종속변수와는 달리 세 번째 범주의 변수를 외생변수(extraneous variable)라고 한다. 외생변수는 독립변수와 종속변수 간의 관찰된 관계를 대안적으로 설명하는 변수를 가리킨다. 예를 들어, 사회복지사로부터 서비스를 더 많이 받은 환자일수록 빨리 사망한다는 연구결과가 있다고 하자. 이 관계에서 '서비스의 양'은 독립변수로, '수명'은 종속변수로 설정할 수 있다. 그런데 사회복지사로부터 서비스를 더 받을수록 수명이 짧아지는 현상은 사회복지사를 난처하게 만들 수 있다. 이때 독립변수와 종속변수 간의 관찰된 관계에서 말기암 환자와 같이 가장 심각한 질환을 가진 환자들이 더 많은 서비스를 받을 것이라는 대안적 설명이 가능해진다. 따라서 '질환의 심각도'를 환자가 받은 서비스의 양과 수명 사이의 관계를 설명하는 외생변수로 개념화하면 기존의 독립변수와 종속변수 사이의 관계를 더 분명하게 이해할 수 있게 만든다. 이

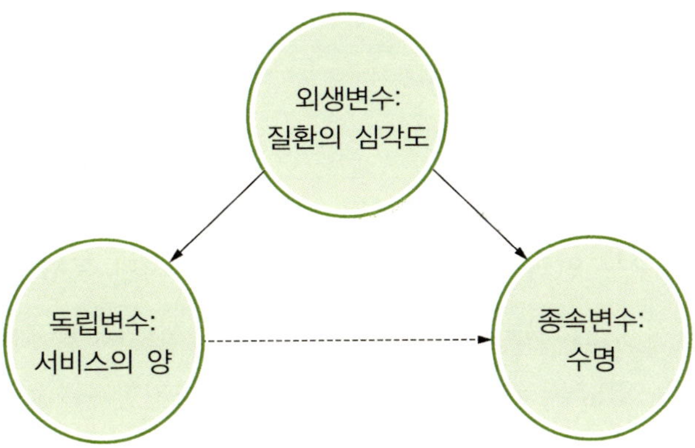

그림 5-1 외생변수의 예 1

렇게 되면 기존의 독립변수와 종속변수, 즉 서비스의 양과 수명 사이의 관계는 사라지고 아무런 의미가 없어지게 된다(Rubin & Babbie, 2016).

또 다른 외생변수의 예는 다음과 같다. 예를 들어, 겨울철 화재현장에 출동한 소방차의 수가 많을수록 화재 피해액이 큰 것을 볼 수 있다. 이를 두고 화재현장에 출동한 소방차 수가 많을수록 화재피해가 클 것이라고 할 수 있을까? 이 경우 소방차의 수가 화재 피해액의 직접적인 원인이 될 수 없다. 그 이유는 '화재의 규모'라는 제3의 변수 때문이다. 즉, 화재의 규모가 크기 때문에 소방차들이 많이 출동했고, 피해액도 커진 것이므로 소방차 수와 화재로 인한 피해액 간에는 아무런 관계가 없다고 할 수 있다(김구, 2020; 김렬, 2013; 최성재, 2005).

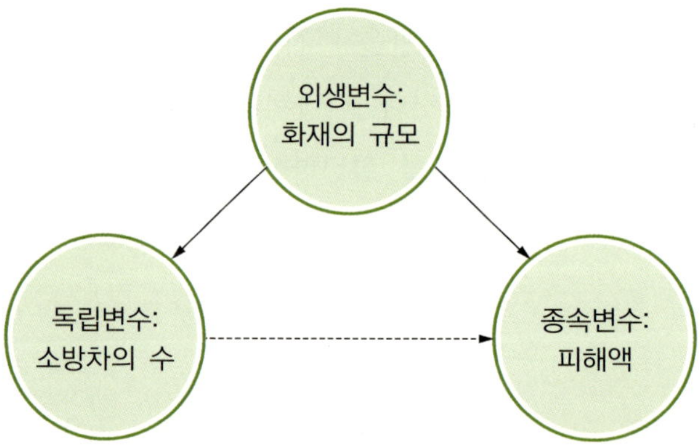

그림 5-2 외생변수의 예 2

이처럼 외생변수는 인과적 관계가 있는 것처럼 보이던 독립변수와 종속변수의 관계를 사라지게 만드는 변수를 가리킨다. 따라서 연구를 정확하게 수행하려면 외생변수의 영향을 체계적으로 방지 또는 제거할 수 있어야 한다(강병서 · 조철호, 2006).

(3) 통제변수

조사연구를 통해 다른 변수가 독립변수와 종속변수 사이의 관계를 설명할 가능성을 살펴보기도 한다. 이때 두 변수 사이의 관련성이 허위인지 아닌지를 판명하기 위해 사용하는 변수를 가리켜 통제변수(control variable)라고 한다(진영재, 2011). 다른 말로 독립변수가 종속변수에 미치는 영향을 더 정확히 알 수 있도록 통제되는 변수를 가리켜 통제변수라고 한다. 예를 들어, AIDS 발병에 영향을 미치는 요인은 생물학적 요인뿐만 아니라 소득수준도 포함될 수 있다. 따라서 어떤 조사연구에서 AIDS 발병에 미치는 생물학적 요인의 영향을 파악하고자 하는 경우, 소득수준이 AIDS 발병에 미치는 영향을 통제함으로써 생물학적 요인이 AIDS 발병에 미치는 영향을 보다 정확하게 파악할 수 있게 된다(김렬, 2013). 또한 어떤 철새 도래지 인근에 건설된 발전소와 관련하여 발전소가 철새의 숫자에 미치는 영향을 파악하고자 하는 연구를 가정해 보자. 이때 발전소의 건설과 도래하는 철새의 숫자 사이에 관련성이 있는지 없는지를 알아보기 위해서는 철새 숫자에 영향을 미칠 것으로 생각되는 다른 요인들, 즉 근처에 위치한 강의 폐기물 오염 정도, 철새의 출생률, 도래지 인근의 환경변화, 다른 도래지의 영향 등을 통제하여야 원래 알고자 하는 독립변수(발전소 건설)와 종속변수(도래지 철새의 숫자) 간의 관련성을 보다 정확히 파악하게 된다(진영재, 2011).

(4) 조절변수

독립변수와 종속변수 사이에 있을 수 있는 관계의 정도에 영향을 미치는 변수를 가리켜 조절변수(moderating variable) 또는 완충변수(buffering variable)라고 한다. 예를 들어, 청소년의 학업스트레스(독립변수)가 자살생각(종속변수)에 미치는 영향을 생각해 볼 수 있다. 이때 청소년들이 지각하는 사회적 지지의 수준이 학업스트레스와 자살생각 사이의 관계에 영향을 미치는 것으로 가정할 수 있다. 즉, 낮은 수준의 사회적 지지를 지각하는 청소년들은 높은 수준의 사회적 지지를 지각하는 청소년들에 비해 학업스트레스가 자살생각에 더 많은 영향을 미치는 것으로 나타났다면 지각된 사회적 지지의 수준은 독립변수가 종속변수에 미치는 영향을 줄이는 조절변수 역할을 하게 된다.

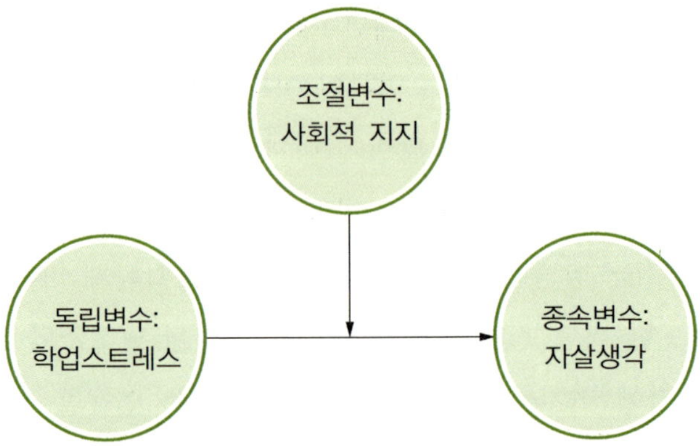

그림 5-3 조절변수의 예

(5) 매개변수

매개변수(mediating variable)는 독립변수와 종속변수 간의 관계에 영향을 미칠 수 있는 또 다른 변수 유형에 해당된다. 특히 매개변수는 독립변수와 종속변수 사이에서 원래 독립변수의 새로운 종속변수가 되면서 동시에 원래 종속변수의 또 다른 독립변수 역할을 하는 변수로 기능한다.

예를 들면, 우울은 청소년의 생활스트레스와 자살생각 사이를 매개할 수 있다. 즉, 생활스트레스가 자살생각에 영향을 미치는 관계에서 생활스트레스가 높으면 우울수준을 높이게 되고, 높아진 우울수준은 자살생각에 이르도록 만드는 것으로 생각된다면 우울은 생활스트레스와 자살생각 사이에서 매개변수가 된다. 이를 그림으로 나타내면 다음과 같다(홍영수 · 전선영, 2005).

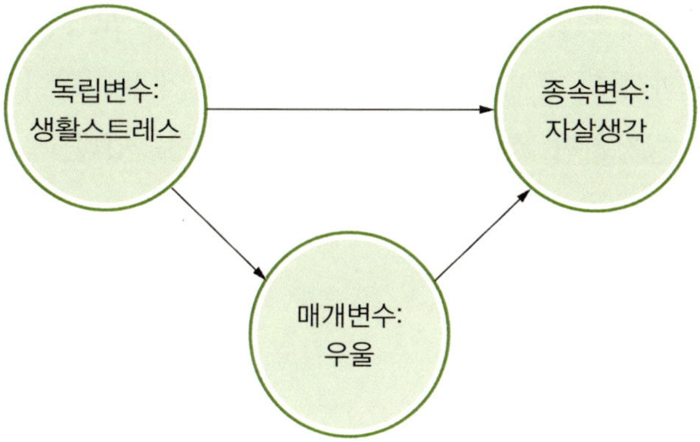

그림 5-4 매개변수의 예

3) 다양한 변수 간 관계

변수들 간의 관계에 대한 추측은 정적(正的), 부적(負的) 및 곡선형 또는 비선형적(非線型的) 관계 등 다양한 차원에서 이루어진다. 먼저 정적관계(positive relationship)를 보일 수 있다. 이 관계에서는 독립변수가 증가하면서 종속변수도 함께 증가하는 모습을 통해 발견할 수 있다. 물론 독립변수가 감소함에 따라 종속변수가 함께 감소하는 모습도 정적관계이다. 예컨대 사회복지사의 처우가 개선되면 사회복지사의 근무 만족도도 높아지는 경우이다.

다음으로 부적관계(negative relationship)가 있다. 이는 두 변수가 서로 반대방향으로 움직인다는 의미이다. 즉, 한 변수가 증가함에 따라 다른 변수는 감소하는 식이다. 예컨대 사회복지사의 업무량이 늘어날수록 서비스 이용자의 만족도가 낮아지는 경우를 가정할 수 있다.

곡선형 또는 비선형적(非線型的) 관계(curvilinear/nonlinear relationship)는 한 변수의 변화에 따른 다른 변수의 변화가 동일할 수도 있고 상반된 방향으로 변화할 수도 있는 관계를 말한다. 예컨대 연령이 높을수록 소득은 증가하지만 어느 수준의 연령에 도달하면 소득이 오히려 감소하는 모습을 보이기도 한다. 또한 투약의 양과 병의 증세 간의 관계에서도 약물의 투여량이 증가하면 병세가 가라앉다가 일정기간 후에 다시 악화되는 경우도 있다.

2. 조작화

사회조사연구에서 개념의 명확화는 계속적 과정이라고 할 수 있다. 즉, 어떤 용어의 개념화가 이루어지면 그 개념을 명목적 차원에서 실질적으로 구체화하는 것이 필요하다. 이 단계를 통해 우리가 무엇을 관찰할 것인지, 어떻게 관찰할 것인지, 어떤 해석을 다양한 관찰에 부여할 것인지 등을 정확하게 구체화하여야 한다. 또한 그 개념을 어떻게 측정할 것인지 정확하게 설명하는 것이 필요하다. 따라서 과학적 연구에 있어서 구체적인 측정으로 가는 측정단계의 발달은 개념화 → 명목적 정의 → 조작적 정의 → 현실세계에서의 측정으로 나아가게 되는 것이다. 이에 따라 사회과학자는 어떤 용어가 실질적인 의미를 갖는다면 어떤 것이라도 측정할 수 있으며, 실질적이지 않은 것도 상당한 수준에서 측정할 수 있다.

1) 명목적 정의와 조작적 정의

먼저 명목적 정의(nominal definition)는 사전적 정의처럼 조사연구의 대상이 되는 변수가 무엇을 의미하는지를 진술하는 수준의 정의를 말한다. 예를 들어, 학생에게 있어서 '사회적응'이라는 변수의 명목적 정의는 학생으로서 기대되는 주요 역할의 적절한 수행이라고 할 수 있다. 하지만 이러한 명목적 정의는 조사연구에서 '사회적응'이라는 변수를 어떻게 관찰할 것인지에 대한 정보는 제시하지 않고 있다. 따라서 양적조사연구에서는 변수에 대한 자료를 수집하기 위한 연구를 수행하기 전에 그 변수를 현실세계 속에서 직접 관찰할 수 있는 수준으로 바꾸는 과정이 필요하다. 이를 가리켜 조작적 정의라고 한다.

관찰하고자 하는 변수에 대한 조작적 정의(operational definition)는 연구자에 따라 다양한 수준에서 접근 가능하다. 예를 들어, 사회적응의 수준을 측정하기 만든 척도를 통해 얻은 점수가 '사회적응'이라는 변수의 조작적 정의의 한 예가 될 수 있으며, 어떤 개인이 사회적 기능의 회복을 목표로 사회복지서비스를 이용하는지의 여부도 '사회적응'의 조작적 정의가 될 수 있다. 또 다른 '사회적응'의 조작적 정의로서 중증 발달장애인 생활시설에서 사회적응이 높은 사람들에 대한 조작적 정의는 사례기록에서 보호작업장에 갈 준비가 되어 있는 사람들로 정의할 수 있을 것이다. 이처럼 조작적 정의는 관찰하고자 하는 특정 변수를 현실세계에서 어떻게 측정 가능한 형태로 변환시킬 것인지를 알려주는 방법이 되고 있다.

2) 조작화의 수단

일반적으로 관찰하고자 하는 개념을 조작화하기 위해 자기보고, 직접관찰, 이용 가능한 기록의 검토 등의 방법을 통해 변수를 조작화하게 된다. '결혼만족'이라는 추상적 개념을 조작적으로 정의내릴 수 있는 방법을 앞서 언급한 세 가지 차원에서 설명하면 다음과 같다(Rubin & Babbie, 2016).

(1) 자기보고의 방식을 통해 조작적 정의를 내릴 수 있다.

먼저 조사대상 부부에게 자신들의 결혼만족도를 상 · 중 · 하 세 단계 가운데 하나를 선택하도록 함으로써 추상적인 개념구성체인 '결혼만족'을 관측 가능한 수준으로 구체화할 수 있을 것이다. 즉, '결혼만족'을 조사대상자들이 선택한 상 · 중 · 하 세 단계의 결혼만족도 수준으로 정의내릴 수 있을 것이다. 또한 결혼만족도를 측정하기 위해 고안된 기존의 표준화된 척도를 사용함으로써 조상대상자들이 그 척도에서 얻은 점수를 통해 '결혼만족'이라는 추상적 개념을 파악할 수 있을 것이다. 따라서 이때는 '결혼만족'이라는 추상적 개념을 조사대상자들이 보고한 척도의 점수가 높을수록 결혼만족도가 높은 것으로 조작적 정의할 수 있게 된다. 그런데 자기보고 방식의 경우 조사대상자들이 사회적으로 좀 더 바람직한 인상을 드러내기 위해 진정한 응답을 회피함으로써 측정하고자 하는 개념을 왜곡시킬 수 있는 단점이 있다.

(2) 직접관찰의 방식을 통해서도 조작적 정의를 내릴 수 있다.

이 경우 연구자가 조사대상자들인 각 부부와 그들의 결혼생활에 대해 면접을 하는 과정에서 남편과 아내가 결혼이나 배우자에 대해서 부정적인 언급을 하는 횟수를 계산함으로써 추상적인 개념인 '결혼만족'을 구체적으로 파악할 수 있을 것이다. 이러한 직접관찰 방식은 조사대상자들의 행위를 직접적으로 관찰할 수 있는 장점이 있는 반면에 직접관찰의 특성상 시간이 오래 걸리고 비용이 많이 드는 단점이 있다.

(3) 이용 가능한 기록을 통해 조작적 정의를 시도할 수 있다.

이혼율은 결혼만족도를 관찰할 수 있는 하나의 지표가 될 수 있다. 이에 따라 여러 지역의 이혼율을 비교함으로써 이혼율이 낮은 지역이 결혼만족도가 더 높을 것이라는 식으로 조작적 정의를 내릴 수 있을 것이다. 이혼율과 같이 이용 가능한 기록을 검토함으로써 '결혼만족'을 조작적으로 정의하는 것은 직접관찰이나 자기보고보다 비용과 시간이 적게 드는 장점이 있는 반면, 자료의 적절성에 대한 의문이나 기록들 가운데 왜곡된 기록이 있을 가능성 등은 단점이 되고 있다. 즉, 이혼율이 결혼만족을 측정하는 지표로서 적절한지에 대한 의문이 있을 수 있다. 왜냐하면 비록 이혼율이 낮다고 해도 결혼만족이 높은 것이 아니라 사회적으로 이혼에 대해서 더 엄격한 금기가 있었기 때문으로, 실제 결혼만족은 낮을 수도 있기 때문이다.

chapter

06 측정과 척도구성

1. 측정의 의미

측정은 개념 또는 변수를 현실세계에서 관찰 가능한 자료와 연결시키는 과정이자 질적 속성을 양적 속성으로 전환하는 작업이라고 할 수 있다(김구, 2020). 예를 들어, 우리는 독거노인의 '삶의 만족도'를 평가하고자 할 때 '삶의 만족도'라는 개념에 수치를 부여하고, 숫자가 나타내는 속성을 통해 삶에 대해서 얼마나 만족스러워 하는지를 판단하게 된다. 즉, '삶의 만족' 수준을 숫자로 측정하여 수치의 높고 낮음을 통해 '삶의 만족'이라는 개념을 인식하는 것이다. 따라서 측정이란 사람들이 인식하고, 느끼고, 행동하는 경험적인 현상을 이론적으로 수치화하는 작업이라고 할 수 있다. 그리고 측정은 변수의 추상적이고 개념적인 속성을 경험적이고 관찰 가능한 속성으로 전환시켜 줌으로써 과학적 조사연구의 객관성과 검증 가능성 그리고 재생 가능성이라는 특성을 구체화시키게 된다(김구, 2020; 여정성 외, 2012).

2. 측정수준

알고자 하는 개념을 측정할 때 중요한 것은 연구자가 알고자 하는 추상적 개념을 연구주제에 적합하도록 조작적으로 정의하는 것과 이를 일정한 규칙에 맞춰 수치화하는 것이다. 예를 들어, 청소년의 학업스트레스가 우울에 미치는 영향을 조사하는 경우를 가정해 보자. 먼저 '학업스트레스'라는 추상적 개념을 "학교 환경에서의 공부와 성적으로 인한 정신적 부담, 긴장감, 걱정과 공포, 우울, 초조함 등과 같은 부정적인 감정을 느끼는 불안정한 심리상태를 의미"하는 것으로 조작적으로 정의할 수 있다. 그리고 이러한 '학업스트레스'의 수준을 측정하기 위해 고안된 기존의 표준화된 척도를 사용해 표본조사 응답자들의 학업스트레스 수준을 측정할 수 있다. 즉, 학업스트레스의 수준을 현실세계 속의 경험 및 지각 가능한 속성으로 전환시켜 '1=전혀 그렇지 않다, 2=조금 그렇지 않다, 3=그저 그렇다, 4=조금 그렇다, 5=매우 그렇다'로 측정할 수 있다. 이때 점수가 높을수록 청소년들이 지각하는 학업스트레스 수준이 높은 것으로 해석하는 식이다.

이때 측정하고자 하는 변수가 가지고 있는 속성의 차이에 따라 명목측정, 서열측정, 등간측정, 비율측정이라는 네 가지 측정 수준을 가질 수 있다.

1) 명목측정

성, 종교, 출생지, 소속 학과 등과 같이 서로 구분할 수 있는 속성을 가진 변수들을 가리켜 명목변수라고 한다. 그리고 이러한 변수들을 대상으로 한 측정은 측정대상의 특성을 확인하거나 분류하기 위하여 이들에 수치를 부여하는 것을 말한다. 명목수준의 측정에 있어서 각각의 수치는 단순한 구분의 의미이며 산술적 의미는 없다. 따라서 변수값 ①이 ②보다 우월하다거나 우선한다는 의미가 없다(예: 다음 중 귀하의 성별은 무엇입니까? ① 남성 ② 여성).

한편 명목측정(nominal measurement)은 선택지들이 상호배타적(mutually exclusive)이어야 하며 모든 대상을 총망라(exhaustive)하여야 한다. 먼저 상호배타적이어야 한다는 말은 표본조사대상자들이 선택지들 가운데 두 개 이상의 범주에 속하는 혼선을 피해야 한다는 것이다. 예를 들어, 조사대상자들이 다음과 같은 질문을 받았다고 가정하자.

다음 중 귀하의 종교는 무엇입니까?
① 기독교 ② 불교 ③ 천주교 ④ 증산도 ⑤ 민족종교

이 경우 어떤 사람이 증산도 교인이라면 ④번 증산도와 ⑤번 민족종교 사이에 어느 하나를 선택하거나 둘 다 선택할 수밖에 없는 갈등과 혼란을 느끼게 된다. 따라서 하나의 대상이 두 개 이상의 범주에 속하지 않도록 주의하여야 한다.

또한 모든 대상을 총망라하여야 한다는 의미는 다음과 같다. 위의 예에서 어떤 조사대상자의 경우 자신의 종교가 이슬람이라면 다섯 가지 선택지들 중 아무것도 선택할 수 없게 된다. 따라서 이 경우에는 다음과 같이 '⑤ 기타'를 포함시켜 선택지들 가운데 어딘가에는 조사대상자들이 속할 수 있도록 만들어 측정하고자 하는 변수의 모든 속성이 포함되어야 한다.

다음 중 귀하의 종교는 무엇입니까?
① 기독교 ② 불교 ③ 천주교 ④ 민족종교 ⑤ 기타

2) 서열측정

서열측정(ordinal measurement)은 측정대상들의 순서 관계를 나열하여 해당 순위에 수치를 부여하는 것을 말한다. 하지만 이 역시 명목측정에서와 같이 부여된 수치 자체에 어떤 수나 양, 크기 등과 같은 의미는 없다. 단지 수치가 속성의 전후관계나 높고 낮음만을 알 수 있도록 도와준다(예: 학력, 사회계층, 연령대, 장애등급 등).

3) 등간측정

등간측정(interval measurement)은 측정대상 간의 순위를 나열할 뿐 아니라 주어진 수치 간의 간격이 동일하여 측정대상 간의 크기 비교가 가능한 측정수준이다. 일반적으로 사회과학에서 인간의 심리사회적 특성과 행동을 측정하는 데 많이 사용되는 측정수준이다. 하지만 등간수준의 측정에서는 절대영점이 존재하지 않는 한계가 있다. 예를 들어, 온도계상의 눈금은 그 간격이 동일하기 때문에 등간수준의 측정을 대표적으로 보여주고 있다. 그런데 등간수준의 측정에서 0이라는 수치에 주의를 기울여야 한다. 즉, 온도계에 나와 있는 0은 그 의미가 무엇일까? 온도가 없는 지점을 뜻할까? 물론 온도가 없다는 의미가 아니다. 이는 섭씨 0도를 의미하며, 화씨(Fahrenheit)로는 32도에 해당되는 온도이다.

또한 어떤 대입 수험생이 수학능력시험에서 0점을 받았다면 그 의미는 수능시험이라는 특정한 시험성적이 0점이라는 것이지 공부할 수 있는 능력이 완전히 무능력하다는 의미는 아닌 것이다. 이처럼 등간수준의 측정에서는 '0'이라는 수치의 의미에 주의를 기울일 필요가 있다. 그렇기 때문에 등간측정에서 엄격한 의미의 수학적 계산을 통한 분석은 불가능하다. 한편 등간수준의 측정은 앞서 명목과 서열수준의 측정이 가지고 있는 분류와 순서의 의미를 모두 포함하는 특징을 가지고 있다(예: 지능지수, 시험성적, 온도, 자아존중감 점수 등).

4) 비율측정

비율측정(ratio measurement)은 측정대상 간의 분류, 순위 구분도 가능하고 수치간 간격도 동일한 것을 말한다. 그리고 절대영점까지 가지고 있어 곱하기와 나누기를 포함한 계산이 가능하다. 즉, 무게, 길이, 소득, 자녀수, 가격 등과 같은 측정대상의 속성에 수치를 부여하는 것을 말한다.

3. 측정오류

일반적으로 사회복지조사연구에서 측정하고자 하는 변수들은 자존감, 우울, 자살생각 등과 같은 추상적인 개념인 경우가 많다. 즉, 이러한 개념들은 실제 세계 속에서 눈에 보이는 형태로 존재하지 않는 개념들인 것이다. 따라서 이러한 개념들을 현실세계 속에서 측정하기 위한 첫 단계는 그것들을 조작적으로 정의하는 일부터 시작된다.

하지만 추상적인 개념을 아무리 조작적으로 정의한다고 하더라도 측정과정에서 측정오류가 발생하여 측정하려고 하는 개념을 정확히 파악하지 못할 위험도 따른다. 이처럼 측정하려는 개념을 정확하게 묘사하지 못하는 데이터를 얻을 때를 가리켜 '측정오류'라고 말한다. 쉬운 예로 아들의 반사회적 행동에 대한 인지행동 수정개입에 참여한 부모가 아들이 지난 주 10번 충동적이고 부적절한 욕설을 한 것 중에 두 번을 잊어버리고 8번이라고 보고하는 것과 같은 오류가 있을 수 있다. 이러한 측정오류는 체계적 오류와 무작위 오류의 두 가지 형태로 구분할 수 있다.

1) 체계적 오류

체계적 오류(systematic error)는 자료를 수집한 방법이나 자료 제공자들의 역학으로 인해 수집한 정보가 측정하려는 개념을 지속적으로 잘못 묘사할 때 발생하는 오류를 말한다(Rubin & Babbie, 2016).

(1) 자료제공자의 역학

자료제공자의 역학으로 인한 오류는 사람들이 가지고 있는 윤리적 원칙과 실제 행동 사이의 불일치로 인한 측정오류에 해당된다. 즉, “무엇이 자신이 해야 하는 올바른 일이라고 생각하는지”를 측정한다고 가정할 때 조사대상자의 언행이 일치하지 않는 현상을 발견하게 된다. 예를 들어, 사람들은 장애인 사회재활 차원에서 주거지역에 정신장애인용 주거시설을 설치하는 것이 장려될 필요가 있다는 말은 하지만 막상 자신의 집 근처에 그런 장애인 시설이 들어온다면 부동산 가치 하락을 걱정하고 자녀교육 차원에서 소극적인 모습을 발견하게 된다. 이처럼 조사대상자의 생각과 행동 사이의 불일치는 측정하려는 개념을 정확하게 측정하지 못하도록 만든다.

(2) 사회적 바람직성 편견

사회적 바람직성 편견(social desirability bias)이나 문화적 편견 등과 같은 편견이 체계적 오류의 중요한 원천이 될 수 있다. 사람들은 자신이나 준거집단을 좋게 보이기 위해 말하거나 행동하려는 성향을 보인다. 예를 들어, 평소 남성지배적인 사고방식을 강하게 가지고 있는 사람이 있다고 하자. 그런데 이 사람에게 양성평등에 대해서 어떻게 생각하는지 질문을 하면 평소와는 다른 대답을 할 수도 있다. 즉, 자신이 마초처럼 보이지 않도록 하기 위해 양성평등에 대해 긍정적으로 답할 수 있다.

(3) 단순한 동일시

단순한 동일시도 체계적인 측정오류를 가져올 수 있다. 예를 들어, 측정 문항에 "사회복지사 윤리강령의 ~라는 내용에 동의합니까, 아니면 반대합니까?"와 같은 문항이 있다고 하자. 그렇다면 이 질문에 동의하지 않을 응답자는 많지 않을 것이다. 이처럼 연구자가 원하는 응답을 유도하는 방식으로 질문을 하거나, 자신들의 진정한 견해나 행동을 왜곡하는 방식으로 연구자의 질문에 대답하는 편견을 가질 수 있는 방식은 수집한 정보가 측정하려는 개념을 잘못 묘사하는 체계적 오류를 일으키게 만든다.

(4) 문화적 차이

문화적 차이에서 기인하는 부분들도 연구자가 측정하고자 하는 바를 정확히 이끌어내지 못하게 만드는 체계적 오류를 발생시킬 수 있다. 예를 들어, 어떤 연구에서 효를 실천하는 정도에 대한 질문에서 조상의 제사를 모시는 내용이 포함되어 있다면, 기독교인들에게 있어서 제사를 모시는 것이 효의 실천과는 동떨어진 내용이 된다. 따라서 효를 실천하는 정도를 측정하는 내용에 응답자 중 일부의 종교적 · 문화적 생활과 차이가 있는 제사를 포함시킬지의 여부에 대해서 심각하게 고민을 해야 할 것이다.

2) 무작위 오류

무작위 오류(random error)는 체계적 오류와 비교할 때 측정하고자 하는 바를 제대로 측정하지 못하도록 일관적인 유형의 영향이 작용한 결과는 아니다. 하지만 다음과 같이 무작정 긍정적 응답을 하거나 원래 측정하고자 한 내용과 다른 응답들이 생겨나게 함으로써 조사내용을 왜곡시킬 수도 있다. 무작위 오류는 다음과 같은 차원에서 발생한다(Rubin & Babbie, 2016).

- 측정절차가 너무 귀찮고, 복잡하고, 지겹고, 피곤해서 응답자들이 건성으로 답하는 경우
- 응답자가 질문의 내용을 이해할 만한 지식이나 경험이 부족한 경우
- 조사에 비협조적으로 보이기 싫어 질문에 순응적으로 대답하는 경우

특히 측정의 무작위 오류는 개입의 효과성을 평가하는 연구에 있어서 효과적인 개입을 비효과적인 것으로 보이게 할 수도 있다. 예를 들어, 어떤 연구자가 학교 부적응 현상을 보이는 초등학생들을 대상으로 한 학교사회복지사의 집단 프로그램을 평가한다고 가정하자. 이때 연구자가 선택한 측정도구는 우울감을 측정하기 위한 것이었는데 초등학생들이 이해하기 힘든 수준의 어려운 문항들로 구성되어 있음에도 불구하고 연구자는 프로그램 참가 초등학생들에게 이 척도를 적용하였다. 이에 따라 연구참여 초등학생들은 질문 문항의 내용을 제대로 이해하지도 못한 채 건성으로 답하였다. 그리고 그 응답들은 집단 프로그램이 참가자들의 우울감을 감소시키는 데 아무런 효과가 없는 것으로 만들어 버렸다. 이러한 결과는 집단 프로그램이 학교 부적응현상을 보이는 초등학교 학생들의 우울감 감소를 위해 효과적이었음에도 불구하고 측정결과는 비효과적인 것으로 보이게 만들 수도 있다. 이처럼 측정의 무작위 오류는 효과적인 개입을 비효과적인 것으로 보이게 할 수도 있다.

3) 측정오류의 방지

체계적 오류와 무작위 오류를 통해서 발생하는 측정오류 이외에도 측정자료를 기록하고, 컴퓨터 프로그램에 입력하면서, 그리고 문서정리를 하면서 실수로 인해 측정오류가 일어나기도 한다. 따라서 모든 측정오류의 원천을 피한다는 것은 현실적으로 어려운 일이다. 그렇기 때문에 사회과학 연구분야에서 어느 누구도 연구에서 완벽한 측정을 할 것으로 기대하지는 않는다. 하지만 중요한 것은 얼마만큼 이러한 측정오류를 최소화시키느냐 하는 것이다. 이에 따라 다음과 같은 대안들이 언급되고 있다.

첫째, 체계적 오류를 최소화하기 위해 설문지 작성 시나 척도구성에서 편견없는 용어를 사용해야 할 것이며, 무작위 오류를 최소화하기 위해서는 응답자가 이해할 수 있는 용어를 사용하려고 노력해야 할 것이다. 그리고 사전조사를 통해 조사대상자들이 설문문항을 어려워하지 않는지 확인하는 과정을 거쳐야 할 것이다.

둘째, 사회적 바람직성 편견과 관련하여 비관여적 관찰(unobtrusive observation)은 체계적 오류를 최소화하는 데 도움이 된다. 조사대상자들이 관찰되고 있다는 것을 인식하지 못할 때, 자연스럽게 있는 그대로 반응할 수 있을 것이다.

셋째, 하나의 방법으로 측정하기보다는 여러 가지 수단을 동원한 측정방법을 활용할 수 있다. 동일한 정보를 수집하는 데 몇 가지 서로 다른 방법을 이용함으로써 체계적 오류를 예방할 수 있을 것으로 기대할 수 있다.

넷째, 연구를 실행하기 전에 사용하고자 하는 측정도구가 신뢰할 만한 수준의 신뢰도와 타당도를 확보한 측정도구인지를 확인함으로써 무작위 오류를 최소화할 수 있다.

4. 척도구성을 위한 고려사항

조사연구에서 연구자는 조사대상자의 생각이나 행동, 관점, 태도 등을 관찰하기 위해 질문형태로 변수들을 조작하게 된다. 질문형태로 이루어진 측정도구를 개발하는 데 활용 가능한 몇 가지 선택사항과 질문을 위한 지침을 살펴보면 다음과 같다(Rubin & Babbie, 2016).

1) 질문하기의 방법: 개방형 질문과 폐쇄형 질문

설문지 조사의 질문은 개방형과 폐쇄형으로 구분된다. 먼저 개방형 질문에서 응답자는 직접 질문에 대한 자신의 의견을 표시할 수 있도록 요청받게 된다. 이에 비해 폐쇄형 질문에서 응답자는 연구자가 제공하는 선택지들 가운데 응답을 선택하게 된다. 특히 폐쇄형 질문을 고안할 때 연구자가 응답자에게 제공하는 응답범주에는 다음과 같은 세 가지 구조적 요건이 요구된다.

(1) 제공된 응답범주는 총망라적(exhaustive)이어야 한다.

이는 응답자로부터 얻을 수 있을 것으로 예상되는 모든 가능한 응답이 포괄적으로 제시되어야 한다는 말이다. 이를 위해 연구자는 주로 "기타(상세히 설명해 주시기 바랍니다. ______________________________)"를 응답범주에 포함시키면 된다.

(2) 응답범주는 상호배타적(mutually exclusive)이어야 한다.

응답자는 선택지들 가운데 하나 이상의 답을 선택해야 한다고 느껴서는 안 된다. 이를 위해 연구자는 응답자들이 하나 이상의 응답을 고를 수 있는 가능성이 있는지를 충분히 숙고하여야 한다. 예를 들어, 응답자의 종교를 묻는 질문 문항에서 선택지들이 개신교, 천주교, 불교, 이슬람교, 천도교, 전통종교, 기타로 되어 있을 때 천도교인들은 자신들의 종교가 전통종교에 속하기 때문에 하나 이상의 응답을 고르는 결과를 가진다. 따라서 선택지들은 상호배타적이 될 수 있도록 신중하게 고안되어야 한다.

(3) 문항선택에 있어서는 단일차원성(unidimensionality)이 요구된다.

만약 '자기주장성'을 측정하는 경우라면 자기주장성을 반영하는 문항만을 포함시켜야지 '공격성향'을 반영하는 문항을 포함해서는 안 된다. 즉, 자기주장성을 측정하는 데 공격성향이 단지 자기주장성과 관련이 있다는 이유로 공격성향을 반영하는 문항들인 "사람들이 내 말에 동의하지 않을 때는 논쟁하는 것이 당연하다", "나는 상대방과 다른 의견이 있을 때 상대방의 입장을 고려하지 않고 나의 입장을 말한다" 등을 포함시켜서는 안 된다.

2) 질문 시 주요한 지침들

(1) 문항을 명료하게 만든다.

설문지 문항은 명료해야 하고 모호해서는 안 된다. 예를 들어, "정신장애인의 주거복지 향상을 위해 제안된 주거시설에 관해 어떻게 생각하십니까?"라는 질문은 응답자로부터 "어느 주거시설 말인가?"를 생각하게 만든다. 따라서 설문지 문항은 연구자가 원하는 답이 무엇인지를 응답자가 정확하게 알 수 있도록 명료해야 한다.

(2) 복수응답 유발형 질문을 피해야 한다.

예를 들어, 연구자는 응답자에게 "정부는 국방예산을 줄이고 대신 그 예산을 복지사각지대를 줄이는 데 사용해야 한다."라는 진술문에 찬성하는지 반대하는지 묻는 질문을 할 수 있다. 그런데 비록 많은 사람이 이 진술에 찬성하거나 반대할 수 있지만 이 진술에 대해 찬성 혹은 반대 가운데 하나를 선택할 수 없는 사람도 있을 것이다. 즉, 정부에서 국방예산을 줄이고 그 예산만큼을 감세하길 원하거나, 국방예산의 규모를 유지하기를 원하지만 사회복지부문에도 더 많은 예산을 사용하기를 원하는 사람도 있을 것이다. 이런 경우 응답자들은 제시된 진술에서 찬성 또는 반대 중 하나를 선택하기 힘들다.

(3) 응답자의 역량을 고려해야 한다.

질문에 대해서 응답자가 정확한 기억에 근거해서 질문에 답할 수 있는지, 신뢰할 만한 응답을 할 수 있을지를 고려해야 한다. 그리고 연구자는 질문에 답하기 위해서 일정 수준의 지식이 요구될 때 응답자들이 의미 있는 대답을 할 수 있는 능력이 있는지 등에 대해서도 검토해야 한다.

(4) 응답자의 자발적 응답이 필요하다.

타당하고 신뢰할 만한 자료를 수집하기 위해 응답자들이 기꺼이 대답할 수 있는 질문을 마련해야 한다. 그렇지만 응답자들이 처한 상황이나 사회적 위치 등으로 인해 정확한 답변을 하기 힘든 경우도 있을 수 있다.

(5) 응답자와의 관련성이 요구된다.

질문은 대다수 응답자들에게 관련된 사항이어야 한다. 즉, 응답자가 거의 생각해 본 적이 없거나 관심 밖의 주제에 대한 질문이 주어졌을 때 응답자로부터 의미 있는 대답을 구하기 힘들 것이다. 따라서 동일한 개념구성체라도 연령별, 인종별 차이를 고려한 질문들이 개발될 필요가 있다.

(6) 가능한 짧고 간단한 문항이 필요하다.

많은 정보를 한꺼번에 얻고자 길고 복잡한 문항을 만들기 쉽다. 하지만 이런 경우 응답자들은 주의 깊게 그 질문을 살피기보다 대충대충 넘어가기 쉽다. 따라서 응답자가 문항을 빨리 읽고, 그 의도를 이해하고 어려움 없이 응답을 고르거나 제공할 수 있도록 명료하고 짧은 문항을 지향해야 한다.

(7) 부정적인 문항은 지양해야 한다.

질문에 대한 응답자의 응답은 질문의 표현에 영향을 받게 된다. 따라서 응답자들이 잘못 해석할 가능성이 있는 부정적 문항은 지양해야 한다. 예를 들어, "지역 내에 교도소를 짓지 말아야 한다."라는 문항에 찬성 또는 반대하라는 질문의 경우 응답자들은 '말아야'라는 단어를 주의 깊게 읽지 않고 응답할 수가 있다. 즉, 교도소가 들어서는 것을 반대하지만 이 문항에 반대하는 응답자도 있을 수 있다.

(8) 편견이 내포된 문항은 지양해야 한다.

응답자가 특정 방식으로 대답하도록 유도하는 질문을 편견 있는 질문이라고 한다. 특히 응답자들에게 정보를 요청할 때는 질문에 이런 편견이 내포되지 않도록 특히 주의해야 할 필요가 있다.

(9) 문화적 민감성이 반영된 질문이어야 한다.

측정도구가 특정 문화권에서는 타당하고 신뢰도가 높을 수 있다. 하지만 동일한 측정도구의 신뢰도와 타당도가 다른 문화권에서도 동일한 수준에서 충분히 보장되는 것은 아니다.

5. 유형별 척도의 구성

1) 리커트 척도

사회복지조사연구에서 대표적으로 사용되는 척도의 형태는 대부분 리커트(Likert) 척도의 형식을 취하고 있다. 이 유형의 척도는 기본적으로 응답자에게 진술문이 제공되고 "매우 찬성", "찬성", "보통", "반대", "매우 반대"의 응답범주들 가운데 어느 하나를 선택하도록 요청하게 된다. 이러한 리커트 척도의 특징은 다음과 같다.

(1) 응답범주에는 순위성이 있어야 한다.

응답자가 질문 문항에 대해서 자의적으로 응답하도록 허용한다면 수집된 자료에 대해서 연구자가 그 의미를 제대로 파악하는 데 어려움을 느낄 수밖에 없다. 또한 응답범주가 순위를 가지지 않고, "대충 찬성한다", "아주 많이 찬성한다", "정말로 찬성한다" 등과 같은 식으로 제시되었을 때 응답자와 연구자에게 각각 의미하는 찬성의 정도가 상호불일치하는 현상을 보일 수 있다. 따라서 제시된 응답범주는 명백히 순위성을 나타내야 한다.

(2) 각 문항은 일률적인 방식으로 점수화될 수 있다.

하나의 개념을 측정하기 위해 여러 개의 문항을 구성하고, 이를 동일한 응답범주가 사용하기 때문에 각 문항은 일률적인 방식으로 점수화된다. 예를 들어, 5개의 응답범주가 있을 때 문항의 내용에 따라 일정한 방향으로 1점에서 5점까지 할당하는 식이다. 즉, "매우 찬성"에 5점, "매우 반대"에 1점을 할당하게 되고, 각 응답자의 합계 점수는 개별 문항의 점수를 합산함으로써 수치화하게 된다.

(3) 각 문항은 거의 동일한 강도를 가지는 것으로 가정한다.

리커트 형식 응답범주의 일률적인 점수 매기기는 각 문항이 나머지 문항들과 거의 동일한 수준의 강도를 가지는 것으로 간주하여야 가능하다.

표 6-1 우울수준을 측정하기 위한 리커트 척도의 예

※ 아래의 항목들은 당신이 느끼고 행동하는 것들입니다. 지난 한 주 동안 얼마나 자주 느끼거나 행동했는지 각각의 질문에 답하세요.

문 항	극히 드물다 (하루 미만)	가끔 (1~2일)	종종 (3~4일)	거의 항상 (5~7일)
1. 평소엔 아무렇지도 않던 것들이 괴롭고 귀찮게 느껴졌다.	0	1	2	3
2. 무슨 일을 하든 정신을 집중하기 힘들었다.	0	1	2	3
3. 상당히 우울했다.	0	1	2	3
4. 모든 일들이 힘들게 느껴졌다.	0	1	2	3
5. 비교적 잘 지냈다.	3	2	1	0
6. 두려움을 느꼈다.	0	1	2	3
7. 잠을 설쳤다.	0	1	2	3
8. 큰 불만 없이 생활했다.	3	2	1	0
9. 세상에 홀로 있는 듯한 외로움을 느꼈다.	0	1	2	3
10. 도무지 뭘 해나갈 엄두가 나지 않았다.	0	1	2	3

자료: 우울척도(CES-D 10), 5번, 8번 문항은 역코딩

2) 의미분별 척도

의미분별(semantic differential) 형식의 척도는 측정하고자 하는 개념과 관련하여 서로 상반되는 항목을 양극단에 제시하고 일정한 응답범주들 가운데 하

나를 선택하도록 요청해 점수화하는 척도이다.

의미분별 척도의 예로서 〈표 6-2〉에 제시된 '노인에 대한 태도' 척도는 20문항으로 구성된 것으로 이 책에서는 일부만 소개하였다. 노인을 설명하는 상반되는 형용사의 쌍으로 구성된 각 문항에 대해서 응답자들은 리커트 7점 척도상에서 응답하도록 되어있다. 응답된 항목에 대한 결과는 점수가 높을수록 노인에 대한 태도가 긍정적이고, 점수가 낮을수록 노인에 대한 태도가 부정적임을 나타낸다. 문항에 대한 총점은 최고 140점에서 최저 20점이 된다.

표 6-2 의미분별 척도의 예: 노인에 대한 태도

	7	6	5	4	3	2	1	
현명한								어리석은
친절한								불친절한
박식한								무식한
행복한								슬픈
⋮								⋮

3) 보가더스 척도

보가더스(Bogardus) 척도는 Emory S. Bogardus(1882~1973)가 인종적 편견의 강도를 측정하기 위해 고안한 것으로써 사회적 거리척도(social distance scale)라고도 한다. 보가더스 척도는 사회집단 간의 친밀감, 무관심, 혐오감, 갈등상태 등을 측정하는 데 사용된다. 이를 위해 보가더스 척도에서는 먼저 사회적 거리를 표시하는 많은 문장과 의견들을 조사한 후 평가자에게 사회적 거리가 가장 먼 것부터 가까운 순서대로 배열시키도록 한다. 이때 척도는 가능하면 같은 간격을 갖는 항목을 선정하여야 한다. 예를 들어, 미국인들에게 인종 간 거

리 내지는 인종적 편견의 강도를 측정하기 위해 〈표 6-3〉과 같은 문항들을 제시하여 각 민족에 대한 반응을 측정할 수 있다. 이때 각 문항은 양극단인 '결혼허용'과 '국외추방'이라는 사회적 거리의 연속성에 따라 배치되었다. 〈표 6-3〉에서 보는 바와 같이 각 국가별로 선호하는 거리척도로 문항 1에서 문항 6까지는 어느 정도 같은 양태의 수용성을 보이겠지만 문항 7은 전혀 부정적인 것을 알 수 있다. 따라서 문항 7에 응답한 사람은 결코 1에서 6까지의 문항에서 긍정적인 반응을 보이지 않을 것이다(김구, 2020).

표 6-3 보가더스 척도의 예

문항	영국인	중국인	일본인	한국인	기타
1. 결혼하여 가족으로 받아들임					
2. 개인적 친구로 클럽에 받아들임					
3. 이웃하여 같이 지냄					
4. 같은 직장에서 일함					
5. 우리나라 국민으로 받아들임					
6. 우리나라 방문객으로 받아들임					
7. 우리나라에서 추방함					

chapter

07 신뢰도와 타당도

양적조사를 통해 사회현상에 대한 과학적 지식을 얻기 위해 측정은 필수불가결한 활동이며 사회과학 연구의 성공 여부는 연구수행에 사용된 측정도구의 신뢰도와 타당도에 달려 있다고 해도 과언이 아니다. 따라서 이 장에서는 조사문제나 조사가설에 대한 해답의 핵심이 되는 변수를 측정하는 측정도구의 신뢰도와 타당도에 대해서 살펴보도록 한다(김구, 2020; 최성재, 2005; Rubin & Babbie, 2016).

1. 신뢰도의 의미 및 측정방법

1) 신뢰도의 의미

측정도구의 신뢰도(reliability)란 같은 대상에 반복적으로 적용된 특정한 측정이 매번 얼마나 같은 결과를 만들어 내는지의 정도를 의미한다. 예를 들어,

몸무게를 측정하는 체중계가 신뢰할 만한 측정도구인지의 여부는 여러 번 같은 체중계 위에 서서 몸무게를 측정한 결과를 가지고 판단할 수 있다. 하지만 그것만으로 충분하지는 않다. 왜냐하면 여러 번 같은 값을 제시하지만 그 값이 정확한지의 여부는 아직 알 수 없기 때문이다. 비록 같은 몸무게를 알려 주더라도 원래부터 체중계의 눈금이 영점을 가리키는 것이 아니었다면 아무리 동일한 값을 일정하게 보여주더라도 그 몸무게는 엉터리가 된다.

그렇다면 어떻게 신뢰도가 높은 측정도구를 만들 수 있을까? 연구목적과 연구설계에 따라 크게 두 가지 신뢰도 유형이 있을 수 있다. 첫째, 관찰자나 평가자의 판단이 포함되는 연구의 경우, 관찰자 또는 평가자 간의 일치 또는 일관성의 정도로 신뢰도를 평가하게 된다. 둘째, 표준화된 척도를 사용해 특정 개념구성체를 측정하고자 한다면 문항들 간의 내적일관성을 통해 측정도구의 신뢰도를 평가할 수 있다.

2) 신뢰도 측정방법

(1) 관찰자 간 신뢰도와 평가자 간 신뢰도

관찰자 간 신뢰도는 관찰대상에 대한 측정에서 관찰자 또는 평가자 간의 일치나 일관성 정도를 일컫는다. 예를 들어, 자원봉사자를 위한 실무자 훈련 프로그램(in-service training program)이 자원봉사자들에 대한 감정이입의 수준을 높이는지를 역할 연습한 부분을 비디오로 촬영하였다고 가정하자. 평가자 간 신뢰도를 평가하기 위해 두 명의 평가자에게 녹화된 비디오를 보게 하고 그들이 관찰한 감정이입의 수준을 독립적으로 평가하게 한다. 그 결과가 80% 이상 일치하면 이 연습에 대한 관찰자 간 신뢰도가 확보되었다고 말할 수 있다.

(2) 검사-재검사 신뢰도

서로 다른 시간과 상황 속에서 측정한 결과치가 일관성을 보이는 경우의 신뢰도를 가리켜 검사-재검사 신뢰도라고 한다. 즉, 동일한 대상에게 동일한 측정도구를 이용하여 서로 다른 별개의 상황에서 어떤 개념을 측정한 결과를 비교할 수 있다. 이때 두 응답 간의 상관관계가 0.7 이상으로 나왔다면 그 측정도구는 신뢰할만하다고 할 수 있다.

그런데 만약 측정이 일정기간에 걸쳐 안정적이지 못하다면, 즉 처음 검사와 나중 검사 사이에 측정치가 현저히 다르다면 그러한 결과는 관찰대상의 실제적인 변화보다는 측정과정의 변화와 더 관련되었을 수 있다.

(3) 내적 일관성 신뢰도

측정도구를 구성하는 다양한 문항이 내적으로 얼마나 일관성이 있는지의 정도를 평가함으로써 신뢰도를 측정하는 방법이다. 내적 일관성을 확인하기 위해 알파계수(Cronbach's alpha) 값을 계산하는 방법을 많이 사용하는데 그 과정은 다음과 같다(Rubin & Babbie, 2016).

먼저 측정도구의 모든 문항을 모든 가능한 반분으로 나눈다. 즉, 문항들의 모든 가능한 반분의 쌍을 찾는다. 그리고 모든 가능한 반분 모음의 쌍을 이루는 문항들 사이의 상관관계를 구한다. 그런 다음 이들 상관관계의 평균치를 구하면 되는데 알파계수는 바로 이 모든 상관관계의 평균치이며 내적 일관성 신뢰도 값이라고 부른다.

2. 타당도의 의미 및 종류

1) 타당도의 의미

일반적으로 타당도란 특정한 개념이나 속성을 측정하기 위해 고안된 측정도구가 측정하고자 하는 개념의 의미를 어느 정도 적절히 반영하는지의 정도를 의미한다. 예를 들어, 성적 지향성(sexual orientation)에 대한 측정은 성적 지향성을 측정해야지 정치적 지향성을 측정해선 안 된다. 또한 사회적 배제의 측정은 사회적 배제라는 개념을 측정해야지 사회계급을 측정해서는 안 된다. 따라서 타당도란 측정 대상이 되는 개념의 실질적 의미를 적절하게 반영하는 정도를 의미한다. 척도가 개념의 의미를 어느 정도로 적절하게 반영하고 있는지를 알려주는 몇 가지 기준은 다음과 같다.

2) 타당도의 종류

(1) 내용타당도

내용타당도(content validity)는 측정하고자 하는 개념에 대한 내용을 측정도구가 포괄하는 정도를 말한다. 예를 들어, 편견이라는 개념을 측정하고자 한다면 측정도구를 구성하는 문항들이 편견을 구성하는 내용을 얼마나 포함하는지의 정도를 의미한다. 그런데 측정하고자 하는 개념에 대한 모든 내용을 측정도구에 포함시킬 수 없기 때문에 현실적으로 그 중에서 일부를 선택하는 과정이 불가피하다. 따라서 측정도구에 포함된 일부의 내용이 전체 내용을 얼마만큼 대표할 수 있을지에 대한 검토가 내용타당도의 수준에 영향을 미치게 된다.

내용타당도는 관련분야의 연구자나 전문가들이 해당 측정도구가 측정하고자 하는 개념이나 속성을 구성하는 측면 전체를 다루는 정도를 가지고 판단하게 된다. 예를 들어, 일반가정 아동의 다문화 수용성 척도를 개발하고 내용타당도를 검토하는 경우를 살펴보자. 먼저 1차 검토에서는 아동의 다문화 수용성을 반영하는 것으로 평가되는 78문항을 개발하고 3명의 아동학 전공 교수들에게 내용의 적절성 여부와 문장 표현 방식을 검증받는다. 이 과정에서 아동의 다문화 수용성 척도의 예비문항이 다문화 수용성을 측정하는 것으로 적합한지, 아동이 문항을 이해하는 데 어려움이 없는지, 문항내용이 추상적이거나 애매모호하지는 않은지 등을 검토하게 된다. 내용타당도 검증을 위한 2차 검토에서는 5명의 교육학, 심리학, 아동학 전공교수들에게 1차에서 검토한 아동의 다문화 수용성 척도의 예비문항을 대상으로 다시 문항 내용을 검토받을 수 있다. 그 결과 문항의 의미가 중복되거나 불분명한 5문항을 제거하고 73문항으로 수정함으로써 내용타당도를 확보한다(김미진 · 정옥분, 2010).

내용타당도는 전문가의 주관적인 판단에 크게 의존할 수밖에 없다. 따라서 개념을 구성하는 내용과 측정도구 사이의 관계에 대한 판단을 내리는 해당 분야 전문가의 의견이 얼마나 적합한지에 대한 평가를 객관화시키기 어려운 문제가 있다. 이러한 한계 때문에 내용타당도를 확보하기 위해서는 연구자의 주관적 판단에 의존하기보다는 패널 토의, 워크숍 등을 통해 관계전문가의 의견을 활용하는 등 객관성을 높이는 접근이 요구된다.

(2) 액면타당도

특정한 개념이나 속성을 측정하기 위해 고안된 측정도구가 측정하고자 하는 개념의 의미를 제대로 측정하는 것으로 인정받으려면 액면타당도(face validity)의 확보는 필수적이다. 내용타당도의 특별한 형태로 취급되는 액면타당도는 측정도구가 완성된 후, 그 측정도구가 특정한 개념이나 속성을 측정하기 위한 모든 내용을 어느 정도 포함하고 있는지를 검토하는 것을 말한다.

한편 액면타당도를 갖는다는 것이 곧바로 연구자가 측정하고자 하는 것을 측정도구가 실제로 측정한다는 의미는 아니다. 단지 연구자가 측정하고자 의도하는 것을 외견상 측정도구가 측정하는 것처럼 보인다는 의미이다. 따라서 측정도구가 액면타당도가 있는지의 여부는 연구자 또는 관련 분야 전문가의 주관적 평가에 따라 결정된다.

(3) 기준관련타당도

기준관련타당도(criterion-related validity)에서는 다른 변수와의 관계에 기초하여 측정도구가 측정하려는 동일한 개념을 측정하는 또 다른 지수 또는 측정도구와 같은 외부기준을 필요로 한다. 예를 들어, 운전면허 필기시험의 타당도는 필기시험에서 얻은 점수와 운전을 얼마나 잘하는가의 관계에 의해 결정된다. 이때 운전능력은 운전면허 필기시험의 기준이 되며, 운전면허 필기시험의 기준관련타당도는 운전능력이라고 하는 외부기준을 필요로 하는 관계가 성립된다.

이처럼 특정한 개념이나 속성을 측정하기 위해 고안된 측정도구가 측정하고자 하는 개념의 의미를 제대로 측정하는지를 실증적으로 확인하기 위해 하나의 측정도구를 사용하여 측정한 결과를 다른 기준을 적용하여 측정한 결과와 비교함으로써 타당도를 파악하는 경우를 가리켜 기준관련타당도라고 한다. 그리고 이러한 기준관련타당도에는 예측타당도와 동시타당도가 있다.

먼저 예측타당도(predictive validity)는 어떤 검사의 결과가 예측한 결과, 실제 대상자가 앞으로 나타낼 행위와의 관계를 측정하는 방법으로써 평가의 기준변수가 미래의 시점에 있는 경우이다. 즉, 연구자가 고안한 측정도구는 현재 시점에서 어떤 개념을 측정(A)하는 것이고, 기준이 되는 측정(B)은 미래 시점과 관련된 경우를 말한다. 이는 측정 A를 이용하여 측정 B를 예측한다는 의미를 갖는다. 이때 측정 A와 측정 B가 높은 상관관계를 가지면 예측타당도가 높음을 의미한다.

예를 들어, 대학입학시험의 타당도를 평가하기 위해서 입학시험 성적을 입학 후 얻게 될 학점과 비교한다면 학점이 대학입학시험의 타당성을 평가하는 기준이 되고 예측타당도를 평가한 것이 된다. 또 다른 예로써 여성결혼이민자의 '한국생활적응' 척도의 예측타당도를 평가하기 위해 자신의 미래에 대해 긍정적으로 생각하는 '희망상태 척도'와의 상관관계를 평가하였다. 이는 여성결혼이민자들이 한국으로의 이주 후 한국생활에서 안녕감을 반영하는 한국생활적응 척도와 성공적인 이주가 이루어졌을 때 예상할 수 있는 미래에 대한 희망의 정도를 비교하는 것이다. 만약 이 두 척도의 상관관계가 높게 나타나면 한국생활적응 척도가 예측타당도를 지니고 있다고 판단할 수 있다(현경자 · 김연수, 2011).

또 다른 유형의 기준관련타당도는 동시타당도(concurrent validity)이다. 예측타당도와 달리 동시타당도는 타당성의 기준을 현재에서 찾는다. 예를 들어, 국제결혼을 통해 국내로 이주한 다문화가정의 여성결혼이민자들을 대상으로 한국생활적응 척도의 동시타당도를 평가하기 위해 표본조사응답자들의 한국어 능력과 취업 여부를 조사해 볼 수 있다. 분석결과, 한국생활적응 점수가 높은 응답자들 사이에서 취업 중인 사람이 많았고 한국어 능력이 우수한 것으로 나타났다면 척도의 동시타당도가 확보된 것으로 평가할 수 있다(현경자 · 김연수, 2011).

그런데 만약 어떤 사람이 매우 종교적이면서, 지구 온난화를 걱정하고, 동성애를 지지하는 태도를 지니고 있다면, 이 사람의 태도를 타당하게 예측하는 데 사용할 수 있는 미래의 행동특성들을 한 번 생각해 보자. 몇 가지 가능한 예측타당치들은 각각 교회에 출석하면서, 환경단체에 회비를 납부하고, 동성애자의 결혼할 권리를 지지하는 것 등이 될 것이다.

하지만 언제나 이러한 예에서처럼 직접적으로 측정을 타당화시킨다고 여겨지는 행동기준을 쉽게 찾을 수 있는 것은 아니다. 이러한 경우, 연구대상 변수가 이론적으로 다른 변수들과 어떻게 연관되어야 하는지를 논리적으로 고려하는 것과 같이 기준을 다르게 찾는 검증방식을 적용할 수 있다. 개념구성체 타당도(construct validity)는 이러한 변수들 간의 논리적 관계를 통해 측정도구의 타당도를 평가하게 된다.

(4) 개념구성체 타당도

추상화의 정도가 높은 개념을 개념구성체(construct)라고 하는데, 개념구성체 타당도는 연구자가 측정하고자 하는 추상적 개념이 실제로 측정도구에 의하여 제대로 측정되었는지의 정도를 변수들 간의 이론적 논리관계에 기반하여 평가하는 것을 말한다.

이 형태는 이론적 관계 체계 안에서 측정도구가 다른 변수들과 관계하는 방식에 기초한 것이다. 예를 들어, 결혼만족도와 관련된 연구에서 결혼만족도를 측정하는 척도를 개발하고 그 척도의 타당도를 평가한다고 가정해 보자. 이때 결혼만족이라는 개념은 다른 변수들과의 관계 속에서 다음과 같은 이론적 예측이 가능할 것이다. 즉, 가정폭력은 결혼만족의 수준이 낮을 때 더 많이 발생할 것이다. 따라서 결혼만족도 척도가 예측된 방식으로 가정폭력과 관련이 있을 때, 결혼만족도 척도의 개념구성체 타당도의 증거가 될 수 있다. 그런데 만약 결혼만족도가 높은 부부와 낮은 부부가 똑같이 가정폭력에 관계되는 가능성을 보인다면 그 의미는 결혼만족도 척도의 개념구성체 타당도 확보에 문제가 있는 것으로 볼 수 있다. 개념구성체 타당도에는 수렴타당도와 판별타당도가 있다.

먼저 수렴타당도(convergent validity)는 측정결과가 동일한 개념구성체를 측정하는 다른 방법과 일치할 때 그 측정도구는 수렴타당도를 가진다고 말한다.

예를 들어, 자연재난, 전쟁, 화재, 건물 붕괴, 성폭력 등 다양한 형태의 외상사건들(traumatic events)을 경험한 이후에 생기는 역기능적 인지를 측정하기 위한 외상 후 인지검사를 들 수 있다. 외상사건을 경험한 사람들은 외상사건 이후 '세상이 완전히 위험하다는 신념'과 '자기 자신은 전적으로 무능하다는 신념' 같은 후유증을 경험할 수 있다. 만약 외상 관련 부정적 인지를 측정하기 위해 '외상 후 인지 검사도구(posttraumatic cognitive inventory)'를 개발한다고 할 때 이 척도의 수렴타당도를 검토하기 위해 '외상 후 부정적 인지척도(posttraumatic negative cognition scale)' 등과 같이 외상 후 부정적 인지와 관련되어 있거나 비슷한 구성개념을 측정하는 다른 척도들과의 상관계수를 구할 수 있다. 분석결과, 외상 후 인지 검사도구(posttraumatic cognitive inventory)와 다른 유사한 척도들 사이에 상관관계가 높게 나타났다면 수렴타당도를 지지하는 증거로 볼 수 있다(조용래, 2012).

다음으로 판별타당도(discriminant validity)가 있다. 판별타당도에서는 수렴타당도와 달리 서로 다른 두 개념이 존재한다면, 두 측정으로부터 얻은 값들은 서로 낮은 상관관계를 보여야 한다는 것이다. 예를 들어, 개발한 척도가 결혼만족이라는 개념구성체를 정말로 측정하고 있다면 판별타당도 차원에서 그 척도는 개념적으로 별개인 우울이나 불안을 측정하는 척도와 측정결과가 서로 다르거나 또는 일치하지 않아야 한다는 것이다.

또 다른 예로써 클라이언트의 프로그램 참여와 관련된 '동의능력선별척도(capacity to consent screen tool)'의 개발을 들 수 있다. 사회복지사는 잠재적 클라이언트가 사회복지프로그램에 참여하는 과정에서 고지된 동의를 거치도록 해야 하는 윤리적 책임이 있다. 프로그램 참여를 위한 동의능력을 평가할 수 있는 선별척도의 판별타당도를 검증하기 위해 종합사회복지관의 프로그램에 참여하고자 하는 잠재적 클라이언트를 대상으로 동의능력 정도와 관련성이 없는 개념인 경제적 수준과의 상관관계를 평가하였다. 분석결과, 동의능력선별척도와 경제적 수준 사이의 상관관계가 통계적으로 유의하지 않았으며 이를 통해 판별타당도가 확보된 것으로 평가하였다(이민홍 · 박지영, 2012).

(5) 요인타당도

연구자가 학대받은 아동들의 '정신적 외상에 대한 심각도'를 측정하기 위한 척도를 개발한다고 가정해 보자. 이때 연구자는 심각도를 ① 우울증, 근심 등 증상의 내재화, ② 반사회적 행동 등 증상의 외재화, ③ 소화불량, 두통 등 신체증상 등과 같은 세 가지 차원으로 구성하였다. 이 경우 척도의 타당도를 요인타당도(factorial validity) 차원에서 검토할 수 있는데, 요인분석이라는 통계적 과정을 거쳐 평가하게 된다. 즉, 요인분석을 통해 정신적 외상에 대한 심각도의 세 요인을 구성하는 각 항목들이 대부분 서로 가장 높은 상관관계를 보일 것으로 의도했던 항목이라면 연구자의 척도는 요인타당도가 확보되었다고 평가하게 된다.

3. 신뢰도와 타당도의 관계

연구자는 조사연구의 연구질문에 대한 답을 설문지상의 측정도구를 통해 얻게 된다. 따라서 신뢰도와 타당도가 확보된 측정도구는 연구방법의 신뢰성에 중요한 영향을 미치는 요인이 되며 일반적으로 신뢰도와 타당도는 다음과 같은 관계를 지니게 된다.

- 신뢰도와 타당도가 모두 있는 척도가 가장 유용하다.
- 신뢰도가 타당도를 보증하지는 않는다. 즉, 신뢰도는 있으나 타당도는 없

을 수 있다. 하지만 신뢰도 없는 타당도는 있을 수 없다.

- 최악의 경우는 신뢰도와 타당도가 모두 없는 척도가 있을 수 있다.

그림 7-1 신뢰도와 타당도의 관계

PART 03

조사설계

Research Methods for Social Welfare

chapter

08 인과적 추론

1. 인과적 추론

1) 인과적 추론의 의미

인과적이란 말은 어떤 일이나 현상의 원인과 결과를 연결짓는 것을 의미한다. 그리고 추론은 연구결과를 바탕으로 한 논리적 결론을 말한다. 따라서 인과적 추론이란 원인과 결과를 통해 논리적으로 도출해낸 결론을 뜻한다. 이때 논리적 추론을 가능하게 돕는 표본추출, 자료수집방법, 측정 등과 관련한 모든 결정을 일컫는 용어가 연구설계(research design)이다. 그렇기 때문에 연구목적과 추론의 유형에 따라 연구설계의 종류도 다양해진다. 또한 연구목적이 특정 개입(독립변수)의 효과(종속변수)를 밝히는 것처럼 인과적이라면 결과를 통해 우리가 관찰한 변화의 원인이 무엇인지를 결정할 수 있게 해주는 연구설계가 필요하다. 이러한 논의에 앞서 인과관계를 추론하는 데 필요한 몇 가지 기준에 대해서 살펴보도록 하자.

2) 인과적 추론의 기준

인간행동과 사회현상을 인과적 관계 속에서 경험적으로 추론하는 일은 생각만큼이나 쉬운 일이 아니다. 직무스트레스와 음주량, 학교폭력 피해경험과 청소년의 자살생각, 도박동기와 도박중독 등과 같이 인과관계가 있는 것처럼 보이는 수많은 현상도 그것들이 실제 경험적으로 입증될 수 있는지를 밝히는 데는 많은 어려움이 따른다. 또한 두 변수 간의 명백한 인과관계를 밝히기 위해서는 원인과 결과 사이에 구체적으로 어떠한 조건이 갖춰졌을 때 인과관계가 존재한다고 판단할 수 있을 것인가도 문제이다. 이에 대해 김렬(2013), 소영일(2001), 이군희(2008), Rubin과 Babbie(2016) 등은 변수들 간의 인과관계가 존재하기 위해서는, 즉 독립변인이 종속변인에 대해 원인적 영향을 가졌음을 논리적으로 도출하고자 하는 인과적 추론을 위해서는 적어도 다음과 같은 세 가지 조건이 필요함을 밝히고 있다.

(1) 시간적 순서

인과관계의 일차적인 조건으로 원인이 결과를 시간적으로 선행해야 한다. 즉, 결과적으로 나타난 현상이나 행동이 어떤 것의 원인이 될 수는 없다. 예를 들어, 자살행동이 외상후 스트레스의 원인이 되지는 못한다. 그 반대로 외상후 스트레스는 자살행동을 시간적으로 앞서기 마련이다. 그런데 많은 경우 두 변수 사이의 관계가 시간차원에서 순서가 명확하지 않을 때도 있다. 예를 들어, 어떤 연구에서 음주수준이 우울수준에 영향을 미치는 것으로 나타났다. 하지만 어떤 경우에는 우울의 결과 술을 찾는 경우도 있을 수 있다. 따라서 인과적 추론에 있어서 두 변수 사이의 시간순서를 생각할 때는 논리적인 면과 잠재적인 예상효과를 함께 고려해야 한다.

또한 1회의 설문조사를 통해 한 번 수집한 자료를 분석하는 횡단적 연구

(cross-sectional study)의 경우 인과관계 추론을 위한 시간적 순서의 요건을 갖추기에는 한계가 있기 때문에 비록 두 변수 사이에 인과관계가 있는 것처럼 보여도 횡단적 연구에서는 단지 두 변수 사이의 연관성(association)을 파악하는 정도에 그쳐야 한다.

(2) 동반발생

변수들 간의 인과관계 추론을 위해서는 두 변수가 경험적으로 상관관계가 있어야 한다. 즉, 한 변수의 변화는 다른 변수의 변화와 관련이 있어야 한다는 것이다. 그리고 두 변수 사이에는 어느 하나가 발생하거나 변화할 때 다른 하나도 발생하거나 변화하는 것이 관찰되어야 한다.

예를 들어, 청소년의 학업스트레스와 자살생각 사이의 관계를 파악하고자 학업스트레스와 자살생각 사이에는 정(+)의 인과관계가 있을 것이라는 가설을 설정했다고 하자. 이 경우 원인변수는 학업스트레스이며, 결과변수는 자살생각이 된다. 그리고 청소년들이 지각하는 학업스트레스와 자살생각 사이에 발생하는 변화를 관찰함으로써 인과관계의 여부와 정도를 확인할 수 있을 것이다. 따라서 그 관계를 달리 표현하면 학업스트레스가 줄어들면 자살생각도 감소할 것이라는 의미로 해석할 수도 있을 것이다. 그런데 만약 학업스트레스의 수준이 증가했음에도 불구하고 자살생각의 변화를 야기하지 않는다면, 학업스트레스와 자살생각 사이에 기대되는 정(+)의 인과관계에 대한 생각은 지지되지 않게 된다.

하지만 동반발생은 인과적 추론을 위한 한 가지 필요조건이지 충분조건은 아니다. 즉, 여름철 장마기에 내리는 폭우는 지반침하에 영향을 미칠 수 있다. 따라서 엄청난 폭우가 내린 후 건물이 붕괴하였다면 폭우로 인해 지반이 침하했고 그 영향으로 건물이 붕괴한 것으로 간주할 수 있을 것이다. 그런데 건물의 붕괴는 폭우로 인한 지반침하에 기인한 것뿐만 아니라 기초공사 부실, 불법증축 등 다른 조건들도 영향을 미쳤을 수 있다. 그렇기 때문에 과학적 연구를 위해 연구자에게 엄격한 자료수집 및 분석방법을 요구하는 것은 바로 이 때문이다(이학식, 2012).

(3) 다른 가능한 원인의 배제

두 변수 간에 관찰된 경험적 상관관계가 두 변수 모두의 원인이 되는 어떤 세 번째 변수의 영향에 기인하는 것으로 설명되어선 안 된다. 이를 달리 표현하면 두 변수 간의 관계는 어떤 제3의 변수가 갖는 영향력의 결과로 나타나는 것이 아니어야 한다는 말이다.

즉, 시간적 순서와 동반발생이 확인되었다 하더라도 그것들만으로는 직접적으로 인과관계를 입증하기 불충분하다. 인과관계의 입승을 위해서는 세 번째 조건인 비허위적 관계(nonspurious relationships)의 확인이 필요하다. 여기서 비허위적 관계란 원인변수 이외의 다른 변수로 결과를 설명할 수 없는 관계를 의미한다. 따라서 원인과 결과 사이에 나타나는 연관성이 다른 요인에 의해 유발되는지를 확인해서 다른 가능한 제3의 원인이 두 변수 사이에 영향을 미치고 있지 않음을 보여주어야 하는 것이다.

예를 들어, 노인들이 비가 오기 전에 무릎이나 어깨의 통증으로 날씨를 예측하는 것을 볼 수 있다. 그렇다고 해서 무릎이나 어깨의 통증이 날씨에 영향을 미친다고 할 수 없다. 그 이유는 세 번째 변수인 기압골의 변화가 평소의 아픈 무릎이나 어깨에 영향을 미쳤고 비를 내리는 원인으로 작용한 것으로 볼 수 있기 때문이다. 또한 두 변수가 인과적으로 관련되어 있음을 만족시키기 위해서는 반드시 자살행동의 원인이 외상후 스트레스 때문이거나, 지반침하의 원인이 폭우 때문이어야 한다는 것이다. 따라서 외생변수들의 통제 없이 연구자가 관심을 두는 두 변수들 사이에 실제로 인과관계가 없는데도 불구하고 인과관계가 있는 것처럼 결론을 내리게 되면 그 결론은 인과적 추론으로서 타당성이 낮을 수밖에 없다.

2. 인과관계에 영향을 미치는 제3의 변수

대표적으로 억제변수와 왜곡변수 같은 제3의 변수는 독립변수와 종속변수 사이의 인과관계를 추론하는 데 다음과 같은 영향력을 미칠 수 있다. 따라서 연구모형을 설명하는 이론적 배경에 따라 적절히 이러한 변수들을 통제하거나 본래의 관계를 명확히 하는 노력을 기울여야 한다.

1) 억제변수

억제변수(suppressor variable)는 독립변수(X)와 종속변수(Y) 사이의 사실적인 관계를 약화시키거나 아예 소멸시켜 두 변수 X와 Y가 서로 관계가 있음에도 불구하고 관계가 없는 것처럼 보이게 만드는 제3의 변수를 말한다.

예를 들어, 종교활동 기간(X)과 성소수자에 대한 태도(Y) 사이의 관계를 연구한다고 가정하자. 연구결과, 종교활동을 한 기간과 성소수자에 대한 태도는 아무런 관계가 없는 것으로 나타났다. 즉, 종교활동을 한 지 5년 미만인 사람들은 5년 이상 된 사람들과 마찬가지로 성소수자에 대해 부정적인 태도를 가지는 것으로 나타났다. 하지만 표본조사응답자들의 '연령'이 종교활동을 한 기간과 성소수자에 대한 태도 사이의 관계를 억제(suppress)시킬 가능성이 있다.

일반적으로 젊은 응답자들은 나이 든 응답자들보다 성소수자에 대해 더 호의적일 수 있으며, 젊은 응답자들은 나이 든 응답자들에 비해 종교활동을 한 기간이 짧을 수 있다. 따라서 '연령'이라는 변수가 응답자들이 종교활동을 한 기간과 성소수자에 대해서 가지는 태도 사이의 관계를 약화시키거나 아예 소멸시켜버리는 억제변수가 될 수 있다는 것이다. 즉, '연령'으로 인해 종교활동을 한 기간과 성소수자에 대한 태도 사이에는 관계가 있음에도 불구하고 관계가 없는 것처럼 나타날 수 있다.

한편 관계가 없었던 혹은 약한 관계를 가졌던 두 변수가 억제변수를 통제한 다음 이전보다 강한 관계를 가질 수도 있다. 예를 들어, 정신건강복지센터에서 만성 정신질환자의 지역사회재활을 위해 정신건강 분야 사례관리모형 가운데 하나인 적극적 지역사회치료모형(Assertive Community Treatment)을 운영한다고 가정하자. 그런데 사례관리 서비스 효과성 평가에서 사례관리 서비스 수혜여부와 정신장애인의 삶의 만족도 사이에 아무런 관계도 발견하지 못했다. 그리고 예후가 가장 좋지 않은 클라이언트가 예후가 좋은 클라이언트보다 사례관리 서비스를 훨씬 더 많이 이용한 것으로 나타났다. 그렇다면 이러한 연구결과로 정신장애인 사례관리 서비스로서 적극적 지역사회치료모형이 비효과적이라고 할 수 있을까? 그런데 사례관리 서비스(X)가 정신장애인의 삶의 만족도(Y) 향상에 효과적이라고 할지라도 제3의 억제변수로 인해 X가 비효과적으로 나타날 수가 있다. 왜냐하면 중증 정신장애인들이 서비스를 더 많이 사용한 반면, 증상 감소 효과가 높은 조기정신증 환자들이 서비스를 사용하는 정도가 낮았기 때문이다. 따라서 '증상의 심각도'라는 억제변수를 통제한다면 사례관리 서비스의 실제 영향을 제대로 확인할 수 있게 된다.

2) 왜곡변수

왜곡변수(distorter variable)는 두 변수 사이의 본래 관계를 정반대의 관계로 보이게 만드는 제3의 변수에 해당된다. 예를 들어, 증상이 심한 정신장애인이 증상이 덜 심한 장애인보다 정신장애인 사례관리서비스를 훨씬 더 많이 이용한다고 다시 가정해 보자. 이러한 사실은 마치 사례관리서비스가 정신장애를 악화시키는 것처럼 보이게 할 수도 있다. 하지만 '증상의 심각도'라는 변수를 통제해 보니 실제로는 그 반대로 나타났다. 이때 증상은 실제 관계가 표면적으로 나타난 관계와는 정반대임을 밝혀주는 왜곡변수가 되는 것이다.

또 다른 예가 있다. 어떤 회사의 대졸초임을 조사했을 때 여성이 남성보다 평균적으로 더 많은 초임을 받고 있음을 발견했다고 가정하자. 이러한 조사결과는 '최초 고용시점'이라고 하는 변수가 왜곡변수로 작용하여 성별 대졸초임 수준에 있어서 정반대의 분석결과를 만들어 낼 수 있다. 즉, 많은 여성들이 비교적 최근에 고용되었는데 이때는 남성들이 고용되었던 과거의 시점보다 물가상승률의 반영 등으로 인해 전반적 임금 수준이 많이 향상되어 그 결과 초임이 높을 수밖에 없다. 이 경우 고용시점은 인과관계의 추론에 영향력을 미치는 왜곡변수가 된다(Babbie, 2021).

3) 제3의 변수를 통제하는 방법

변수 간의 인과관계를 규명하려는 조사설계에서 독립변수와 종속변수 사이의 관계를 실제로 확인할 수 있도록 여러 가지 방법으로 종속변수에 영향을 미치는 제3의 변수를 통제하게 된다. 이와 관련하여 이군희(2008), 최성재(2005), Babbie(2021)는 난선화, 배합, 통계적 통제 등을 통해 제3의 변수를 통제하는 방법을 제시하고 있다.

(1) 난선화

난선화(randomization or random assignment)란 조사자가 난수표나 동전 던지기 등의 방법을 이용해 조사대상자들을 아무런 편견 없이 실험집단이나 통제집단에 배치하는 것을 말한다. 이는 독립변수를 조작, 개입 또는 처치하기 이

전에 두 집단의 특성을 평균적으로 같은 상태로 만들기 위한 것이다. 즉, 실험집단과 통제집단에 배치되는 개별 사례들은 여러 가지 특성이 다를 수밖에 없다. 하지만 난선화를 통해 배치하게 되면 개별 사례들의 차이가 상호 상쇄되어 실험집단과 통제집단은 평균적으로 차이가 없어지게 되며, 이를 통해 외적변수의 영향으로 인해 독립변수가 종속변수에 미치는 영향을 규명하는데 방해받는 것을 통제할 수 있다고 보는 것이다.

그런데 이 난선화는 무작위 추출(random sampling)과 차이가 있다. 무작위 추출은 표본을 선정할 때 사전에 아무런 편견 없이 사례를 선정하는 것이고, 난선화는 조사대상자들이 무작위 추출되었든 아니든 관계없이 실험집단과 통제집단으로 배치해서 두 집단의 특성을 평균적으로 동일한 집단으로 만들고자 할 때 사용하는 방법을 가리킨다.

(2) 배합

배합(matching)은 실험집단과 통제집단 간의 유사성을 확보하기 위한 또 하나의 방법으로서 실험에서 피험자들을 하나 또는 그 이상의 변수상 유사성에 근거하여 짝을 짓고 그들 중 한 사람은 실험집단에, 다른 한 사람은 통제집단에 배치하는 과정을 말한다.

하지만 배합은 통제하려는 외적변수의 수가 많아지면 여러 가지의 변수에서 같은 사례를 2개 이상 발견하기 어려워진다는 현실적인 문제가 발생한다. 예를 들어, 성별 하나만 같은 사례를 찾는 것은 쉽지만, 성별과 종교가 같은 사례를 찾는 것은 조금 더 어려우며, 성별, 종교, 학력까지 같은 사례를 찾는 것은 더욱 더 어려운 일이 된다. 따라서 연구자는 몇 가지 적당한 변수를 선택하여 그 변수가 일정한 범위 내에 있는 값을 취하는 경우, 배합이 이루어졌다고 간주하고 조사대상자들을 실험집단과 통제집단에 각각 할당하게 된다.

(3) 통계적 통제

통계적 통제란 제3의 변수값을 고려하여 자료를 통계적으로 분석하는 방법을 말한다. 이를 위해 외적변수로 확인된 변수는 모두 자료수집과정에 포함시켜 측정이 이루어져야 한다. 예를 들어, 다중회귀분석을 이용한 통계적 통제에서 외적변수를 통제하려면 외적변수도 일단 독립변수로 취급하여 종속변수를 설명하는 회귀식에 투입한 다음 회귀분석을 실시하게 된다. 이러한 다중회귀분석에서는 두 개 이상의 독립변수 각각은 물론 독립변수 전체가 종속변수에 미치는 여부와 영향력을 알 수 있다. 독립변수가 2개 이상(X_1, X_2, X_3)인 경우 독립변수 X_1이 종속변수(Y)에 미치는 영향은 다른 독립변수가 통제된 상태에서의 영향이 된다. 즉, 다중회귀분석에서 독립변수 각각이 종속변수에 미치는 영향은 다른 독립변수가 통제된 상태의 영향을 의미한다.

또 다른 예로서 공분산분석이 있다. 예를 들어, 20명의 주부를 대상으로 두 가지 다이어트 방법의 효과를 비교하는 실험을 한다고 가정하자. 이때 종속변수는 체중감량 과정 후의 체중감소량(초기 체중 - 과정 후 체중)이고 종속변수에 영향을 미치는 요인은 두 가지 체중감량방법이다. 그런데 일반적으로 초기 체중이 높은 사람은 체중감량방법에 관계없이 체중감소량이 클 것이고, 초기 체중이 낮은 사람은 체중감량방법에 관계없이 상대적으로 체중감소량이 크지 않을 것이다. 즉, 초기 체중이 종속변수에 영향을 줄 것으로 생각할 수 있다. 따라서 공분산분석에서는 이러한 초기 체중에 따른 체중감소량의 차이를 보정하기 위하여 초기체중을 공변량으로 먼저 통제한 다음 체중감량방법의 효과를 계산하여 체중감량에 대한 순수한 차이를 얻고자 한다.

3. 내적타당도와 외적타당도

측정의 타당도는 척도가 측정하고자 하는 것을 얼마나 정확히 측정하였는지의 정도라고 정의하였다. 그런데 타당도는 독립변수가 종속변수에 대해서 가지는 인과적 추론을 살필 때에도 동일하게 사용된다. 그런데 측정도구의 타당도와는 달리 독립변수가 종속변수에 대해서 원인적 영향을 가졌음을 논리적으로 암시하는 인과관계를 검토하는 타당도에는 내적타당도와 외적타당도라는 두 가지 형태의 타당도가 있다.

1) 내적타당도의 의미

내적타당도는 연구결과에서 한 변수가 다른 변수의 원인인지 아닌지를 정확하게 기술하고 있다는 확신과 관련이 있다. 그런데 독립변수 외에도 여러 가지 요인들이 독립변수가 종속변수에 미치는 인과적 확신 정도에 영향을 미칠 수 있다. 아래는 Campbell과 Stanley(1963) 그리고 Cook과 Campbell(1979)이 밝히고 있는 다양한 내적타당도 저해요인들이다.

2) 내적타당도 저해 요인

(1) 우연한 사건

조사연구과정에서 발생한 어떤 외부사건(history)이 결과에 영향을 미칠 수 있다. 여기서 외부사건이란 개입이나 치료 등을 통한 독립변수의 조작과 시간상으로 일치하는 어떤 일들을 말한다. 예를 들어, 노인요양원에서 사회복지서비스가 입소자의 입주 만족도를 증진시키는지에 대한 효과성을 평가한다고 가정하자. 이를 위해 연구자는 조사대상자를 상대로 사회복지서비스를 받기 전과 후에 나타난 입주 만족도의 차이를 측정하였다. 그런데 측정 전과 후 사이에 사회복지서비스와 관계없는 요양원의 시설보강사업으로 시설의 환경 개선이 이루어졌다면 입소자들의 입주 만족도는 향상되었을 가능성이 높다. 이처럼 시설보강사업과 같은 우연한 사건이 종속변수인 입주 만족도에 영향을 미칠 가능성이 있을 때 인과관계의 내적타당도를 저해하는 것으로 가정할 수 있다.

(2) 성숙 또는 시간의 경과

성장과 변화는 사람을 포함한 유기체의 특성 가운데 하나이다. 그런데 조사연구과정에서 이러한 성장과 변화는 독립변수와 종속변수 사이의 관계에 영향을 미침으로써 내적타당도를 저해할 수 있다. 예를 들어, 노년기에 경험하는 배우자와의 사별은 노인들에게 있어서 중요한 스트레스원이 될 수 있다. 이에 따라 사회복지사의 개별상담을 통해 노인의 적응력 향상을 기대할 수 있지만 상담 직전보다 상담 직후 배우자와 사별한 노인의 심리사회적 기능 수준이 약간 나아졌다고 해서 개별상담이 효과적이었다고 단정하는 것은 성숙 또는 시간의 경과(maturation or the passage of time)라는 차원에서 성급한 인과관계에 대한 결론이라고 할 수 있다. 왜냐하면 사건 직후 엄청난 상실감과 죄책감에 시달리던 클라이언트일지라도 '시간이 약'이라는 말이 있듯이 점차 실의에서 벗어나는 경우가 많고, 클라이언트를 둘러싼 주위 사람들도 "산 사람은 살아야지" 힘내라고 하는 등의 격려를 통해 시간이 지남에 따라 점차 회복되는 경우가 많음을 알 수 있다. 따라서 자연스러운 시간의 경과는 독립변수와 종속변수 사이의 인과관계를 정확히 파악하는 데 어려움을 가져올 수 있다.

(3) 검사

반복하여 조사하는 과정은 조사대상자들의 사고나 행동에 영향을 미쳐 측정 결과를 통한 인과적 추론에 저해요인이 될 수 있다. 예를 들어, 동성애 혐오를 조사하기 위한 방법으로 설문조사를 실시한다고 하자. 조사대상자들에게 동성애 혐오 척도를 이용해 사전조사를 실시하였다. 조사 직후 동성애 혐오 범죄에 대한 동영상을 시청하도록 한 다음 동일한 척도로 동성애 혐오에 대해 다시 조사하였다. 이 동영상은 조사대상자들로 하여금 혐오 범죄에 대해 더욱 민감해지고 동성애 혐오에 대한 문항에 응답하는 것을 더욱 사려 깊도록 만들 수가 있다. 그리고 조사대상자들은 연구자의 조사연구 의도가 사회 일반의 동성애 혐오가 얼마나 심각한지를 발견하고자 하는 목적이 있음을 알아차렸을 수도 있다. 따라서 동영상 시청 후에도 본인이 동성애 혐오 수준이 높은 사람으로 보이기를 원하는 사람은 많지 않을 것이다. 이처럼 측정대상의 실제적 개선이 없었음에도 불구하고 검사과정 자체가 가지는 영향력으로 인해 검사 점수가 개선되는 경우가 있을 수 있다.

(4) 실험도구 효과

사전조사와 사후조사에서 다른 측정도구로 종속변수를 측정한다면 측정결과의 유사성을 확신하는 데 어려움이 따를 것이다. 즉, 앞서 언급한 동성애 혐오에 대한 조사에서 측정도구가 변경된다면 조사대상자들의 동성애 혐오 수준에 차이를 보일 수도 있다. 만약 사전조사에서 사용한 척도의 문항들이 사후조사의 척도보다 더욱 직접적인 동성애 혐오를 표현하였다면 사후조사에서 동성애 혐오의 수준이 낮아질 수도 있다. 이처럼 실험도구에 따라 응답자들의 능력과 태도 등이 실험과정에서 변할 수도 있다.

(5) 통계적 회귀

우울수준이 임상적으로 우울증 진단을 받을 정도로 높거나 학력이 극도로 낮은 학생 등과 같이 조사대상자의 특성이 극단적인 성향을 보이는 경우, 개입이 극단적인 수준에서 이루어졌기 때문에 대상자에게서 보이는 변화를 독립변수의 효과로 잘못 인식할 위험이 있다.

예를 들어, 노인 요양원 입소 노인들 가운데 우울증 수준이 가장 높게 나타난 위험집단을 대상으로 사전조사를 실시한 다음, 개입 이후 사후조사를 통해 개입의 효과성을 평가하는 조사를 한다고 가정하자. 가장 극단적으로 높은 우울증 수준을 보이는 노인들을 대상으로 한 개입은 사후검사에서 우울증 수준이 감소될 가능성이 높다. 왜냐하면 이들의 경우 개입 이외의 여러 가지 원인들도 우울감에 영향을 미칠 수 있기 때문이다. 즉, 만성질환의 차도로 인해 수면만 잘 취해도 우울감이 완화될 것이고, 어떤 이유로 인해 음식을 먹기 힘들었는데 소화기능의 회복으로 식욕을 충족함으로써 우울감이 완화될 수도 있는 것이다. 결과적으로 이들에게는 어떠한 개입이 없어도 환경의 변화와 신체적 조건의 개선만 조금 이루어져도 자연스럽게 우울감이 완화될 가능성이 높아진다.

이처럼 극단치에 위치한 어떤 특성의 경우 자연스럽게 그 특성이 평균수준으로 저하되거나 향상될 수 있기 때문에 종속변수의 변화가 독립변수의 영향 때문인지를 살피는 인과관계를 추정하기 힘드는데, 이를 가리켜 통계적 회귀(statistical regression)라고 한다.

(6) 선정편향

어떤 경우 비교되는 두 집단의 차이를 무시하고 단순비교하고자 할 때 집단 간 비교의 목적이 무의미해지는 경우가 많다. 이와 관련된 문제가 바로 선정편향(selection biases)의 문제이다. 예를 들어, 서비스 수혜자 집단과 서비스를 받지 못한 집단은 결과에 대한 비교평가를 동등하게 할 수 없을 것이다. 또한 단주(斷酒) 프로그램의 효과성을 알아보기 위해서 자발적으로 프로그램에 참여한 집단과 그렇지 않은 집단을 비교한다고 가정하자. 이 경우 자발적 참가자들은 그렇지 않은 사람들보다 단주의지나 음주행동을 개선하고자 하는 동기가 더 강할 수 있다. 참가자들의 그런 특성은 두 집단이 진정으로 처음부터 동등하게 비교될 수 있는지 의문시되기 때문에 단주결과를 프로그램의 효과성 때문으로 돌리기 어려운 문제가 있다. 따라서 평가대상 집단의 차이는 사회복지서비스 평가의 내적타당도를 위협하는 문제를 내포할 수 있다.

(7) 피험자 상실

실험조사 진행과정 중 질병, 이사, 사망 등의 이유로 인해 실험대상이 조사에 계속적으로 참여하지 못하는 경우가 발생할 수 있다. 이 경우 원래의 관찰대상 집단과는 다른 특성을 가진 집단으로 변하거나, 비교집단과 서로 이질적인 특성의 집단으로 변할 수밖에 없다. 따라서 처음부터 이러한 상황을 예상하고 충분히 큰 표본을 통해 조사를 함으로써 피험자 상실(experimental mortality)에 따른 내적타당도 위협을 예방하는 것이 필요하다.

3) 외적타당도

내적타당도는 독립변수와 종속변수 사이의 인과적 추론에 대한 확신 정도를 의미하였다. 그런데 연구결과에 대한 인과적 추론이 다른 상황과 다른 모집단에서도 과연 가능한지의 여부는 외적타당도로 접근할 수 있다. 즉, 외적타당도는 연구결과를 연구조건을 넘어선 상황과 모집단에 대해서도 일반화시킬 수 있는 정도를 말한다.

일반적으로 외적타당도에 영향을 미치는 주요 요인들로는 연구표본, 상황,

과정의 대표성 등을 들 수 있다. 예를 들어, 어떤 지자체에서 사회보장수급권자를 대상으로 한 사례관리 프로그램을 실시한다고 가정하자. 이 지자체에서는 다른 지자체들이 모범적이라고 인정할 정도로 사례관리의 효율성을 높이기 위해 공적 복지전달체계와 민간복지기관이 적극적으로 연계활동에 참여하고 있다. 그리고 내적타당도가 높은 연구를 통해 사례관리가 사회보장수급권자들의 삶의 질을 개선하고 있음을 발견하였다고 가정하자. 이러한 연구결과를 가지고 다른 지역의 사례관리 담당자나 사회복지직 공무원들이 자신들의 지역상황에서 유사한 사례관리 프로그램을 실시할 때도 사회보장수급권자들의 삶의 질 개선을 기대할 수 있을 것으로 논리적 결론을 내릴 수 있을까? 그럴 수도 있고 그렇지 않을 수도 있다. 그것은 해당 지자체가 가지고 있는 문제, 환경, 인구 및 사례관리 프로그램의 내용 등이 어느 정도 유사한지에 따라서 달라질 수 있기 때문이다.

따라서 어떤 연구에서 독립변수가 종속변수에 미치는 인과적 관계를 확인하였다고 해서 해당 연구가 이루어진 조건을 벗어나서도 동일한 인과적 추론이 가능하다고 단정적으로 말할 수는 없다. 즉, 연구결과를 일반화시킬 수는 없는 것이다. 마찬가지로 어떤 연구결과가 비효과적이라고 해서 다른 조건하에서 실행될 때도 효과가 없을 것이라고 단정지을 필요 역시 없다(Rubin & Babbie, 2016).

chapter

09 실험설계

1. 실험설계의 의의

1) 실험설계의 개념

8장에서 연구설계(research design)란 논리적 추론을 가능하게 돕는 표본추출, 자료수집방법, 측정 등과 관련한 모든 결정을 일컫는 용어라고 하였다. 그리고 연구목적과 추구하는 추론의 유형에 따라 연구설계의 종류도 다양해질 것으로 언급하였다. 이에 따라 9장에서는 인과적 추론을 돕는 다양한 연구방법들을 살펴보게 된다(최성재, 2005; Rubin & Babbie, 2016).

먼저 가장 높은 수준의 내적타당도를 가진 연구설계인 실험설계(experimental design)가 있다. 실험설계란 연구참여자를 개입이나 조치를 가하는 실험집단과 아무런 조치를 취하지 않고 원래 그대로를 관찰하는 통제집단으로 무작위 할당하여 종속변수의 변화에 대한 독립변수의 영향을 관찰하는 연구방법을 말한다.

2) 실험설계의 절차

종속변수의 변화에 대한 독립변수의 영향을 관찰하기 위해 실험설계에서는 다음과 같은 절차를 거치게 된다.

(1) 실험집단과 통제집단으로 무작위 할당

먼저 실험설계에서는 동전 던지기나 난수표 등의 방법을 통해 연구참여자를 실험집단과 통제집단으로 무작위 할당(random assignment)함으로써 인과관계 추론에 대한 위협을 최대한 통제하고자 한다. 물론 실험집단과 통제집단으로 나누는 무작위 할당과 관련하여 개입이 있기 전 본질적으로 두 집단이 어떠한 차이도 나타내지 않는다고 보증할 방법은 없다. 그러나 난수표를 이용해 무작위 할당함으로써 두 집단 간의 차이를 무의미하게 할 수는 있다.

예를 들어, 정신건강사회복지사가 불안장애 환자들을 대상으로 불안에 대한 대처능력 향상을 목표로 실시한 인지행동치료 프로그램의 효과성을 평가하고자 한다고 가정해 보자. 실험설계에서는 실험에 참여하고자 동의하고 개입이 적절하다고 생각하는 불안장애 환자들을 대상으로 동전 던지기 등을 통해 연구참여자를 실험집단과 통제집단으로 무작위 할당할 수 있다.

(2) 독립변수에의 조작

무작위 할당을 통해 실험집단과 통제집단으로 연구참여자들을 각각 배치한 다음, 실험집단에는 독립변수에 대해 개입이나 조치를 제공하고 통제집단에는 독립변수에 대해 아무런 개입이나 조치를 제공하지 않는다. 즉, 인지행동치료 프로그램이 불안장애 환자들의 불안대처 능력 향상에 효과적인지의 여부, 즉 인과관계를 확인하기 위해 적절한 개입이 필요하다. 이를 위해 인지행동치료 이론에 근거한 집단치료방식의 프로그램을 10회기 동안 실험집단에 제공하고 통제집단에는 아무런 개입을 하지 않는다.

(3) 인과관계의 확인

마지막으로 실험집단과 통제집단의 종속변수에 나타나는 차이의 정도를 비교함으로써 종속변수의 변화에 대한 독립변수의 영향을 인과관계 차원에서 추론하게 된다. 즉, 종속변수에 해당되는 불안증상이나 스트레스 수준을 측정할 수 있는 한 가지 이상의 지수를 개입하기 전과 후에 측정한다. 그래서 만약 사후조사에서 불안의 감소와 같은 종속변수의 상태에 의미 있는 차이가 있는지를 검토하여 통계적으로 유의미한 차이가 있으면 독립변수와 종속변수 사이의 인과관계를 확인하게 된다.

2. 실험설계의 유형

1) 통제집단 사전사후검사설계

가장 고전적인 실험설계 유형이다. 통제집단 사전사후검사설계(pretest-posttest control group design)에서는 연구참여자를 실험집단과 통제집단으로 무작위 할당한 다음, 실험집단에만 독립변수에 개입이나 조치를 제공한다. 그런 다음, 통제집단과 실험집단의 종속변수를 비교함으로써 인과관계를 추론하는 설계 유형이다. 이 설계에서는 우연한 사건이나 성숙과 같은 내적타당도를 위협할 수 있는 요인들이 많이 통제될 수 있다. 그리고 연구참여자들은 무작위 할당되었기 때문에 실험집단이 통제집단보다 극단적이지 않은 점수를 향해 통계적으로 회귀할 가능성이 더 높다고 가정할 이유도 없다. 이를 그림으로 간단히 표현하면 다음과 같다.

R	O_1	X	O_2
R	O_1		O_2

그림 9-1 통제집단 사전사후검사설계

※ R: 연구대상자를 실험집단 또는 통제집단으로 무작위 할당하는 것을 표시
O_1 : 사전검사, O_2 : 사후검사, X : 개입

2) 통제집단 사후검사설계

앞서 소개한 통제집단 사전사후검사설계의 단점은 검사-재검사로 인해 내적타당도에 미칠 수 있는 영향을 통제하기 힘들다는 점이다. 이에 따라 사전검사를 시행하는 것이 개입효과에 영향을 미친다거나 사후검사 반응을 왜곡할 수 있다고 생각되면 통제집단 사후검사설계(posttest-only control group design)라는 실험설계를 선택할 수 있다. 그리고 사전조사가 가능하지 않거나 실용적이지 않기 때문에 통제집단 사후검사설계를 이용하기도 한다.

통제집단 사후검사설계에서는 무작위 할당을 통해 연구참여자들에게 있었던 차이들이 제거되었다고 가정한다. 따라서 무작위 할당 이후에 실험집단과 통제집단은 동일하기 때문에, 만약 사후검사에서 두 집단 사이에 어떤 차이가 있다면 이는 독립변수의 인과적 영향을 반영하는 것이라고 추론하게 된다.

R	X	O
R		O

그림 9-2 통제집단 사후검사설계

3) 솔로몬 4집단 설계

통제집단 사전사후검사설계와 통제집단 사후검사설계를 결합한 실험설계 방법이 있다. 솔로몬 4집단 설계(Solomon four group design)라고 하는 이 설계는 4집단에 걸쳐 연구대상을 무작위 할당함으로써 사전검사가 개입효과에 미치는 영향을 최소화하려는 시도를 하게 된다. 하지만 4집단을 무작위 할당의 방식으로 구성하는 일의 어려움 등으로 인해 솔로몬 4집단 설계는 실제 조사연구에서는 사용하기 힘든다.

R	O_1	X	O_2
R	O_1		O_2
R		X	O_2
R			O_2

그림 9-3 솔로몬 4집단 설계

3. 유사실험설계

실제 상황 속에서 무작위 할당 방식으로 연구대상을 실험집단과 통제집단으로 구성하는 일은 쉬운 일이 아니다. 특히 사회복지실천현장에서 동일한 욕구나 문제를 가지고 있는 연구참여자를 상대로 실험집단에 주어지는 개입과 치료프로그램을 통제집단에는 보류하는 것이 비윤리적으로 보일수도 있고 당사자들로부터의 상대적 박탈감에 따른 항의에 직면하기도 한다.

이러한 이유로 인해 무작위 할당을 통한 실험집단과 통제집단 구성이 실제 상황에서 이루어질 가능성은 높지 않다. 따라서 실험설계에서와 같은 내적타당도는 기대하기 힘들지만 차선책을 통한 인과적 추론을 위해 마련된 연구설계가 유사실험설계(quasi-experimental design)이다. 다음과 같은 세 가지 유형이 흔히 사용하는 유사실험설계에 해당된다.

1) 비동일 비교집단설계

연구참여자들을 무작위로 실험집단과 통제집단에 할당하지는 않지만 실험집단과 유사한 점을 가져서 비교될 수 있는 기존의 집단을 찾을 수 있다면 비동일 비교집단설계(nonequivalent comparison groups design)가 마련된다. 즉, 비동일 비교집단설계는 연구참여자들을 무작위로 할당하지 않기 때문에 통제집단이라는 용어 대신 통제집단의 역할을 하는 비교집단이 사용된다.

예를 들어, 학교부적응 청소년들의 부적응 문제 해소를 위해 중학생을 대상으로 한 집단상담 프로그램이 미치는 효과를 평가한다고 가정하자. 실험설계에 대한 대안으로 유사한 중학교 두 곳을 대상으로 비동일 비교집단설계를 통해 인과적 추론을 시도할 수 있다. 이를 위해 연구참여자들의 소속 중학교는 여러 면에서 유사해야 한다. 즉, 두 중학교가 위치한 소재지, 학생 수, 교사 수, 연혁, 재학생의 사회경제적 수준 등에서 매우 비슷하다는 것을 확인할 필요가 있다.

적절한 중학교 두 곳이 선정되었다면 A중학교에는 개입을 도입하고 B중학교는 비교집단으로 사용할 수 있다. 독립변수에 해당되는 집단상담이 도입되기 전에 두 중학교가 실제로 동등한지 확인하기 위해 사전검사를 통해 비교할 수 있다. 즉, 평균 우울증 점수가 거의 유사하다면 프로그램 실시 후 사후검사에서 나타나는 차이는 개입효과 때문이라는 인과적 추론이 가능할 것이다.

비동일 비교집단설계를 표시하는 그림은 연구대상자를 실험집단 또는 통제집단으로 무작위 할당하는 것을 표시하는 R이 없는 식으로 통제집단 사전사후검사설계와 차이가 난다.

O_1	X	O_2
O_1		O_2

그림 9-4 비동일 비교집단설계

2) 단순시계열설계

또 다른 유사실험설계의 한 유형은 시계열설계(time-series design)이다. 이 설계는 개입이 이루어지기 전 사전검사를 여러 차례 한 뒤에 사후검사 역시 여러 차례 추가하는 설계이다. 단순시계열설계에서 인과관계의 추정논리는 다음과 같다. 먼저 독립변수 조작 전 종속변수의 상태를 여러 번 측정함으로써 독립변수 조작 전 종속변수의 상태를 파악할 수 있다. 그 다음 독립변수 조작 후 종속변수의 상태를 여러 번 측정함으로써 독립변수 조작 이후의 종속변수 상태를 알 수 있다. 이는 마치 실험조사설계의 통제집단 사후비교설계의 논리를 유추하여 적용하는 것과 같다. 마지막으로 독립변수의 조작 전후 상태를 비교함으로써 변화의 차이가 확인된다면, 이는 독립변수의 영향이라고 보는 것이다. 이 설계를 나타내는 그림은 다음과 같다.

$O_1 \quad O_2 \quad O_3 \quad O_4 \quad O_5 \quad X \quad O_6 \quad O_7 \quad O_8 \quad O_9 \quad O_{10}$

그림 9-5 단순시계열설계

3) 다중시계열설계

비동일 비교집단설계와 단순시계열설계를 결합한 것처럼 보이는 다중시계열설계(multiple time-series design)는 단순시계열설계보다 내적타당도를 높이기 위한 시계열 분석 형태이다. 다중시계열설계는 흡사 비동일 비교집단설계를 시계열화 시킨 것처럼 보일 수 있다. 이 설계에서 실험집단과 비동일 비교집단 모두 실험집단에 개입을 도입하기 전과 후에 여러 번 측정이 이루어진다. 다중시계열설계는 연구대상을 무작위로 할당하는 설계만큼 내적타당도를 확보하지는 못하지만 통제집단과의 비교 없이 실험집단의 시계열 자료를 평가하는 것보다는 내적타당도를 개선한 것이라고 할 수 있다. 이와 같이 비교의 대상이 있고, 비교가능성을 보이는 다중시계열설계를 그림으로 표현하면 다음과 같다.

$$
\begin{array}{ccccccccccc}
O_1 & O_2 & O_3 & O_4 & O_5 & X & O_6 & O_7 & O_8 & O_9 & O_{10} \\
O_1 & O_2 & O_3 & O_4 & O_5 & & O_6 & O_7 & O_8 & O_9 & O_{10}
\end{array}
$$

그림 9-6 다중시계열설계

4. 원시실험시험연구

조사연구의 내적타당도는 비록 낮지만 탐색적 목적이나 기술적 목적의 조사연구를 통해 의미 있는 조사결과를 얻을 수 있는 연구도 있다. 즉, 실험집단과 통제집단을 통해 두 집단의 특성을 평균적으로 같게 만들어 실시한 실험 결과가 아니기 때문에 실험설계보다는 내적타당도의 수준은 낮지만 즉각적인 결과 확인이 필요하거나 소규모 연구참여자를 대상으로 한 혁신적인 사회복지 서비스의 개입효과를 평가하기 위해 원시실험설계(pre-experimental design)를 적용할 수가 있다. 이 경우 내적타당도 확보가 어렵기 때문에 사후검사 점수가 사전검사 점수보다 개선되었지만 그 차이가 개입으로 인한 것인지를 확신할 수는 없다. 하지만 개입이 효과적이라는 가설의 개연성은 높은 것으로 판단할 수 있을 것이다. 이러한 이유로 원시실험시험연구(pre-experimental pilot studies)는 실험설계 또는 유사실험설계를 통해 인과적 관계를 추론하기 힘든 실천현장에서 유용하다. 원시실험설계는 전(前)실험설계라고도 하는데 일반적으로 많이 사용되고 있는 원시실험설계는 다음과 같다.

1) 일회검사 사례연구

이 설계에서는 단일집단에 개입이 이루어진 후에 얻은 결과를 다른 것과 비교하지 않는다. 따라서 이 설계에서는 원래의 수준이 개입으로 인해 높아졌는지 아니면 낮아졌는지 확인할 방법이 없다. 이런 이유로 일회검사 사례연구(one-shot case study)는 내적타당도에 대한 위협도 통제하지 못한다.

X O

그림 9-7 일회검사 사례연구

2) 단일집단 사전사후검사설계

단일집단 사전사후검사설계(one-group pretest-posttest design)에서는 독립변수 외의 요인들, 즉 우연한 사건, 성숙, 검사, 통계적 회귀 등 내적타당도 저해

요인을 고려하지 않고 개입이 도입되기 전과 후에 종속변수를 측정함으로써 개입의 결과를 평가한다. 이를 그림으로 나타내면 다음과 같다.

O_1 X O_2

그림 9-8 단일집단 사전사후검사설계

3) 비동일집단 사후검사설계

또 다른 원시실험설계는 비동일집단 사후검사설계(posttest-only design with nonequivalent group) 또는 정태적 집단비교설계(static-group comparison design)이다. 이 설계는 한 집단에 개입이 이루어진 후 종속변수를 측정하고, 동시에 첫 번째 집단과 동등하지 않으면서 독립변수를 실행하지 않은 두 번째 집단에 대해 종속변수를 측정하여 두 종속변수의 차이에 대해서 평가하는 설계이다. 이 설계는 편리하지만 사전검사가 없었기 때문에 개입이 이루어진 집단에서 개입을 시작하기 전에 처음부터 두 집단에 차이가 있었는지 알 길이 없다. 그리고 두 집단이 어느 정도 동일한지에 대해서도 알 길이 없다. 즉, 비동일집단 사후검사설계의 가장 큰 문제점은 비교되는 두 집단이 처음부터 다를 수 있다는 것이다. 이처럼 선정편향이라는 위협으로 인해 내적타당도의 문제를 통제하지 못하는 문제가 있다.

X O
  O

그림 9-9 비동일집단 사후검사설계

5. 실험설계의 타당도 저해요인

다음은 연구설계에서 종속변수의 변화가 독립변수의 영향 때문이라는 확신을 저해하는 여러 가지 추가적 요인들에 대한 설명이다.

1) 측정편향

실험설계 또는 유사실험설계가 내적타당도를 위협하는 다른 요인을 잘 통제할지라도 측정절차가 편향되었다면 인과적 추론에 대한 신뢰성이 심각하게 위협받을 수 있다. 예를 들어, 연구참여자가 연구가설을 알고 있으며, 그 가설이 지지되기를 바라는 연구참여자를 실험집단에 속하도록 함으로써 개입의 효과를 주장하는 경우를 가정하자. 이 경우 측정절차의 편향으로 인해 해당 연구결과를 신뢰하기 어렵게 된다. 이러한 측정편향(measurement bias)을 해소하기 위해 평가자가 평가대상의 신분을 알지 못하도록 하는 눈가림 평가(blind rating)나 신뢰도와 타당도가 입증된 표준화된 척도를 사용하여 종속변수를 측정하게 된다.

2) 연구반응성

자료를 수집하는 동안 연구자가 편향된 언급을 하는 것은 연구참여자의 연구반응성(research reactivity)을 불러일으켜 내적타당도를 위협할 수 있다. 연구참여자는 연구자가 원하는 것을 알게 되면 그런 요구나 기대에 부응하려는 경향이 있다. 그로 인해 독립변수가 아니라 연구자 또는 연구절차에 의해 종속변수가 영향을 받을 수 있다.

예를 들어, 외상후 스트레스 치료 프로그램에 참여한 클라이언트들은 시간이 지남에 따라 치료자가 자신에 대한 개입의 효과성을 기대하는 것을 알게 된다. 그로 인해 사전조사에 비해 사후조사결과에 더 개선된 점수를 보고하는 경향을 나타낼 수도 있다. 이러한 연구반응성은 내적타당도를 위협하여 개입의 인과성 추론을 저해할 수 있다. 따라서 실험자 기대와 실험적 요구 특성의 영향을 줄임으로써 인과적 추론에 대한 내적타당도를 높이기 위해 측정절차와 개입절차를 분리하거나 비관여적 관찰방법을 사용함으로써 연구반응성을 줄일 수 있다.

3) 개입의 확산 또는 모방

비교대상 집단 간 개입의 확산 또는 모방(diffusion or imitation of treatments)이 독립변수의 효과를 흐리게 할 수도 있다.

예를 들어, 가족치료에 있어서 체계이론을 중심으로 한 MRI(Mental Research Institute)모델의 효과와 정신역동적 접근을 중심으로 한 가족치료 서비스 제공자 사이의 효과를 비교하는 연구를 진행한다고 가정하자. MRI모델에서는 가족의 상호작용적 의사소통을 강조한다. 반면에 정신역동적 접근에서 가족치료자의 주된 관심은 어디까지나 개인이다. 따라서 이들이 추구하는 변화의 중심에는 개체화 또는 분화가 자리잡고 있다. 그런데 가족치료 현장에서 시간이 흐르면서 정신역동적인 가족치료 서비스 제공자들이 MRI모델의 이론과 기술을 받아들이고 배우면서 정신역동적인 가족치료자들도 MRI모델을 적용하는 시도를 하는 것으로 가정하자. 그렇다면 MRI모델이 정신역동적인 가족치료 서비스 제공자들에게 확산되고 정신역동적인 가족치료 서비스 제공자들이 MRI모델을 모방하게 되어, MRI모델과 정신역동적인 가족치료 서비스 사이에 차이를 발견할 수 없게 되고 둘 사이에 유사성이 증가하는 모습을 발견하게 된다. 그에 따라 두 개입 집단이 명칭은 다르지만 독립변수인 개입의 차이는 크지 않다고 할 수 있다.

4) 보상적 평등 또는 보상적 경쟁

앞서 살펴본 개입의 확산 또는 모방의 연장선상에서 보상적 평등(compensatory equalization)과 보상적 경쟁(compensatory rivalry) 역시 내적타당도를 저해하는 요인이 될 수 있다. 이 둘은 유사하지만 다음과 같이 내용적으로 구분할 수 있다.

먼저 보상적 평등은 개입이나 치료처럼 독립변수에 뭔가 보태지는 것과 관련이 있다. 예를 들어, 불안장애 환자의 치료과정에 가족을 참여시키는 것이 개입효과를 높이는지 알아보기 위한 실험을 가정하자. 이 과정에서 가족치료에 관한 특별훈련과 클라이언트 가족의 개입참여를 증가시키는 교육을 받은 사회복지사 집단이 있고, 그런 훈련이나 교육을 받지 않은 사회복지사 집단이 있다고 하자. 이러한 차이를 인지한 사회복지사는 서비스 공급에서 불평등한 점이 있기 때문에 그것을 상쇄시키려는 시도를 할 수 있다. 즉, 지금까지 관련된 교육이나 훈련을 받은 적이 없는 사회복지사들이 클라이언트에게 일상적인 개입을 넘어서는 최선의 서비스를 제공함으로써 개입의 차이를 가져올 수도 있는 원천적인 불평등을 보상하는 시도를 할 수도 있다. 이러한 노력은 실험결과의 내적타당도를 위협하는 또 다른 요인이 되어 가족참여의 효과를 관찰하고자 한 실험의 의도를 저해할 것이다.

한편 보상적 경쟁은 통제집단의 연구참여자들이 경쟁의식을 느끼는 것과 관련이 있다. 위의 경우 훈련이나 교육을 받은 적이 없는 사회복지사들이 훈련과 교육을 받은 사회복지사들과 비교됨으로써 자신들의 위치가 위협받는 느낌을 받았다고 가정하자. 따라서 그들은 자발적으로 자신들의 부족함을 보완하기 위해 관련 연구논문을 찾아서 읽고, 전문가 자문을 구하며, 클라이언트와의 치료적 관계를 개선하는 등의 시도를 할 수 있다. 이에 따라 통제집단의 연구참여자들이 교육, 훈련의 경험은 부족하지만 다른 노력들을 통해 단기간에 그 차이를 상쇄시키는 결과를 가져올 수도 있다. 만약 그렇다면 두 집단 간의 개입결과가 많은 차이를 보이지 않을 것이며, 가족참여의 증가가 개입효과를 개선하지 않고 있다는 것을 의미한다는 잘못된 연구결과에 이를 수도 있다.

5) 상실 또는 실험대상의 소멸

연구참여자들이 연구가 종료되기 전에 연구참여를 그만두거나 여러 가지 이유로 인해 연구에서 탈락하는 경우가 발생하는데 이러한 상실(attrition) 또는 실험대상의 소멸(experimental mortality)은 인과적 추론의 내적타당도를 저해하는 요인이 된다. 그리고 내적타당도 차원에서 연구참여자의 상실도 문제이지만 다른 연구참여자가 탈락했음에도 불구하고 실험집단에 남아 있는 경우도 문제가 된다. 예를 들어, 학교부적응 청소년들의 경우 정서적 문제를 경감시키는 개입의 효과를 평가하는 사전사후 통제집단설계에서 개입 이후 실험집단 참가자들 가운데 문제 개선의 효과가 없다고 판단한 연구참여자들이 실험을 떠나는 경우를 가정하자. 실험집단의 연구참여자들 가운데 남아 있는 클라이언트는 자신의 상태가 개선되고 있다고 느끼는 사람만 사후검사에 참여하였다. 그런데 실제적으로는 아무런 개입효과가 없었다고 한다면 실험집단 참가자들 가운데 개입이 효과적이지 못하다고 느낀 클라이언트의 상실로 인해 실험집단의 사후검사 평균점수가 통제집단보다 높게 나타날 수가 있다. 이로 인해 개입의 실제 효과는 없었음에도 불구하고 사후검사결과는 개입효과가 있는 것으로 나타남으로써 인과관계를 왜곡시킬 수 있다.

10
단일사례 평가설계

1. 단일사례 평가설계의 의의

1) 단일사례 평가설계의 개념과 특성

앞서 연구대상을 실험집단과 통제집단으로 무작위 할당하는 것이 현실적으로 어려운 경우 유사실험설계를 사용하는 것으로 설명하였다. 유사실험설계 가운데 하나인 시계열설계는 표적문제에 대한 복수의 사전검사와 복수의 사후검사를 추가하는 설계이다.

이때 측정 횟수가 많고, 측정에서 확인된 경향이 안정될수록 표적문제의 어떤 변화가 독립변수의 변화에서 기인한 것인지, 아니면 성숙, 우연한 사건, 통계적 회귀 등 내적타당도를 저해하는 요인들에서 기인한 것인지를 구분하기가 더 용이해진다. 복수의 사전검사와 복수의 사후검사를 통해 종속변수가 정확하게 어디에서 변하는지, 그 시점이 독립변수의 변화와 일치하는지 여부를 연구자가 확인할 수 있도록 함으로써 연구참여자를 실험집단과 통제집단으로 무작위 할당하는 어려움을 극복할 수 있게 만든다.

시계열설계의 논리를 개별 사례나 체계에 대한 개입 또는 정책변화의 영향을 평가하는데 적용한 것이 단일사례 평가설계(single-case evaluation designs)로서 다음과 같은 특성이 있다(최성재, 2005; Rubin & Babbie, 2016).

- 단일사례에 적용: 집단의 평균적인 특성을 개인의 특성으로 다루는 집단설계와는 달리 단일사례 평가설계에서는 한 개인, 가족 또는 소집단 등 연구대상의 표본이 개별적이다.
- 시계열적 반복관찰: 단일사례 평가설계에서는 시계열적 반복관찰을 중요한 특성으로 삼고 있다. 이때 특정한 개입을 도입하기 전에 표적문제의 경향을 반복측정하는 단계를 기초선(baseline)이라고 하며 기초선 단계는 통제단계 혹은 일종의 통제집단에 해당된다. 그리고 표적문제에 대한 개입이 도입된 후 반복적 측정을 계속한다. 즉, 기초선 단계에서 수집된 자료유형을 개입단계 동안에 수집된 자료 유형과 비교한다.
- 인과적 논리구조의 유추적용: 실험조사설계의 통제집단 사후비교설계에서와 비슷한 인과적 논리를 적용한다. 즉, 종속변수가 개입에 기인해 개선되었다고 할 수 있으며, 우연한 사건이나 성숙 같은 내적타당도 저해요인에서 기인하는 것이 아님을 추론하기 위해 통제단계에 해당되는 기초선 단계와 실험이 이루어진 개입단계 사이의 변화를 확인하는 것이다.

〈그림 10-1〉은 단일사례 평가설계의 기본적인 유형을 보여주고 있다. 산후우울증을 겪는 여성의 문제해결 사례를 예로 들어보자. 이 여성의 우울수준을 개입 전 10일 간에 걸쳐 관찰하고(A), 그 후 10일 간 개입활동을 하였다(B). 개입활동은 대인관계 및 사회리듬치료(interpersonal and social rhythm therapy)가 활용되었다. 이 여성의 문제에 대한 A, B 국면에서의 우울수준 변화 상황은

〈그림 10-1〉과 같다. 통제단계인 기초선에서 표적문제인 우울수준에 어떤 지속적인 변화도 없는 일관된 경향성을 발견할 수 있다. 그런데 특정한 치료나 개입이 시작된 후 표적문제인 우울수준이 지속적으로 감소되는 경향으로의 변화를 확인하게 된다.

한편 독립변수인 특정한 치료나 개입이 아닌 다른 것이 변화를 야기했을 수도 있다. 하지만 반복적으로 여러 시점에 걸쳐 우울수준을 측정했음에도 불구하고, 개입을 시작하고 난 직후를 제외한 다른 어느 시점에서도 우울수준의 감소와 같은 변화의 경향성과 다른 측정결과가 없었기 때문에 측정결과들 사이의 일치성은 대단히 크다고 할 수 있다.

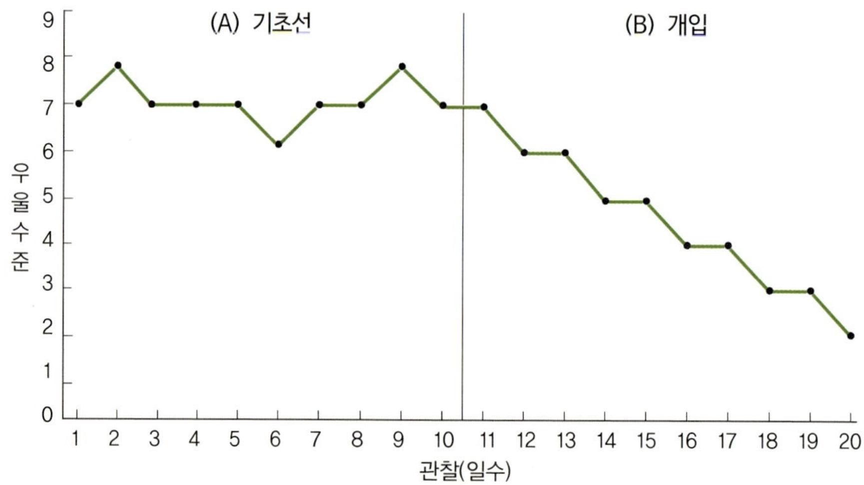

그림 10-1 단일사례 평가설계의 예

2) 단일사례 평가설계의 활용과 한계

증거기반실천 차원에서 단일사례 평가설계는 다음과 같은 유용성과 한계를 가진다.

첫째, 사회복지 전문직이 클라이언트의 문제해결과 욕구충족을 위해 헌신하고 있으며, 자신의 일을 진실로 전문적이라고 평가받기 위해서는 사회복지실천현장의 전문직은 자신의 개입에 대한 검증에 대해 소극적일 수 없다. 이를 위해 개입이 클라이언트에게 도움을 주는지, 아니면 오히려 해를 끼치는지, 또는 얼마나 제한된 자원을 목표 달성을 위해 효과적으로 사용했는지 등에 대해서 단일사례 평가설계를 통해 확인할 수 있을 것이다.

둘째, 단일사례 평가설계는 실천현장에서 즉각적인 피드백이 가능하기 때문에 실용적인 면이 강하다. 많은 경우 개입의 효과에 대한 평가는 프로그램이나 개입이 종료된 후 이루어지고 있다. 그에 따라 실천가는 자신의 개입이 어느 정도 클라이언트의 필요를 충족시켜 주고 있으며, 문제해결에 가깝게 접근하고 있는지를 알지 못한 채 기왕에 시작한 개입과 프로그램을 지속하기 마련이다. 하지만 경우에 따라서 의도했던 개입이 클라이언트의 문제해결과 욕구충족에 효과적이지 못하기 때문에 개입이 종결되기 전이지만 개입방법이나 기술을 바꾸는 것이 클라이언트의 이익에 부합할 수도 있다. 이러한 차원에서 사회복지실천가는 자신의 실천에 대한 일부로서 단일사례설계를 시행함으로써 자신들이 특정 클라이언트를 더 잘 돕기 위해 서비스 프로그램을 변경해야 하는지 여부에 대한 즉각적인 피드백을 얻는 데 유용하다. 하지만 단일사례 평가설계는 이러한 유용성에도 불구하고 다음과 같은 한계를 가질 수 있다.

첫째, 안정적인 기초선의 경향을 측정할 때까지 치료나 개입을 연기하는 것은 조속한 문제해결을 절실히 원하는 클라이언트에게 있어서 윤리적 문제의 소지가 있다.

둘째, 때로는 클라이언트가 가진 문제는 절대 반복적으로 측정할 수 없는 것이 있다. 예를 들어, 자살시도자에 대한 정신건강 서비스 지원체계가 자살 재시도 방지에 얼마나 효과적인지를 평가하기 위해 자살 재시도를 반복적으로 측정한다는 것은 있을 수 없는 일이다. 이때는 개입을 통한 목표달성의 정도를 알아내기 위해 변화를 지켜볼 필요가 없기 때문에 단일사례 평가설계를 적용할 수 없는 한계가 있다.

2. 단일사례 평가설계의 유형

1) AB설계

단일사례설계의 기본형에 해당하는 유형이 AB설계이다. 〈그림 10-1〉에서 보는 바와 같이 기초선 하나와 개입단계 하나로 이루어진 설계형태에 해당된다. 이러한 AB설계는 사회복지실천현장에서 사회복지사들이 표적문제의 변화를 감시하고, 클라이언트와 변화에 대한 다른 설명을 탐구하고, 그에 따라 변화의 필요성이 있으면 서비스 전달을 변경할 수 있도록 실천가에게 즉각적인 피드백을 제공한다는 측면에서 유용한 연구설계라고 할 수 있다. 하지만 AB설계는 기초선이 하나밖에 없어서 독립변수가 기초선에서 개입으로 변화하는 점이 하나뿐이다. 따라서 외부사건에 대한 통제가 약할 수밖에 없다.

2) ABAB설계

앞서 언급한 AB설계의 약점을 극복하기 위해, 즉 외부사건을 더 잘 통제하기 위해 기초선 단계와 개입단계를 하나씩 더 추가하는 ABAB설계를 만들 수 있다. 이때 두 번째 기초선 단계는 잠시 동안 개입을 중지하는 것을 의미하며 두 번째 기초선에서 안정적 경향을 확인한 후 개입을 재도입하게 된다.

ABAB설계에서는 개입을 통해 첫 번째 개입기간에 표적문제의 개선을 야기

했다면 두 번째 기초선 기간 표적문제는 원래의 기초선 수준을 향해 반전될 것이라는 논리적 가정을 가진다. 따라서 두 번째 개입이 주어지면 표적문제는 다시 개선하기 시작해야 한다. 이러한 ABAB설계는 AB설계에 비해 인과적 증거를 더 갖추게 된다.

예를 들어, 배우자 사별을 경험한 노인의 우울감 감소를 위해 사별 직후의 대상자들을 상대로 한 정신건강사회복지사의 개입을 가정하자. 개입의 효과를 평가하기 위해 매주 표준화된 우울 척도를 사용해 우울감의 변화 정도를 측정하고 있다. 이 과정에서 해당 클라이언트가 장기간의 개입에 의존하지 않고도 우울감을 개선할 수 있는지 여부를 보기 위해 4주 동안 개입단계를 중단하였다가 다시 개입을 재개하였다. 연구참여자들은 개입 이후 우울감 수준의 감소 경향을 보이다가 개입 중단 직후 더 이상 우울감이 감소하지 않았다. 그리고 4주 후 다시 개입이 이루어졌을 때 우울감 수준이 감소하는 경향성을 보인다면 이는 우연한 사건 등의 영향이 아니라 개입으로 인해 표적문제가 개선되었음을 추론하는 정당한 근거가 될 수 있다.

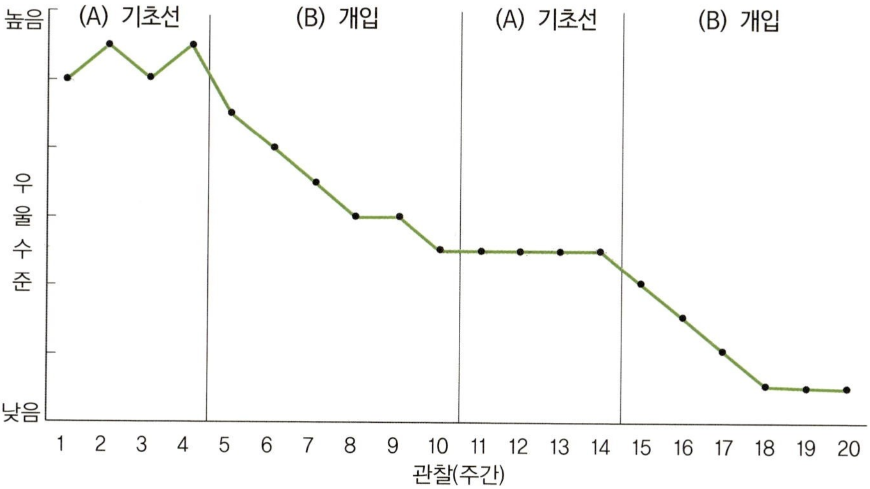

그림 10-2 우울감 감소를 위한 ABAB설계의 예

3) 다중기초선설계

복수기초선설계라고도 하는 다중기초선설계(multiple-baseline designs)는 둘 이상의 기초선이 있다는 점에서는 앞의 ABAB설계와 같지만 여러 기초선을 동시에 시작하는 점에서 차이가 있는 설계 유형이다. 즉, 다중기초선설계에서는 둘 이상의 기초선을 통해 서로 다른 표적행위를 측정하거나, 서로 다른 상황 또는 개인에게서 동일한 표적행위를 측정하고자 한다. 이를 통해 다중기초선설계에서는 외부사건에 대한 통제를 시도한다.

한편 다중기초선설계에서는 각 기초선이 동시에 출발하더라도 개입은 각 기초선의 서로 다른 시점에서 도입된다. 따라서 첫 번째 행위(behavior), 상황(setting), 개인(individual)에 대해 개입을 도입할 때 다른 행위, 상황, 개인에 대해서는 기초선 단계를 유지해야 한다. 이와 마찬가지로 두 번째 행위, 상황, 개인에 대해 개입을 도입할 때 세 번째는 기초선 단계를 유지하게 된다.

예를 들어, 〈그림 10-3〉은 여러 연구대상에 대한 개입을 보여주는 다중기초선설계이다. 이 사례는 양로원에 입소한 노인들을 대상으로 실시한 원예치료가 이들이 보이는 무망감을 감소시키는 데 효과가 있는지를 살펴보고자 하는 것이다. 먼저 사회복지사는 기초선 단계에서 3명의 노인들을 대상으로 동시에 자기보고식 척도를 이용해 무망감의 수준을 측정하였다. 그런 다음 사회복지사는 세 번의 서로 다른 시기에 각 노인에게 키울 식물을 제공하였다. 각 노인들의 무망감 수준은 도표에 나타난 것처럼 개입을 도입한 시점마다 직후에 안정되게 감소하기 시작하는 것을 발견할 수 있다. 또한 첫 번째 노인을 대상으로 한 개입으로 효과를 확인할 때 나머지 두 노인은 여전히 기초선 단계를 유지함으로써 원예치료가 노인들의 무망감 수준 감소에 효과적인 개입임을 확인할 수 있었다.

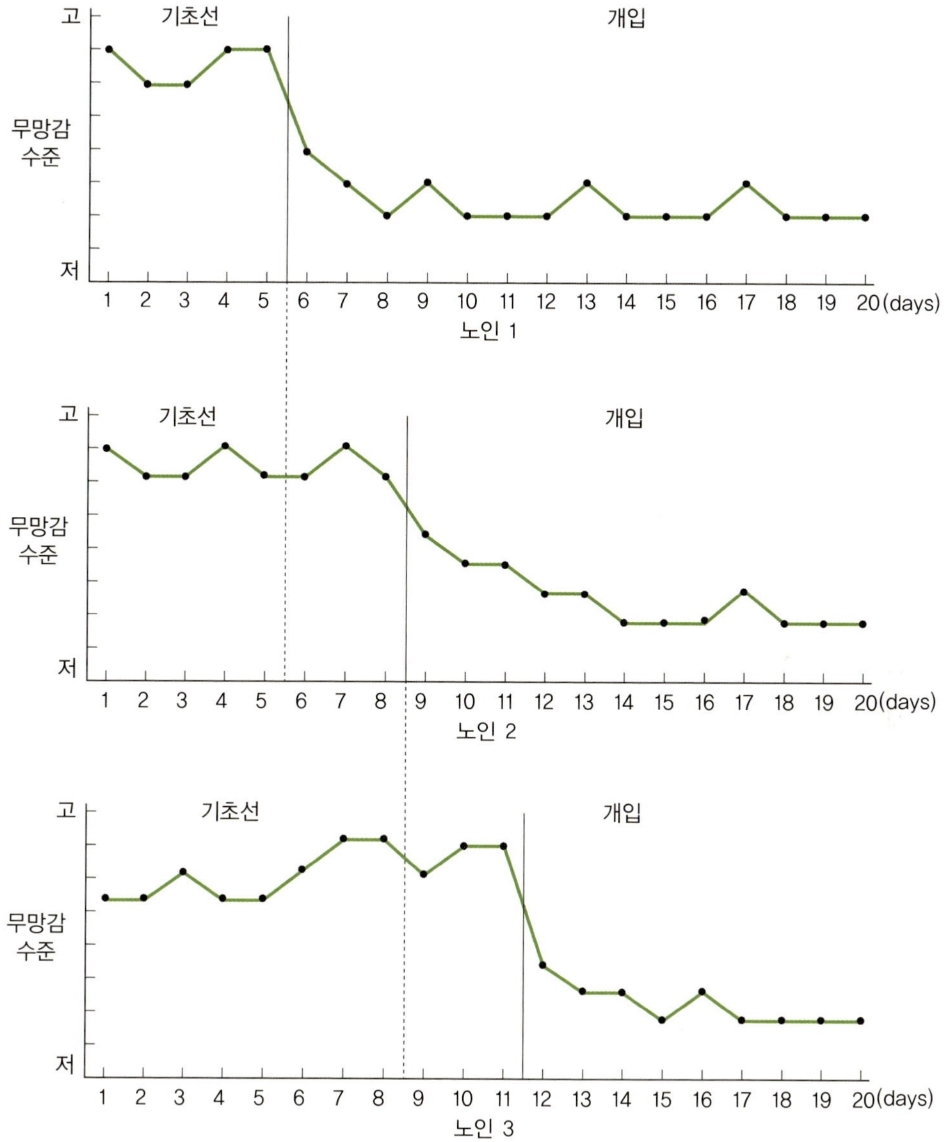

그림 10-3 노인들의 무망감(hopelessness) 감소를 위한 대상자간 다중기초선설계의 예

3. 단일사례 평가설계의 결과분석

단일사례 평가설계의 결과분석은 시각적 판단과 통계적 분석을 따를 수 있다(최성재, 2005; Nourbakhsh & Ottenbacher, 1994; Rubin & Babbie, 2016).

1) 시각적 판단

단일사례 평가설계에서는 개입을 도입한 후 또는 중단한 후에 표적문제의 빈도, 수준, 경향이 변하는 특성이 있다. 이때 나타나는 시각적 유형을 통해 개입의 결과를 판단할 수 있다. 즉, 표적문제의 빈도, 수준이나 경향이 독립변수가 변화하는 것과 일치해 변화하는 경향이 있으면 개입이 표적문제에 영향을 미친다는 가정은 시각적으로 유의성을 갖고 있으며 논리적으로도 지지를 받게 된다. 이러한 시각적 판단은 통계적 분석만큼 신뢰하기 어렵다는 비판 속에서도 개입효과에 대한 직관적 분석이 가능하기 때문에 임상현장에서 유의미하게 사용되고 있다.

2) 통계적 분석

개입의 결과를 평가하기 위해 시각적 판단과 함께 통계적 분석을 같이 활용할 수 있다. 이때 경향선(celeration line) 분석과 표준편차 2단위 방법이 평가를 위한 통계적 기법으로 쓰일 수 있다.

(1) 경향선 분석

먼저 경향선 분석이다. 연구자들은 자료의 경향을 분석함으로써 수집된 행동발생의 변화양상이 증가하는지 또는 감소하는지를 살펴보기도 하고, 변동적인지 안정적인지를 살펴보기도 한다. 예를 들어, 한 아동의 반사회적 문제행동을 해결하기 위한 개입을 한다고 가정하자. 그리고 단일사례 평가설계를 통한 개입의 결과가 〈그림 10-4〉와 같다고 하자.

이때 경향선 분석을 통한 개입의 평가는 다음과 같은 논리 속에서 이루어진다. 경향선 분석에서는 만약 개입이 없으면 기초선 기간의 경향이 계속될 것으로 보고 기초선 기간이 실제 개입기간에도 계속되는 경향선을 가상적으로 그어 개입기간 동안의 점수가 그 가상 경향선의 아래 또는 위에 얼마나 많이 위치하고 있는가를 계산함으로써 개입효과를 통계적으로 판단할 수 있다고 본다.

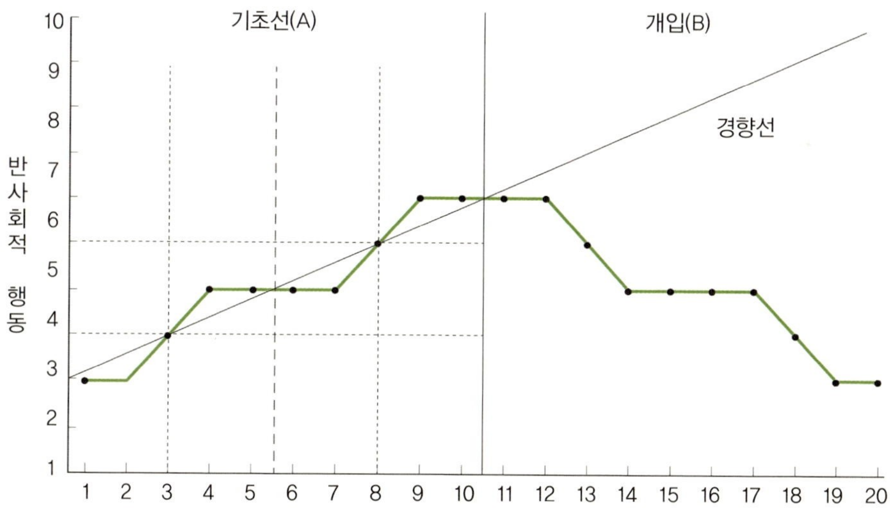

그림 10-4 경향선 분석의 예

출처: 최성재 (2005). p. 259.

경향선 분석방법의 구체적 절차는 다음과 같다.

① 기초선 기간을 2등분하여 2등분된 기간의 평균점수를 각각 계산한다.

〈그림 10-4〉의 예에서 기초선 전반기 다섯 번 관찰의 평균은 3〔(2+2+3+4+4)÷5〕이고 기초선 후반기 다섯 번 관찰의 평균은 5〔(4+4+5+6+6)÷5〕가 된다.

② 경향선을 그린다. 두 개의 평균점 3과 5를 그래프에 표시하고 두 점을 잇는 선을 개입기간 끝까지 그으면 이 선이 바로 경향선이 된다.

③ 기초선 기간 중 바람직한 영역에 속하는 관찰비율을 구한다. 〈그림 10-4〉의 예에서는 점수가 낮아지는 것이 문제가 개선되는 것이기 때문에 기초선 기간에서 이 경향선보다 아래에 위치한 점수의 개수가 기초선 총 점수의 개수 중에 차지하는 비율을 구한다. 〈그림 10-4〉의 예에서 기초선 부분에서 경향선 아래에 있는 점수의 개수는 4이며, 이 점수의 비율은 0.4(4÷10)가 된다.

④ 단일사례 조사설계 개입효과의 통계적 판정기준 수표인 〈표 10-1〉에서 기초선 기간 동안 경향선 아래에 위치한 점수의 비율과 개입기간 중 관찰의 수가 교차하는 지점의 값을 찾는다. 이 수표에 의하면 비율 0.4와 개입기간 중 관찰의 수 10이 교차하는 지점은 8로 나타났다. 이 값 8이 의미하는 것은 유의수준 0.05에서 통계적으로 유의미한 개입효과, 즉 개입이 표적문제인 반사회적 문제행동의 감소에 영향을 미쳤다고 할 수 있으려면 개입영역에서 바람직한 영역의 관찰값의 수가 적어도 8은 되어야 한다는 것이다.

⑤ 따라서 개입기간 중 바람직한 영역에서 관찰되는 점수가 10이며, 이는 표에서 찾은 8보다 크기 때문에 유의수준 0.05에서 통계적으로 유의미하게 문제행동 개선에 영향을 미쳤다고 결론 내릴 수 있다.

표 10-1 단일사례 조사설계 개입효과의 통계적 판정기준 수표

(.05 유의수준에서 통계적으로 유의미한 개입효과 기준 분포)

기초선 기간 중 바람직한 영역에 속하는 관찰비율	개입기간 중 관찰수																												
	4	6	8	10	12	14	16	18	20	24	28	32	36	40	44	48	52	56	60	64	68	72	76	80	84	88	92	96	100
.05	2	2	3	3	3	3	3	4	4	4	4	5	5	5	6	6	6	7	7	7	8	8	8	8	9	9	9	10	10
.10	3	3	3	4	4	4	5	5	5	6	7	7	8	8	9	9	10	10	11	12	12	13	13	14	14	15	15	16	16
1/8	3	3	4	4	5	5	5	6	6	7	8	8	9	10	10	11	12	12	13	14	14	15	15	16	17	17	18	19	19
.15	3	3	4	4	5	5	6	6	7	8	8	9	10	11	12	12	13	14	15	15	16	17	18	18	20	20	21	21	22
1/6	3	4	4	5	5	6	6	7	7	8	9	10	11	12	13	13	14	15	16	17	18	18	19	20	21	22	22	23	24
.20	3	4	5	5	6	6	7	8	8	9	10	11	12	13	14	15	16	17	18	19	20	21	22	23	24	25	26	27	28
.25	4	4	5	6	7	7	8	9	9	11	12	13	14	16	17	18	19	20	22	23	24	25	26	27	29	30	31	32	33
.30	4	5	6	6	7	8	9	10	10	12	13	15	16	18	19	21	22	24	25	26	28	29	30	33	33	35	36	37	39
1/3	4	5	6	7	8	9	9	10	11	13	15	16	18	19	21	22	24	26	27	29	30	32	33	35	36	38	39	41	42
.35	4	5	6	7	8	9	10	11	12	13	15	17	18	20	22	23	25	27	28	30	31	33	35	36	38	39	41	42	44
3/8	4	5	6	7	8	9	10	11	12	14	16	18	19	21	23	25	26	28	30	31	33	35	36	38	40	42	43	45	47
.40	4	5	6	8	9	10	11	12	13	15	16	18	20	22	24	26	28	29	31	33	35	37	38	40	42	44	46	47	49
.45	4	6	7	8	9	10	11	13	14	16	18	20	22	24	26	28	30	32	34	36	38	40	42	44	46	48	50	52	54
.50	-	6	7	9	10	11	12	13	15	17	19	22	24	26	28	31	33	35	37	40	42	44	46	48	51	53	55	57	59
.55	-	6	8	9	10	12	13	14	16	18	21	23	26	28	31	33	35	38	40	43	45	48	50	52	55	57	59	62	64
.60	-	6	8	9	11	12	14	15	17	19	22	25	27	30	33	35	38	41	43	46	48	51	54	56	59	61	64	66	69
5/8	-	7	8	10	11	13	14	16	17	20	23	25	28	31	34	36	39	42	45	47	50	53	55	58	61	63	66	69	71
.65	-	7	8	10	11	13	14	16	17	20	23	26	29	32	35	38	40	43	46	49	52	54	57	60	63	65	68	71	74
2/3	-	8	8	10	12	13	15	16	18	21	24	27	30	32	35	38	41	44	47	50	53	55	58	61	64	67	70	72	75
.70	-	8	-	10	12	13	15	17	18	21	24	28	31	34	37	40	13	46	49	52	55	58	61	64	67	70	73	75	78
.75	-	8	-	-	12	14	16	17	19	22	26	29	32	35	39	42	45	48	51	55	58	61	64	67	70	74	77	80	83
.80	-	8	-	-	-	14	16	18	20	23	27	30	34	37	40	44	47	51	54	57	61	64	67	71	74	77	81	84	87
5/6	-	8	-	-	-	-	-	18	20	24	27	31	34	38	42	45	49	52	56	59	63	66	69	73	76	80	83	87	90
.85	-	-	-	-	-	-	-	-	20	24	28	31	34	38	42	46	49	53	56	60	63	67	70	74	78	81	85	88	92
7/8	-	-	-	-	-	-	-	-	-	24	28	32	36	39	43	47	50	54	57	61	65	68	72	76	79	83	86	90	94
.90	-	-	-	-	-	-	-	-	-	-	-	32	36	40	44	47	51	57	58	62	66	69	73	77	80	84	88	91	95
.95	-	-	-	-	-	-	-	-	-	-	-	-	-	-	-	-	52	56	60	64	68	72	76	79	83	81	91	95	99

* 기초선 기간 중 바람직한 영역에 들어오는 관찰의 비율은 기초선 기간의 총 관찰 중 바람직한 영역에 들어오는 관찰의 비율을 말함. 즉, (기초선 기간 중 바람직한 영역에 들어오는 관찰의 수)÷(기초선 기간 중 총 관찰의 수)로 계산함

출처: 최성재 (2005). p. 609.

(2) 표준편차 2단위 방법

통계적 분석의 두 번째 방법은 표준편차 2단위 방법이다. 먼저 표준편차는 평균을 중심으로 점수가 어떻게 분포되어 있는지를 보여주는 통계치이다. 그리고 표준편차 2단위 방법은 개입기간의 평균점수가 (기초선 평균점수±기초선 표준편차 2단위) 값과 같거나 크면 차이가 있는 것, 즉 개입효과가 있는 것으로 판단하고 개입기간 평균점수가 그 값보다 작으면 차이가 없다고 판단하는 방법이다.

단일사례 평가설계의 개입효과를 분석하기 위해 표준편차를 활용하는 이유는 다음과 같다. 만약 우리가 어떤 모집단에서 일정한 크기의 표본을 계속 무한정 선정하여 그 표본들의 평균값의 분포를 만들어 보면 정상분포를 이루게 된다. 그렇다면 이 표본들의 평균값 분포에서도 평균값의 평균±평균값의 표준편차 2단위 이내에 전체 평균의 95%가 속하게 된다. 이것은 어떤 집단의 점수분포가 정상분포나 정상분포에 가까우면 평균±평균값의 표준편차 2단위 내에 사례 전체 값의 95%가 포함된다는 말이다. 아래 〈그림 10-5〉는 IQ 점수의 정규분포곡선인데 IQ점수들의 약 95%가 표준편차 ±2 사이인 70과 130 사이에 분포함을 알 수 있다.

그런데 통계학에서 어떤 표본집단의 평균이 표본평균의 평균±평균값의 표준편차 2단위 내에 속하는 평균은 그 평균값들이 원래는 같은데 우연히 차이가 난 것으로 본다. 그리고 어떤 표본집단의 평균이 평균±평균값의 표준편차 2단위보다 크면 그러한 차이는 우연히 나타난 것이 아니라 어떤 체계적 요인의 영향으로 차이가 나타난 것으로 본다.

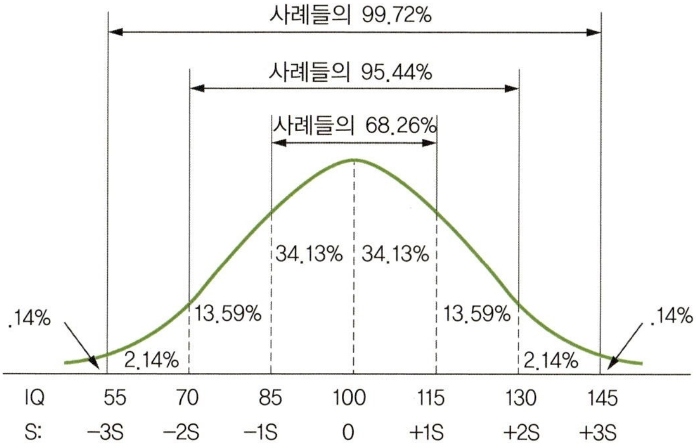

그림 10-5 표준편차 구간 내에 포함된 사례들의 상대빈도

출처: Minium, Clarke, & Coladarci (2006). p. 88.

이러한 분석방법을 앞의 반사회적 문제행동을 가진 아동의 경우에 적용해서 살펴보도록 하자. 표준편차 2단위 통계분석방법을 설명하기 위한 그래프는 〈그림 10-6〉과 같다.

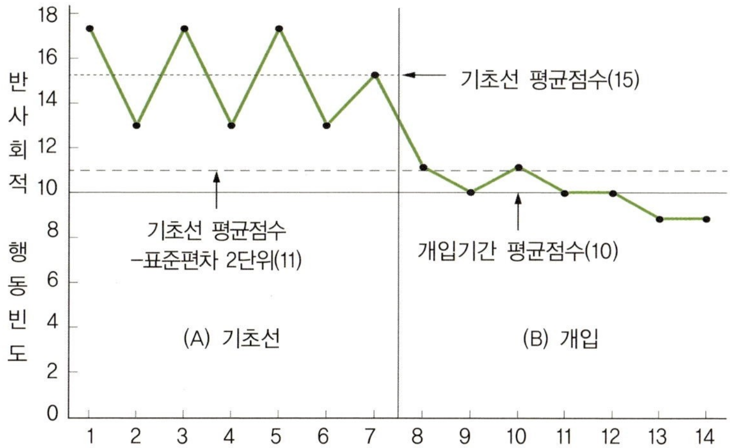

그림 10-6 표준편차 2단위 통계분석방법의 예

출처: 최성재 (2005). p. 257.

표준편차 2단위 통계분석방법의 구체적 절차는 다음과 같다.

① 먼저 기초선 기간의 평균값을 계산한다. (17 + 13 + 17 + 13 + 17 + 13 + 15) ÷ 7=15

② 기초선 기간의 표준편차를 구하기 위해 각 개별 값과 평균값의 차이를 제곱하여 더한 후 개별 점수의 개수로 나누어 나온 값인 분산을 구한다. 그런데 이때 표본의 크기가 충분히 크면 n과 n-1의 차이는 없다. 하지만 표본의 표준편차를 모집단의 표준편차를 예측하는 추정치로 사용하고자 할 때 n을 사용할 경우 모집단의 표준편차를 작게 추정하는 경향이 발생한다. 따라서 분모를 줄임으로써 보다 좋은 추정치를 만들기 위해 n-1을 사용하여 7이 아닌 (7-1)=6으로 나누게 된다. {(17-15)2 + (13-15)2 + (17-15)2 + (13-15)2 + (17-15)2 + (13-15)2 + (15-15)2} ÷ (7-1)=4

③ 기초선 기간의 표준편차는 앞서 얻은 분산의 제곱근, 즉 2가 된다. 따라서 기초선 값의 ±표준편차 2단위는 ±2×2=±4가 된다.

④ 기초선 평균값±표준편차 2단위는 15±4가 되어 19 또는 11이 된다.

⑤ 반사회적 문제행동을 가진 아동의 경우 점수가 낮아지는 것이 문제가 개선되는 것이므로 결국 두 값 중 낮은 값 11을 택해야 한다. 따라서 이 경우 개입이 통계적으로 유의미한 효과가 있으려면 개입기간 평균점수가 〔기초선 평균점수-기초선 표준편차 2단위〕보다 작아야 한다.

⑥ 개입기간 평균점수를 구한다. (11 + 10 + 11 + 10 + 10 + 9 + 9) ÷ 7=10

⑦ 따라서 개입기간 평균점수는 〔기초선 평균점수-기초선 표준편차 2단위〕 11보다 작기 때문에 개입은 유의수준 0.05에서 통계적으로 유의미한 차이가 있다고 할 수 있다.

chapter

11 욕구조사와 평가조사

오늘날 욕구조사와 평가조사는 사회복지조직의 필수적인 활동 중 하나로 여겨지고 있다. 먼저 욕구조사와 관련하여 지역사회복지관은 관할 행정구역을 포함한 지역주민들의 욕구를 제대로 반영하는 서비스의 제공을 위해 주기적으로 해당 지역주민들을 대상으로 한 욕구조사를 실시하고 있다. 또한 지역사회보장계획 수립을 위한 욕구조사에서는 지역사회 전반의 사회문제와 욕구를 확인하고, 지역에서 필요로 하는 복지급여 및 서비스를 식별하고자 하는 목적을 달성하고자 한다. 그리고 욕구조사의 결과는 지역사회가 안고 있는 사회문제 해결의 우선순위를 결정하고, 개입이 필요한 대상집단을 명확히 하며, 복지서비스의 수요 측정과 향후 전망 등을 위한 정책자료로 활용되고 있다. 또한 지역사회보장계획에 있어서 욕구조사는 사회복지서비스 대상자에 대한 정보를 미리 파악함으로써 해당 지자체 및 지역 내 사회복지시설과 기관들이 프로그램 기획과 복지계획을 수립하기 위한 진단적 사전조사라는 기능도 수행하게 된다.

다음으로 평가조사는 사회복지실천현장에서 사회복지사들에 의해 수행되는 수많은 조사연구들이 프로그램 평가의 목적을 가지고 있다는 사실과 관련되어 있다. 즉, 사회복지조사가 사회복지실천에서 사회복지 전문가들이 당면하게 되는 문제를 해결하거나 클라이언트의 고통을 경감시키는 데 필요한 실제적 지식을 형성하는 것이라는 관점에서 평가조사는 사회복지조사와 매우 유사하다고 할 수 있다. 그렇기 때문에 사회복지사들이 하는 많은 연구들이 이러한 평가의 목적을 가지는 것으로 볼 수 있다(Rubin & Babbie, 2016).

1. 욕구조사

1) 욕구의 개념

일반적으로 사회복지서비스는 사람들의 필요에 대응하는 성격을 가진다. 이때 욕구는 사람들의 필요를 결정하는 기준이 되고 있다. 그렇다면 욕구란 무엇인가? 무엇을 가리켜서 욕구라고 하는가? 사실 욕구를 정의하는 데 있어서 욕구를 규범적으로 정의할 것인가 아니면 요구의 개념으로 정의할 것인가의 복잡성이 존재하기 때문에 욕구가 무엇인지를 밝히는 일은 쉬운 일이 아니다. 욕구는 다음과 같은 특징을 가지고 있는 개념이다(송근원 · 김태성, 2008; Rubin & Babbie, 2016).

(1) 규범적 개념

욕구를 규범적으로 정의할 때 욕구조사의 초점은 표적집단이 현재 처해 있는 객관적인 생활조건이 받아들일 수 있거나, 바람직하다고 생각하는 생활조건과 어떻게 다른지를 비교하는 것에 맞춰질 것이다. 따라서 빈곤선 이하의 소득수준에 속하는 저소득계층의 욕구를 규범적으로 이해한다면 실제로 이들이 자신의 삶에 얼마나 만족하는지의 여부와는 무관하게 일정한 기준에 따라 사회적으로 이들을 위한 사회보장 프로그램이 마련되어야 한다는 결론을 내리게 된다.

(2) 요구적 개념

욕구를 요구의 개념으로 정의한다면 욕구가 있음을 인지하고 욕구가 있음을 표출하는 사람들만이 특정 프로그램 혹은 개입에 대한 욕구를 가졌다고 본다. 따라서 빈곤선 이하의 저소득계층에 속하지만 현재의 생활수준에 별다른 불만족이 없는 사람들은 급여수준의 확대와 같은 사회복지서비스에 대한 욕구가 없는 것으로 평가된다.

2) 욕구조사의 의의와 목적

(1) 욕구조사의 의의

새로운 서비스를 기획하거나 정책을 입안할 때 가장 먼저 해야 할 일은 누가 어떤 서비스를 필요로 하는지 정확하게 조사하는 일이다(최성재, 2005; 최일섭 · 이창호, 1993). 또한 지자체나 사회복지기관에서 어떤 사업을 계획할 때 대상 집단 또는 지역사회가 어떤 욕구를 가지고 있는지를 파악하는 일은 가장 우선적으로 수행해야 할 활동에 해당된다. 예를 들어, 지역사회보장계획 수립에서 세부사업들을 설정하기 전에 필요한 활동이 바로 지역주민들의 욕구를 파악하는 일이다. 이처럼 욕구조사는 일정 지역의 주민이나 대상 집단이 가지고 있는 욕구수준을 측정하기 위한 방법이 된다. 이러한 차원에서 Rubin과 Babbie(2016)는 욕구조사(needs assessment)를 사회복지실천개입을 위해 필요한 정보를 수집하는 모든 종류의 기술적 방법이라고 밝히고 있다.

(2) 욕구조사의 목적

새로운 프로그램을 개발하거나 기존의 것을 보완하고자 할 때 표적집단이 어떤 서비스를 필요로 하는지를 정확히 파악해야 한다. 이러한 차원에서 욕구조사는 표적집단이 무엇을 필요로 하는지 정확히 조사하기 위한 방법이라고 할 수 있다. 또한 욕구조사는 사회복지서비스의 전달대상이 되는 인구집단에 대한 정보를 미리 파악하여 효과적인 계획을 수립하기 위한 절차 가운데 하나라고 할 수 있다. 최성재(2005)는 욕구조사의 목적을 다음과 같이 설명하고 있다.

① 주민들이 필요로 하는 각종 서비스 또는 프로그램을 식별하여 우선순위를 정한다.
② 프로그램 운영에 필요한 예산할당 기준을 마련한다.
③ 현재 수행 중인 사업의 평가에 필요한 보조자료를 마련한다.
④ 프로그램을 수행하는 지역사회 내 기관들 간의 상호의존 및 협동상황을 파악한다.

3) 욕구조사의 종류

일반적으로 욕구조사는 클라이언트(수혜자) 중심적 욕구조사, 서비스 중심적 욕구조사 및 지역사회 중심적 욕구조사 등과 같은 세 가지 차원에서 이루어진다(최성재, 2005).

(1) 클라이언트 중심(client-oriented)

아동, 노인, 장애인 등 특정 인구집단을 대상으로 서비스나 프로그램을 제공하는 기관에 의하여 실시되는 욕구조사가 있다. 예를 들면, 장애인복지관에서 지역의 장애인이 있는 가구를 대상으로 클라이언트가 원하는 서비스와 그들이 인식하고 있는 문제의 우선순위를 조사하였다면 클라이언트(수혜자) 중심적 욕구조사이다.

(2) 서비스 중심(service-oriented)

의료서비스, 재활서비스, 고용서비스 등과 같은 특정 서비스를 제공하고 있는 기관에 의해 실시되는 욕구조사이다. 예를 들어, 발달장애인 가족지원서비스를 제공하고자 하는 기관에서 지역의 발달장애인 가구를 대상으로 이들에게 필요한 서비스의 수준과 종류를 조사하고자 한다면 서비스 중심의 욕구조사이다.

(3) 지역사회 중심(community-oriented)

지역사회 중심의 욕구조사는 클라이언트 중심적 욕구조사와 서비스 중심적 욕구조사의 통합모델로서 지역사회 전반의 문제를 확인하고 욕구를 파악하고자 하는 조사이다. 지역사회 중심적 욕구조사에서는 다양한 인구집단을 포함하면서 서비스 간 중복 여부나 결여수준을 파악하고자 하는 목표를 가지게 된다. 이를 위해 지역사회 중심적 욕구조사에서는 주로 표본조사를 통해 지역주민들의 욕구를 파악하고자 한다. 따라서 지역사회 중심적 욕구조사에서는 신뢰도와 타당도가 확보된 측정도구를 이용하여 자료를 수집하게 되며 적절한 크기의 표본과 표본추출방법이 요구된다.

4) 욕구조사를 위한 자료수집방법

Rubin과 Babbie(2016)는 (1) 주요 정보제공자 활용, (2) 지역사회 포럼, (3) 서비스 이용률, (4) 사회지표, (5) 지역사회 및 표적집단에 대한 설문조사 등과 같은 다섯 가지 유형의 욕구조사기법을 소개하고 있다. 그런데 각각의 접근방법들은 나름대로의 장단점이 있기 때문에 이들이 가지고 있는 장단점을 잘 파악하여 필요에 따라 몇 가지 조사기법을 함께 병행해 욕구조사를 실시하는 것이 바람직하다.

한편 욕구에 대한 정의는 욕구조사방법의 선택에도 영향을 미친다. 즉, 욕구를 규범적으로 정의한다면 현재 클라이언트의 상황을 설명하는 자료를 통해 욕구를 파악하게 될 것이다. 예를 들어, 특정 지역에 다문화가족 인구의 증가세가 뚜렷하다는 인구조사 자료를 근거로 다문화가족의 욕구를 강조할 수 있을 것이다. 하지만 욕구를 요구(demand)의 개념으로 정의한다면 욕구가 있음을 인지하고 욕구가 있음을 표출하는 사람들만이 특정 프로그램 혹은 개입에 대한 욕구를 가졌다고 본다. 따라서 이 경우에는 다문화가족을 대상으로 한 설문조사를 통해 이들의 구체적인 욕구를 반영하는 다문화가족 대상 프로그램을 결정하는 식이다.

(1) 주요 정보제공자(key informants) 활용

클라이언트가 가진 문제와 욕구를 조사하는 첫 번째 기법으로서 해당 문제나 표적집단에 대한 전문적 지식과 경험을 가지고 있는 전문가와 주요 정보제공자를 대상으로 한 욕구조사가 가능하다. 예를 들어, 서울역 일대의 노숙인들이 처한 상황과 이들의 욕구를 파악하고자 한다고 가정하자. 이때 노숙인들을 대상으로 직접 욕구를 조사할 수도 있지만 노숙인의 문제, 욕구 및 그들을 위한 기존의 노숙인 복지서비스의 문제점 등에 대해 남다른 지식을 가진 사람들로부터 면접이나 설문을 통해 전문가적인 의견을 얻기도 한다.

(2) 지역사회 포럼(community forum)

이 경우는 주로 지역사회의 욕구파악을 위해 지역사회 주민들이 함께하는 '포럼'이라는 형식을 빌려 욕구를 조사하는 기법을 말한다. 지역사회의 문제나 요구에 관심 있는 지역주민들이 함께 모여 자신들의 욕구에 대해 자유롭게 의견을 교환하고 상호작용을 할 수 있는 모임을 통해 욕구를 조사하는 방식이다.

(3) 서비스 이용률

지역사회 내에는 이미 다양한 사회서비스 프로그램들이 운영되고 있다. 따라서 서비스 이용률을 통해 욕구를 조사하고자 하는 기법은 지금까지 서비스를 이용한 클라이언트 수와 그들이 가진 특성을 바탕으로 서비스에 대한 욕구수준과 잠재적 서비스 이용자들의 특성을 추정하게 된다.

(4) 사회지표(social indicators)

지역사회마다 자신의 모습을 지리적, 경제적, 교육적, 문화적 및 사회적으로 설명하는 다양한 통계자료들이 존재한다. 따라서 기존에 존재하는 지자체의 각종 사회지표를 가지고 해당 지역사회의 욕구수준과 양태들을 예상할 수도 있다.

(5) 지역사회 및 표적집단에 대한 설문조사

설문조사를 통해 지역사회 및 표적집단에 대한 특성이나 그들이 해결받기 원하는 문제 혹은 충족되기를 원하는 욕구를 파악할 수 있다. 대개의 경우 이러한 설문조사는 표본조사를 통해 이루어지며 현재의 욕구 및 문제를 파악하고, 미래의 서비스에 대한 욕구수준과 프로그램 참여 의향을 파악하고자 하는 문항들로 구성되어 있다.

5) 욕구조사의 절차

욕구조사의 절차는 일반적인 사회조사과정과 비슷하다. 또한 욕구조사는 매우 단순한 조사에서부터 매우 복잡한 조사에 이르기까지 그 형태가 다양하다. 따라서 어떤 하나의 표준화된 접근방법을 따라야 하는 것은 아니다. 다음은 일반적인 욕구조사의 과정이다.

① 문제를 확인하는 단계로서 욕구조사의 필요성과 지역사회 및 표적집단의 욕구를 확인하는 단계이다. 또한 욕구조사의 목적과 예산, 조사기간과 활용 가능한 자원을 명확히 하는 단계이기도 하다.

② 기존 욕구조사 자료를 수집하고 지역의 특성 및 현황에 대한 정보를 습득하여 욕구조사를 수행하는 데 필요한 구체적인 정보를 찾는 단계이다.

③ 욕구조사의 실행계획을 수립하는 단계이다. 욕구조사를 수행하는 방법과 절차, 조사도구 등 욕구조사에 대한 전반적인 실행계획을 수립하게 된다.

④ 욕구조사에 필요한 자료를 수집하고 분석하는 단계이다. 기존의 자료를 평가하고 다양한 욕구조사 자료수집방법을 활용하여 필요한 정보를 획득하게 된다. 그리고 수집된 자료를 통계적 프로그램을 활용하여 분석하는 단계이다.

⑤ 결과보고서를 작성하는 단계이다. 욕구조사가 이루어진 과정과 그 결과를 보고하는 단계이다. 이때 조사결과에 나타난 내용을 해석하고 제언하는 내용이 결과보고서에 포함된다.

2. 평가조사

1) 평가조사의 개념

일반적으로 사회복지에서의 평가란 사회복지조직의 프로그램 계획, 수행, 성과 등 제반 활동들에 대해서 이루어지는 체계적인 가치판단을 의미한다(정무성 · 정진무, 2001). 나아가 평가조사(evaluation research)는 개입의 기술과 프로그램의 효과성을 측정하기 위해 사회조사방법론을 적용하는 응용조사의 일종이다. 그리고 평가조사를 통해 개별적 개입 기술이나 프로그램이 원래의 목표하는 바를 어느 정도 달성하였는지를 측정함으로써 프로그램의 개선 또는 계속 수행 여부를 판단하는 근거를 얻고자 한다. 일반적인 조사연구와 비교하여 평가조사가 가지는 차이점은 다음과 같다(최성재, 2005).

(1) 목적에 차이가 있다.

일반적인 조사연구에서는 이론적 지식을 산출하는 데 주된 목적이 있지만 평가조사는 이론적 지식을 사회적, 정치적 또는 행정적으로 응용하고자 하는 데 주된 목적이 있다.

(2) 조사문제 설정에 차이가 있다.

일반적인 조사연구에서는 조사자의 개인적 관심에 의해 조사문제가 설정되는데 비해 평가조사의 조사문제는 클라이언트나 행정가가 프로그램이 의도하는 목표를 얼마나 달성하였는지를 알아보고자 하는 것이다.

(3) 관심의 차이가 있다.

일반적인 조사연구에서는 어떤 사실(what is)에 대한 관심을 가지지만 평가조사에서는 목표달성(what ought to be)에 대해 관심을 가진다.

(4) 통제 여부에 차이가 있다.

일반적인 조사연구에서는 조사자 개인이 조사절차를 통제하는 것이 가능하나 평가조사에서는 조사자가 평가목적을 위해 프로그램과 조사절차를 통제하기 힘든 차이가 있다.

2) 평가조사의 목적

개입기술과 프로그램이 본래의 목적을 어느 정도 달성하였는지에 관해 조사하고자 하는 차원에서 평가조사는 다음과 같은 세 가지 목적을 가지게 된다(최성재, 2005).

(1) 피드백의 목적

기존 프로그램의 성과를 효율성이나 효과성 차원에서 평가함으로써 해당 프로그램을 중단할 것인지 아니면 축소, 유지 또는 확대할 것인지의 여부를 결정하는 데 필요한 정보를 제공하는 목적을 가질 수 있다.

(2) 책임성 이행 근거를 찾는 목적

국가 · 사회는 사회복지조직에 인건비나 운영비를 지원하면서 그 조직이 원래의 운영목적을 얼마나 달성했는지를 객관적으로 증명할 것을 요구하고 있다. 이에 따라 사회복지조직은 책임성 이행 근거를 찾는 목적으로 평가조사를 실시하게 된다.

(3) 이론형성의 목적

어떤 연구에서 동기강화 상담이론을 접목한 집단미술치료 프로그램이 정신장애인의 직업재활성과에 미치는 영향을 알아보고자 한다고 가정하자(조경은, 2009). 이때 집단미술치료 프로그램의 효과에 대한 평가조사는 운영방법에서부터 프로그램 결과에 이르는 인과경로를 검토, 확인, 검정하게 된다. 또한 프로그램 실시 전후의 차이를 분석하여 프로그램의 실시가 정신장애인의 직업재활에 어떤 영향을 미쳤는지 평가함으로써 타당성이 있는 것으로 확인된 가설들은 이론으로 발전하고, 그렇지 못한 경우라도 이론을 수정하는 데 기여하게 된다.

3) 평가조사의 종류

김렬(2013), 정무성 · 정진모(2001), 최성재(2005), Rubin과 Babbie(2016) 등은 다음과 같이 평가조사의 유형을 설명하고 있다.

(1) 총괄평가와 형성평가

총괄(summative)평가는 프로그램의 궁극적인 성공(ultimate success) 여부, 프로그램의 존속 여부와 대안 프로그램들 중 이 프로그램을 선택할 것인가의 여부 등에 대한 평가에 해당된다. 따라서 총괄평가의 결과는 무엇인가를 결정하거나 종결짓는 의미를 갖게 된다. 즉, 총괄평가에 따른 평가결과가 성공적인가의 여부에 따라 프로그램은 종결될 수도 있고 계속될 수도 있다.

형성(formative)평가의 경우는 프로그램의 진행에 대한 문제점을 평가함으로써 이후에 프로그램 기획과 개발에 필요한 정보를 확인하고자 하는 목적을 가진다. 따라서 형성평가는 프로그램의 성공 여부를 직접적으로 따지기보다는 프로그램을 기획하거나 프로그램을 발전시키고 기능을 높이기 위해 필요한 정보를 얻는 것을 주된 목적으로 한다.

(2) 효과성 평가와 효율성 평가

효과성(effectiveness) 평가는 평가하고자 하는 프로그램이 프로그램의 기획자 혹은 일반 대중이 생각하고 있는 목표를 얼마나 달성했는가를 알아보는 것에 주안점을 두고 있다. 프로그램의 목적달성 정도를 평가하는 것이 효과성 평가이다.

효율성(efficiency) 평가에서는 프로그램의 성과에 대한 평가가 아무리 엄격하게 이루어졌다고 하더라도 프로그램의 목표달성이 합리적인 수준의 비용에서 이루어졌는지를 평가하고자 한다. 얻고자 하는 성과를 얻는 데 있어 프로그램이 얼마나 효율적인가를 평가하기 위해 투입과 산출을 비교평가할 수 있다. 이때 비용최소화와 산출극대화를 평가함으로써 약간 덜 효과적이기는 하지만 효율성이 더 높은 프로그램을 제공하는 것이 좀 더 많은 인간적인 편익을 주는 방법으로 받아들여지고 있다.

(3) 비용효과분석과 비용편익분석

비용효과분석(cost-effectiveness analysis)은 프로그램을 통해 만들어진 결과의 금전적 가치는 고려하지 않고 프로그램에 투입된 금전적 비용대비 성과만 분석하는 것이다. 예를 들어, 수급자를 대상으로 하는 사례관리 프로그램의 비용효과분석을 실시한다고 가정하자. 이때 사례관리 프로그램을 통해 수급자 가구 한 가구를 줄이는 데 드는 비용이 500만 원인 A프로그램에 비해 B프로그램에서는 300만 원이 든다는 사실을 발견하였다면, 이는 비용효과분석을 통해 얻은 결과가 된다.

일반적으로 최소비용기준과 최대효과기준이 비용효과분석의 기준으로 사용되고 있다. 먼저 최소비용기준은 일정한 효과수준을 정해 놓고 이 수준에 도달하는 대안들의 비용을 비교하여 이들 중에서 최소의 비용이 드는 대안을 선택하는 것이다. 그리고 최대효과기준은 비용의 최고한도를 정해 놓고 이 한도를 넘는 대안을 제외한 나머지 대안 중에서 최대의 효과를 제공하는 대안을 선택한다. 만일 동일한 비용을 지닌 대안이 다수이면 이들 중에서 효과가 가장 큰 대안을 선정하게 된다.

특별히 이러한 비용효과분석은 대안이나 프로그램의 산출물을 금전적 가치로 환산하기 어려운 경우, 그 혜택이 불특정 다수에게 광범위하게 부여되어 편익의 계산이 곤란한 경우, 비교하려는 대안들이나 프로그램의 산출물이 동일한 경우 등에 적절히 활용되고 있다.

비용편익분석(cost-benefit analysis)에서는 프로그램의 결과가 미치는 금전적 가치 이외의 여러 가지 사회적 편익(societal benefits)도 고려한 분석이다. 즉, 사례관리 서비스를 받은 사람들의 탈수급은 투입된 비용 이상으로 경제적 생산을 높일 수 있다는 식으로 사회적 편익을 측정함으로써 프로그램의 금전적 가치를 제시하는 형식이다. 또한 비용편익분석에서는 어떤 한 프로그램의 비용 대 편익의 비율을 조사해서 비교 대상인 다른 프로그램의 그것과 비교함으로써 프로그램의 성과가 가지는 화폐가치와 비용을 비교할 수도 있다.

이러한 비용편익분석은 하나의 대안이나 프로그램에 대한 경제적 타당성을 검토하거나, 다수의 대안들이나 프로그램들 가운데 우선순위를 결정해야 할 때 유용한 판단기준을 제공한다.

4) 평가조사의 절차

정무성 · 정진모(2001), 최성재(2005) 등은 평가조사가 다음과 같은 절차를 통해 이루어지고 있음을 밝히고 있다.

(1) 평가목적 및 평가대상의 확인

평가조사의 목적(총괄평가인지 형성평가인지, 효과성 평가인지 효율성 평가인지 등)을 확인하는 단계이다. 그에 따라 평가의 하위요소 또는 항목도 결정하며 평가의 범위도 결정하게 된다. 또한 평가를 위한 비용, 인원, 시간, 평가결과의 이용자 등도 이 단계에서 고려하게 된다.

(2) 평가목표의 확인

구체적인 평가목표를 확인하는 단계이다. 프로그램 평가의 핵심은 프로그램의 목표에 대한 실제적 달성 정도를 측정하는 것이므로 프로그램의 목표를 명확히 하는 것이 무엇보다도 중요하다. 따라서 평가목표는 명확하고 구체적이어야 하며 측정 가능하도록 설정되어야 한다. 이를 위해 평가자와 프로그램 관련자들이 같이 토의하여 목표를 확실히 설정하는 것이 바람직하다. 더불어 평가조사를 위해 필요한 목표는 다음과 같은 조건들이 필요하다.

- 목표는 클라이언트나 지역사회와 주민들의 복지를 향상시키는 것이라야 한다.
- 목표는 계획할 수 있는 구체적 행동이나 활동으로 표현할 수 있어야 한다.
- 목표를 어느 정도(질, 양, 빈도)로 성취해야 하는지 기준을 설정할 수 있어야 한다.
- 성취해야 할 상태/조건이 어떠한 상황 또는 환경적 조건하에서 발생해야 하는가를 규정할 필요가 있다.

목표설정의 예①: 2022년 12월 31일까지 일상생활 수행능력 향상 프로그램에 참여한 치매 노인의 70%가 혼자 힘으로 목욕이 가능하다.
목표설정의 예②: 발달장애인 직업재활 활성화 프로그램을 통해 연 20명의 신규훈련생을 모집하고 50%를 취업시킨다.

(3) 평가설계 수립

평가를 위해 적절한 조사설계 형태를 선택하여 결정하는 단계이다. 필요한 자료를 정확하게 수집, 분석, 비교할 수 있는 방법을 선정하게 된다.

(4) 이용 가능한 자료 및 평가도구의 선택

어떤 자료들을 이용하여 평가가 가능한지, 그리고 기존의 측정도구 활용가능성 내지는 새로운 측정도구의 개발 필요성을 검토하는 단계이다.

(5) 평가자료의 수집

실제로 평가조사를 위한 자료를 수집하는 단계이다. 적합한 측정도구를 사용하여 평가를 실제로 수행하는 단계를 말한다.

(6) 평가결과의 분석 및 해석

통계프로그램을 활용하여 수집된 자료가 의미하는 바를 제대로 분석하는 단계이다. 수집된 자료가 조사의 목적에 비추어 어떤 의미가 있는지를 잘 해석할 수 있어야 한다.

(7) 평가결과의 보고 및 실제적 이용

평가결과를 분석한 것을 정리 및 요약하여 일정한 형식을 갖추어 보고서를 작성하게 된다. 평가결과는 사회복지조직 및 프로그램이 사회적으로 필요함을 확인하는 차원에서 실제적으로 이용되어야 한다.

5) 사회복지실천과 평가조사의 활용

이봉주 · 김기덕(2019)은 다음과 같은 네 가지 측면에서 사회복지실천현장에서 평가조사가 어떻게 활용되고 있는지 설명하고 있다.

(1) 책무성 확인의 측면

사회복지실천현장에서 필요로 하는 요소에 자원이 적절히 투입되었는지를 확인하기 위해 평가조사가 필요하다. 중복투입과 낭비 없이 제한된 인적 · 물적 자원 속에서 사람들이 직면한 문제를 해결하고 충족되지 못한 욕구를 충족하기 위해서는 평가조사를 통해 자원이 필요한 곳에 적절히 투입되었는지 여부를 확인하는 일이 필요하다.

(2) 모니터링 측면

계획한 대로 프로그램이 서비스를 제공하고 있는지를 확인하는 일에 평가조사는 활용될 수 있다. 부실한 욕구조사나 프로그램 기획으로 인해 계획대로 서비스가 진행되지 못할 수도 있기 때문에 평가조사를 통해 프로그램을 모니터링할 수 있다.

(3) 서비스 우선순위 결정의 측면

가장 필요한 서비스와 프로그램을 선택하는 일에 평가조사가 활용될 수 있다. 즉, 평가조사를 통해 제한된 자원 속에서 필요한 프로그램이나 서비스의 우선순위를 결정하는 것이 가능하다. 평가조사에서는 여러 대안들을 과학적으로 비교분석하여 사회적으로 어떤 프로그램과 서비스가 우선적으로 선택되어야 할지를 정책적으로 판단할 수 있는 근거를 제시하는 기능을 하게 된다.

(4) 서비스 관리 측면

평가조사는 사회복지서비스의 질을 유지하고 향상시키는 데 필요한 정보를 제공한다. 또한 평가조사는 지속적으로 프로그램의 질을 유지하는 데 유익하며, 나아가 서비스의 질 향상에도 초점을 두고 있다. 따라서 평가조사는 사회복지실천현장에서 서비스 관리 측면에도 활용될 수 있다.

PART 04

자료의 수집 및 분석

Social Welfare

12 자료수집방법

이 장에서는 연구에 필요한 자료를 수집하는 방법을 설문조사, 관찰, 비개입적 방법으로 나누어 살펴본다. 먼저 모든 응답자들에게 동일한 형식으로 질문함으로써 측정오차를 최소화한 설문조사가 있다. 또한 연구자가 직접 관찰대상을 계획적으로 관찰해서 분석하는 연구방법인 관찰연구가 있다. 이 관찰연구는 통제 여부에 따라 통제적 관찰과 비통제적 관찰로 구분되며, 연구자의 참여 여부에 따라 참여관찰과 비참여관찰로 구분된다. 그리고 기존 자료를 분석하기 위한 비개입적 조사방법으로는 내용분석(content analysis)과 이차자료분석(secondary data analysis)이 있다.

1. 설문조사

설문지 또는 질문지(questionnaire)는 연구문제에 대한 답을 얻기 위해 만든 일련의 문항들을 체계적으로 조직하여 작성한 조사도구로서 조사대상자가 가지고 있는 객관적인 사실과 이들의 의견, 태도, 인식 등을 파악할 수 있다. 양적조사의 대부분은 설문조사를 통해 자료가 수집되는 만큼 설문지를 어떻게 작성하느냐는 측정의 신뢰도와 타당도에 중요한 영향을 미치는 요소이다(김구, 2020; 이종승, 2013).

1) 설문지 작성의 일반적 고려사항

설문문항의 내용을 명확히 하기 위해 조사연구자는 설문조사를 통해 무엇을 조사하고, 그러한 내용을 누구로부터 얻어내고자 하는지를 분명히 하여야 한다. 또한 연구목적과 조사대상자의 성격에 적합한 설문지 형식을 선택하여야 한다. 즉, 어느 한 가지 형식에 집착할 것이 아니라 몇 가지 형식을 혼용하거나 적절한 방법으로 변형시켜 설문지를 구성할 수 있다.

설문지를 구성할 때 조사자는 질문에 응답할 조사연구대상자들의 입장을 충분히 고려하면서 다음과 같은 사항을 염두에 두어야 한다(이종승, 2013).

(1) 질문은 간단명료해야 한다.

질문 내용이 복잡해 응답자가 설문지 질문 내용이나 질문 의도를 파악하지 못할 수도 있다. 그럴 경우 응답자들은 무응답을 결정하기 쉽기 때문에 질문의 단어 사용이나 표현이 최대한 간단명료해야 한다.

(2) 질문의 수를 최소화하여야 한다.

설문지 속에 너무 많은 질문 문항이 들어 있다면 응답자는 시간적 · 심리적 부담을 느껴 응답을 포기하거나 불성실한 응답을 할 수도 있다. 따라서 꼭 필요한 내용 위주로 간단한 질문이 이루어지도록 해야 한다.

(3) 응답률을 최대한 높일 수 있는 질문이어야 한다.

성의 있는 응답이 나올 수 있도록 응답자들이 불편한 마음이 드는 질문이나 감정에 손상을 입는 질문은 피하여야 한다.

(4) 문항배열과 글자체 및 글자 크기 결정도 신중해야 한다.

응답자를 위한 배려로 쉬운 질문, 일반적인 질문을 앞부분에 위치시키는 등 문항배열에도 주의를 기울여야 한다. 또한 연령이나 교육수준 등을 고려하여 글자 크기에도 신중을 기하여야 한다.

(5) 사전조사가 필요하다.

질문지를 인쇄해서 조사에 들어가기 전 설문문항의 적절성을 평가하기 위한 사전조사가 필요하다. 일부 응답자들을 대상으로 한 사전조사결과 난해한 표현이나 부적절한 문구는 없는지 파악해서 질문지 내용을 수정, 편집한 이후 본 조사에 들어가면 응답률과 연구결과의 타당도도 높일 수 있을 것이다.

2) 설문조사의 종류

우편조사, 개인면접, 인터넷을 통한 온라인 조사 등 다양한 경로를 통해 설문지를 이용한 자료수집이 가능하다(김병섭, 2010).

(1) 우편조사

우편조사는 우편을 통해 조사대상자들에게 설문지를 보내고 응답자는 동봉한 봉투에 응답한 설문지를 넣어 조사자에게 다시 우편으로 보내는 방법을 말한다.

우편조사의 경우 조사자가 옆에서 응답자의 이해를 거들 수 없기 때문에 설문지는 간결하고 요점이 명확해야 한다. 우편조사는 우편비, 인쇄비 등 적은 비용으로 광범위한 조사대상자에게서 자료를 수집할 수 있다는 장점이 있다. 하지만 조사대상자의 입장에서는 설문조사에 응답한 다음 우편을 이용해 다시 회송한다는 번거로움 때문에 응답률이 낮은 단점이 있다. 또한 이해하기 어려운 설문문항이 있더라도 조사자에게 묻거나 확인할 수 없기 때문에 조사 결과가 왜곡되거나 무응답 처리되는 경우가 발생할 수도 있다.

한편 이러한 문제를 최소화하기 위해 조사 내용에 관심이 높은 응답자들만 설문조사지를 작성해서 회신하도록 하는 경우도 있는데, 이로 인해 표본의 대표성이 낮아지는 체계적인 오류가 발생할 수 있다.

(2) 전화조사

유무선 방식의 전화조사는 우편조사와 더불어 가장 일반적이고 선호되는 자료수집방법 중 하나이다. 전화조사의 경우 특정 지역이나 특정 집단의 한계를 넘어 비용과 시간 면에서 경제적으로 자료를 수집할 수 있는 장점이 있다. 또한 전화조사에서는 우편조사에서 불가능했던 응답자에 대한 추가적인 질문이나 설문지 문항 이외의 보완이 가능한 장점도 있다. 하지만 전화조사를 할 때 표본이 어느 정도 전체 모집단을 대표할 수 있는지는 중요한 문제이다. 즉, 전화통화를 통한 설문조사에 응해주는 사람과 그렇지 않은 사람들 사이의 차이가 모집단 평균을 얼마나 반영할 수 있을지가 전화조사의 중요한 관건이 된다. 이에 따라 임의번호걸기(random digit dialing) 등의 방식으로 표본조사의 한계를 극복하고자 한다.

또한 전화조사의 경우 조사원이 전화를 건 시간이 응답자들이 통화 가능한 시간대인지도 고려해야 하며, 통화시간이 너무 길면 중간에 끊는 경우도 발생하므로 조사의 응답률을 높이기 위해서는 사전에 질문의 항목 수와 질문 내용까지도 고려한 조사설계가 이루어져야 한다. 이에 따라 집 전화를 이용한 전화조사의 경우, 조사대상자의 연령, 지역, 성별 등에 일정한 가중치를 둔 시간균형 할당표집 등과 같은 방식을 사용할 수 있다.

(3) 웹 서베이(온라인 설문조사)

인터넷의 폭넓은 이용은 전통적인 우편조사나 전화조사를 대체할 수 있는 대안적 설문조사방법으로 인식되고 있다. SNS나 인터넷을 통한 웹 서베이는 종이에 인쇄한 설문지를 사용하거나 전화를 통한 서베이에 비해 비용면에서 경제적이며 간단한 질문수정이나 실시간 자료수집 및 분석 등이 가능하다는 장점이 있다. 〈그림 12-1〉은 설문조사를 무료로 제공하는 전용사이트 중 하나이다.

하지만 웹 서베이 사용에 영향을 미칠 수 있는 지역, 연령, 학력, 건강수준, 인종, 성 등과 같은 인구사회학적 요인들로 인해 표본추출과정의 오류가 발생할 수 도 있다. 웹 서베이가 가지고 있는 또 다른 문제는 실제 응답자와 대리응답자를 분간하기 어렵기 때문에 조사연구자가 웹 서베이의 응답상황을 통제하기 어렵다는 점이다.

또한 서베이 주제나 질문이 의료기록, 양심과 사상, 표현의 자유 등 개인의 사생활이나 인권에 민감한 경우, 인터넷 상황과 이메일을 통한 응답이 보안에 취약한 문제가 발생할 수도 있다. 따라서 조사대상자들이 느끼는 보안문제는 웹 서베이가 전화조사나 우편조사에 비해 효율적이지만 응답자들의 무응답률을 높이는 이유가 되기도 한다.

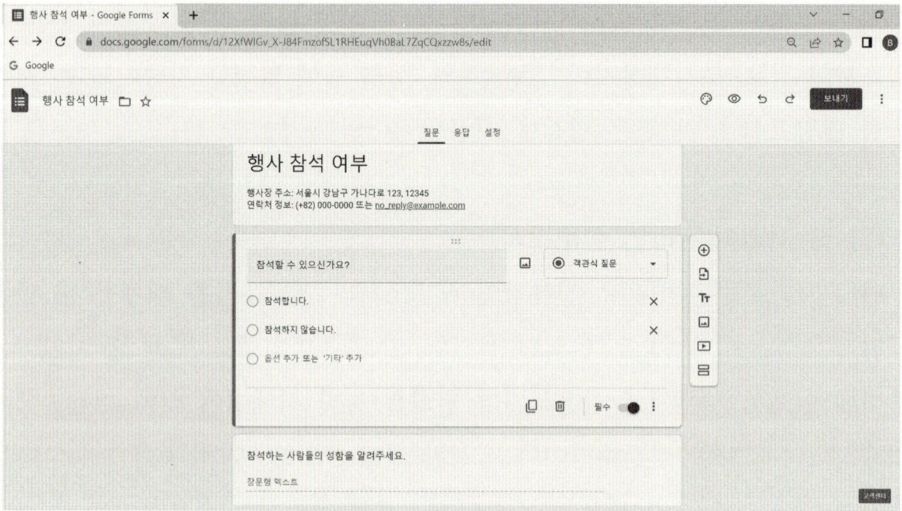

그림 12-1 웹 서베이 사이트의 예

3) 설문조사의 장단점

설문조사는 다음과 같은 장점과 단점이 있다. 따라서 연구자는 연구목적과 연구질문에 따라 다양한 설문조사방법을 숙지하고 각각의 설문조사방법이 가지고 있는 장점과 단점의 균형을 맞추기 위한 노력을 기울여야 한다(Rubin & Babbie, 2016).

첫째, 설문조사는 대규모 모집단의 특성을 기술하는 데 유용하다. 따라서 설문조사를 통해 얻은 자료는 일반화의 장점이 있다. 하지만 횡단적 연구의 경우 인과관계를 설명하는 데 한계가 있으며 내적타당도 저해 요인의 작용을 설문조사에서 통제하기 어려운 점 등은 단점이 되고 있다.

둘째, 설문조사에서는 한 연구주제와 관련된 다양한 질문이 가능한 장점이 있다. 즉, 설문조사를 통해 주요 연구변수 여러 개에 대한 자료를 동시에 얻을 수 있으며 자료수집 후 여러 변수를 동시에 분석할 수 있도록 만들어 준다. 하지만 설문조사는 많은 경우 복잡한 주제를 다루는 데 너무 피상적이라는 한계가 있다. 간단명료하게 최소한의 질문만 할 수 있기 때문에 포괄적으로 적절한 질문을 할 수 없는 단점이 있다.

셋째, 설문조사는 설문지를 모든 대상에게 동일한 질문으로 묻고 동일한 의도를 표현해야 하기 때문에 표준화된 질문이 가능하다는 특징을 가지고 있다. 하지만 이러한 설문지의 특성이 충분한 정보를 얻는 데는 한계로 작용하기도 한다. 즉, 응답자가 처한 맥락적 상황을 거의 다룰 수 없다는 한계가 있으며, 설문조사 문항이 다분히 연구자의 의도와 필요성에 따라 인위적일 수 있는 한계 역시 내포하고 있다.

2. 관찰

1) 관찰의 의의

관찰(observation)은 연구에 필요한 자료의 출처가 되는 조사대상의 특성, 언어적 · 비언어적 행위 등을 조사자의 감각기관을 통해서 필요한 자료를 수집하는 방법을 말한다. 따라서 관찰은 관찰자가 자료를 산출해 낸다는 점에서 응답자가 자료제공의 원천이 되는 질문지법과 구별되는 특징이 있다. 또한 관찰은 면접법이나 설문지법 등 다른 방법에 의해 얻은 자료의 분석결과를 해석하는 데 유용한 부가자료를 수집하거나 연구의 초기 단계에서 탐색적 목적으로 활용되기도 한다(김렬, 2013).

2) 관찰의 종류

관찰은 연구자와 관찰대상자의 연구 관련 및 연구 통제의 수준에 따라 다음과 같이 구분할 수 있다(김구, 2020).

(1) 공개적 관찰과 비공개적 관찰

관찰대상자들이 자신이 관찰되고 있다는 사실을 인지하는지 여부에 따라 공개 또는 비공개관찰로 구분할 수 있다.

(2) 참여관찰과 비참여관찰

조사연구자가 관찰대상자들 속에 들어가 그들의 활동에 직접 참여하는지의 여부를 통해 참여관찰과 비참여관찰로 구분할 수 있다.

(3) 통제관찰과 비통제관찰

관찰을 사전에 얼마나 계획한 대로 진행하느냐에 따라 통제관찰과 비통제관찰로 구분할 수 있다. 즉, 사전에 관찰 내용과 방법, 시기 등을 계획하였고 절차에 따라 관찰을 진행하였다면 통제관찰이고, 그렇지 않다면 비통제관찰에 해당된다.

3) 관찰의 절차

관찰은 대개 다음과 같은 순서에 따라 조직적으로 이루어진다(김렬, 2013).

(1) 관찰계획을 수립한다.

연구의 목적이 무엇이고, 그 연구목적을 달성하기 위해 필요한 자료는 무엇이며, 그 자료를 수집하기 위해 무엇을 관찰할 것인지 등에 대해 면밀히 계획하는 것이 첫 번째 단계이다.

(2) 관찰내용과 단위를 결정한다.

관찰을 통해 얻고자 하는 내용을 분명히 하고 관찰항목을 정해야 한다. 그리고 얻고자 하는 자료는 상황, 장소, 시간 등 어떤 단위의 관찰을 통해 얻게 되는지 관찰단위도 결정해야 한다.

(3) 관찰표 및 지침을 작성한다.

결정된 관찰내용 및 관찰단위를 바탕으로 한 관찰표를 만들고, 실제 관찰에 적용하기 위한 지침을 마련해야 한다.

(4) 관찰자를 선정하고 이들을 훈련시킨다.

관찰에 있어서 관찰자의 역할은 대단히 중요하다. 따라서 연구목적, 관찰내용, 관찰대상자 등에 대한 이해 및 관찰기술에 대한 훈련이 이 단계에서 이루어진다.

(5) 관찰의 실제 수행 및 관찰의 기록단계이다.

이 단계에서 실제 관찰이 이루어지고 관찰내용을 기록하는 활동을 하게 된다. 이때 관찰자는 관찰대상의 생활에 피해를 주지 않도록 주의하여야 하며 관찰목적을 충분히 달성할 수 있도록 노력하게 된다. 또한 관찰내용을 '언어적'으로 기록하기 위해 실제 관찰되고 있는 사건, 행동, 현상 등을 이야기식 기록이나 현장노트의 형식으로 기록하게 된다. 그리고 '비언어적' 자료는 체크리

스트 또는 평정척도에 기록하게 된다.

(6) 자료의 점검 및 정리단계이다.

관찰을 통해 얻게 된 자료의 점검, 정리, 요약하는 작업이 이루어지는 단계이다. 이때 구조화된 자료는 평균, 빈도 등으로 수량화시키고, 범주화시킬 수 있는 자료는 요약, 정리과정을 통해 유형화, 범주화시키게 된다.

4) 관찰의 장단점

(1) 관찰의 장점

① 관찰은 조사하려는 사회적 행위를 현장에서 직접 그리고 즉시 포착하여 자료를 수집할 수 있다.

② 설문조사나 면접의 경우, 응답자의 지적능력, 신체적 능력, 인지능력 등이 필요한 자료를 얻는 데 제한적으로 작용할 수 있다. 하지만 관찰은 문자해독능력이 없거나 표현능력이 떨어지는 대상자로부터도 자료수집이 가능하다.

③ 면접의 경우 조사대상자가 면접을 거부하거나 비협조적일 때 자료수집이 불가능한 문제가 있다. 또한 설문조사의 경우에도 응답자의 태도나 자세로 인해 자료의 질에 영향을 미칠 수 있다. 하지만 관찰은 면접법이나 질문지법에 비해 관찰 가능한 대상 및 수준에서 관찰이 이루어지기 때문에 자료수집의 오류를 상대적으로 줄일 수 있다.

④ 조사대상자의 일상적이면서 무의식적인 부분도 관찰 가능하기 때문에 관찰대상자의 말과 행동에 영향을 덜 미치는 조사가 가능하다.

(2) 관찰의 단점

① 조사대상자로부터 자료를 얻는 데 시간과 장소의 제약이 따른다. 즉, 관찰이 가능한 시간과 장소에서만 관찰을 할 수 있는 단점이 있다.

② 사람들은 자신이나 자신이 속한 집단을 좋게 보이도록 말하거나 행동하는 경향이 있다. 그래서 자신들이 관찰당하고 있다는 것을 알게 되면 연구대상자들은 말과 행동에 영향을 받을 수 있다. 그렇게 되면 수집한 정보가 측정하려는 개념을 잘못 측정하는 오류가 발생하게 된다.

③ 모든 것을 한꺼번에 관찰할 수 없기 때문에 보이는 것만을 가지고 전체를 평가하기 쉬운 오류를 범할 수 있다.

④ 관찰자의 주관적 편견은 관찰한 내용에 대한 해석에 있어서 신뢰도와 객관성을 저해하는 요인이 되기도 한다.

⑤ 자살행동, 마약투약, 성행동 등 직접 관찰이 거의 불가능하거나 어려운 연구주제 및 대상에 대해서는 자료수집이 힘든 문제가 있다.

⑥ 연구윤리차원에서 조사대상자의 익명성 확보가 곤란한 문제로 인해 관찰대상자의 인권이나 비밀보호 등의 문제가 발생할 수 있다.

⑦ 관찰이 이루어지는 현장에서 조사대상자에게 영향을 미칠 수 있는 여러 가지 요인들을 통제하기 힘든 경우가 많다. 그에 따라 원래 얻고자 한 자료가 왜곡되거나 의미가 달라지는 경우도 발생한다.

3. 내용분석

1) 내용분석의 개념 및 특징

(1) 내용분석의 개념

류청한(2014)은 국내 장애아 가족지원관련 학회지에 발표된 논문 39편을 대상으로 논문에서 강조하고 있는 '가족중심실천'의 개념이 구체적으로 무엇인지를 파악하고자 하였다. 분석결과, '가족중심실천'에서 강조되고 있는 점은 관심단위로서의 가족, 가족강점, 개별화된 가족서비스 등인 것으로 나타났다.

또한 이현서(2014)는 '문화복지'에 대한 연구를 한 학술지 논문 47편의 내용분석을 통해 '문화복지'라는 용어가 개념 정의되는 방식을 내용분석하였다. 분석결과, 연구자들은 첫째, 사회복지에 대한 개념을 협의적 또는 광의적으로 규정하는지에 따라, 둘째, 문화복지의 목적이 문화민주주의(cultural democracy)인지 아니면 문화의 민주화(democratization of culture)인지에 따라, 셋째, 문화복지의 대상을 소외계층으로 할지 아니면 국민 전체로 할 것인지에 따라 문화복지를 다르게 개념 정의하는 것으로 나타났다.

이처럼 내용분석은 언어나 문자로 표현된 서적, 논문, 신문, 문서, 영화, 방송, 소설, 연설문 등을 대상으로 그 내용적 특징을 체계적, 객관적, 계량적으로 분석하여 추론을 이끌어내는 연구방법을 말한다(김구, 2020; 김렬, 2013; 이종승, 2013). 이 연구방법은 원래 저널리즘 연구자들에 의해 대중매체에 대한 연구로 시작되었지만 현재는 다양한 인문 · 사회과학 분야에서 활발히 적용되고 있다. 최근에는 컴퓨터 프로그램의 도움으로 문헌자료의 양적분석에서도 내용분석이 많이 이용되고 있다.

(2) 내용분석의 특징

① 내용분석은 겉으로 분명하게 드러난 내용뿐만 아니라 메시지 내부에 숨어 있는 내용에 대해서도 분석이 이루어질 수 있다.

② 내용분석에서는 사용되는 기준과 절차 등이 객관적이어야 한다. 따라서 다른 연구자가 그 기준과 절차를 통해 반복연구를 할 때 같은 결과를 얻을 수 있어야 한다. 또한 분석내용은 명백하고 일관성 있게 적용되는 규칙에 따라 선택하는 등의 체계성을 가지고 있어야 한다.

③ 내용분석의 대상은 양적 · 질적자료 모두를 포함한다. 특히 내용분석은 필요한 자료를 질문지나 검사 혹은 관찰과 같은 다른 연구방법을 통해서 얻기 어려운 상황에서 유용하게 사용할 수 있다. 예컨대 '일제강점기 조선 기독교의 사회적 참여'와 같은 주제의 역사적 고찰을 한다든지, 스티브 잡스나 넬슨 만델라 등과 같이 이미 사망했거나 접근하기 힘든 인물에 대한 연구 및 이명박 정부의 빈곤정책, 연금정책 등 사회복지정책의 내용에 관한 평가연구를 할 때 많이 이용하는 방법이다.

2) 내용분석의 단위와 범주

(1) 내용분석을 위한 분석단위

내용분석을 위해 부호화(coding) 또는 기록화(recording)가 이루어지는 주요 구성요소를 가리켜 분석단위라고 하며 다음과 같은 것들이 내용분석의 기록단위가 될 수 있다(김구, 2020). 먼저 단어 혹은 용어는 가장 작은 단위의 내용분석 단위에 해당된다. 특정 단어 혹은 용어는 내용분석을 위해 빈도와 더불어 사용된다. 학업스트레스와 청소년의 자살생각, 노년기 자원봉사활동의 동기, 보육예산 지출구조 개선 등과 같은 주제는 내용분석을 위해 연구자가 자료를 수집하고 분석하려는 내용에 해당된다. 여론조사에서 면접을 받는 특정한 개인들은 분석단위로서의 인물에 해당된다. 또한 등장하는 사람의 수 역시 내용분석의 단위가 될 수 있다. 신문사설이나 방송 프로그램의 경우 지면 및 회수가 분석단위가 될 수 있다. 그 밖에도 개념, 문단, 의미 등도 내용분석의 단위가 될 수 있다.

(2) 내용분석의 범주

내용분석을 위해 언어나 문자로 표현된 분석 대상을 범주화하는 과정이 필요하며 이는 양적연구의 변수와 유사한 개념이다. 즉, 내용분석의 분석범주(category)란 연구대상의 어떤 속성을 분석하는가에 대한 체계적 접근을 말한다. 예를 들어, 시를 분석하는 경우 시의 주제, 시의 유형, 시의 운율 등이 분석범주가 될 수 있다.

내용분석을 위한 범주는 연구목적과 주제를 적절하게 반영하여야 하고, 총망라적이면서 상호배타적이어야 한다. 따라서 분석하려는 내용의 항목이 하나도 빠짐없이 모두 범주 속에 포함되도록 하여야 한다. 즉, 어떤 요소든지 어느 하나의 범주에는 반드시 해당되어야 한다. 또한 한 가지 내용 항목이 다른 범주에 중복 분류되지 않도록 해야 한다. 김구(2020), 김렬(2013), 이종승(2013)은 다음과 같은 다양한 범주들이 내용분석의 범주가 될 수 있음을 밝히고 있다.

① 주제: 의사전달의 주된 내용이 무엇인가를 범주화하는 것이다. 예를 들어, 사회복지학 교과서에 나타난 역량(competency)개념, 인권감수성, 편견과 차별, 양성평등 등을 주제 범주로 설정할 수 있다. 그리고 대통령의 연설문에 나타난 성장과 분배, 지역개발, 양극화, 복지사각지대 등의 주제도 내용분석을 위한 범주로 사용할 수 있다.

② 방향: 방향은 주제에 대해서 가지는 성향을 말한다. 즉, 특정 주제에 대한 태도, 선호, 가치 등을 알아보는 식이다.

③ 기준: 특정 주제에 대한 태도, 선호, 가치가 어떠한 근거나 기준을 가지고 있는지에 대한 평가이다. 즉, 무엇에 기준을 두고 찬반 또는 강약을 말하고 있는가를 살펴보는 것이다.

④ 가치: 기준과 더불어 이 범주에서는 사람들이 궁극적으로 원하는 것이 무엇인지, 무엇을 추구하는지를 분석하는 것이다.

⑤ 속성 또는 특징: 속성 또는 특징(trait)은 의사전달 내용에 등장하는 인물, 제도, 정책의 특성을 알아보고자 하는 범주이다. 따라서 공무원연금제도의 개선과 같은 특정 정책의 논의과정에서 다양한 참여자들의 특성을 파악하는 경우를 들 수 있다.

⑥ 대상 또는 표적: 대상 또는 표적(target)은 의사전달이 누구를 향하고 있는가를 분석하는 것이다.

⑦ 강도: 의사전달이 가지고 있는 힘 또는 관심을 끌게 하는 흥미 정도에 대한 분석도 가능하다. 즉, 신문지상에 표현된 활자 크기나 차지하는 지면의 양으로 해당 주제가 어느 정도 사회적 강도를 가지고 있는지를 평가하는 식이다.

3) 내용분석의 절차

언어, 문자 등의 질적인 내용을 빈도, 강도 등과 같은 양적자료로 전환하는 관찰양식으로서 내용분석은 과학적 조사연구의 일반적인 과정과 마찬가지로 다음과 같은 절차로 진행하게 된다(김구, 2020; 김렬, 2013; 이종승, 2013).

(1) 연구문제의 형성

먼저 내용분석을 통해 연구하기에 적절한 연구문제를 선정해야 한다. 관련된 기존 문헌을 검토하여 내용분석의 특징을 잘 살릴 수 있는 연구문제를 선정할 필요가 있다. 즉, 내용분석에 의해 검정이 가능한 가설과 연구모형을 기존연구의 결과를 통해 설정하게 된다.

(2) 분석 대상의 확정

연구문제가 형성되면 분석 대상이 되는 자료의 종류와 범위에 대한 명확한 규정이 필요하다. 즉, 내용분석의 모집단에 해당되는 문헌이나 기록의 종류와 범위를 명확히 규정하여야 내용분석을 위한 표본추출이 용이해진다. 예를 들어, 복지사각지대에 관한 신문기사 내용을 분석하고자 하는 경우 분석 대상이 되는 신문의 종류와 기간 등을 구체적으로 정해야 한다.

모집단이 정해지고 나면 이러한 모집단을 가장 잘 대표할 수 있는 표본을 추출하게 된다. 표본추출을 위한 표집방법에 대한 설명은 12장에서 찾을 수 있는데, 내용분석을 위한 표본추출도 일반 표본조사에서의 표집원리와 절차를 그대로 적용하게 되며 표집단위를 정하는 것이 내용분석을 위한 표본추출의 핵심이 된다.

일반적으로 표본조사에서 표본추출단위가 개인, 집단, 기관, 지역 등으로 구분되는 것과 같이 내용분석에서도 표본추출단위는 특정한 문서, 기사, 주제 등이 해당된다. 그리고 일반적인 내용분석에서도 표본추출방법을 적용할 수 있다. 예를 들어, 연구자는 지역사회보장협의체 회의록, 정신건강심판위원회 회의록 등에서 무작위로 표본을 뽑거나 체계적인 방법을 사용해 표본을 추출할 수도 있다. 또한 복지사각지대에 관한 신문기사 내용을 분석하고자 하는 경우 층화 표본추출을 적용하여 표본을 추출할 수도 있다. 즉, 모든 신문을 발행부수, 평균 구독자 수에 따라 일차 분류한다. 그 다음으로 분석을 위해 층화 무작위방법으로 표본을 뽑는다. 그 다음 단계로 표본으로 뽑힌 신문에서 기간순으로 층화해 사설 표본을 뽑아 내용분석을 시도할 수 있을 것이다.

(3) 분석범주의 설정

내용을 분류하는 틀, 즉 분석내용의 범주를 앞서 살펴본 주제, 방향, 기준, 가치, 표적, 강도 등 다양한 측면에서 설정할 수 있다. 분석내용의 범주화는 연역적 방식을 적용해서 어떤 이론적 근거로부터 설정할 수도 있고, 실제 자료의 관찰을 통해 귀납적으로 형성할 수도 있다.

(4) 분석단위의 결정

분석범주가 설정되면 연구자가 분석 대상의 속성에 관한 자료를 수집하고 분석하려는 사람이나 사물에 해당되는 분석의 단위를 결정하게 된다. 내용분석에서 주로 사용되는 분석단위는 단어, 인물, 논문, 서적, 방송 프로그램, 문장, 지면, 횟수, 길이 등이다. 그리고 시간적 · 공간적으로 차지한 양도 분석단위가 될 수 있는데, 드라마와 같은 방송 프로그램에 여과 없이 노출된 음주와 흡연모습의 경우 방송된 시간의 양으로 분석하는 것이 여기에 속한다.

(5) 자료의 수량화

분석범주와 분석단위가 결정되면 그 자료를 수량화하여 집계하는 방법을 결정하여야 한다. 질적인 자료를 객관적이고 체계적으로 분석하는 것이 내용분석이기 때문에 내용을 분석한 결과는 수량화하게 된다. 이때 가장 흔히 사용되는 방법은 빈도분석으로써 빈도를 통해 연구자가 찾고자 하는 특성을 발견하게 된다. 또한 태도나 가치에 관한 내용은 그 강도를 수량화하게 되며 알아보고자 하는 내용이 시간 또는 공간과 관련된 경우에는 그 정도를 수량화하는 방식을 통해 측정이 이루어진다.

(6) 자료의 분석

수량화된 자료를 연구목적에 맞게 정리 · 분류 · 배열 · 종합하는 과정을 거친 다음, 연구의 초기 단계에서 수립한 가설과 기존 이론에 결부시켜 자료를 해석하게 된다. 그리고 최종적으로 이러한 전체 과정 및 논의된 내용을 최종 보고서로 작성함으로써 내용분석을 종료하게 된다.

4) 내용분석의 장단점

(1) 내용분석의 장점

① 시간과 비용 측면의 경제성이다. 연구주제의 답을 찾기 위한 분석자료를 직접 만들 필요 없이 기존의 자료들을 활용한다는 측면에서 내용분석은 시간과 비용면에서 경제적이다.

② 기존 자료를 분석한다는 점에서 연구방향이나 절차상의 오류를 발견했을 때 쉽게 수정할 수 있고 소급할 수 있다는 장점이 있다.

③ 이미 존재하고 있는 자료나 기록물을 대상으로 이루어지는 연구이기 때문에 연구대상자로부터 발생하는 오류, 편견, 윤리적 고려 등에서 상대적으로 자유롭다는 장점이 있다.

(2) 내용분석의 단점

① 자료의 제한성이다. 내용분석은 기존의 기록된 내용만을 대상으로 한다는 점에서 분명 자료의 한계가 있다.

② 내용분석의 범주가 연구주제나 연구목적에 어느 정도 부합하느냐 하는 문제는 연구의 타당성에 직결되는 부분이다. 하지만 그 중요성에 비해 객관적으로 내용분석의 범주에 대한 타당성을 확인할 수 있는 방법이 부족한 한계가 있다.

③ 동일한 분석범주를 가지고 동일한 자료를 분석했을 때 연구자들 사이에 동일한 연구결과가 나올 수 있는지와 함께 관련된 연구의 신뢰성을 확보

하는 어려움도 있다.

4. 이차자료분석

1) 이차자료분석의 개념과 특성

(1) 이차자료분석의 개념

일차자료(primary data)가 해당 연구목적에 맞게 연구자가 직접 수집한 자료라면 이차자료(secondary data)는 당면한 조사목적이 아닌 다른 연구목적을 위하여 이전에 수집된 자료 가운데 해당 조사목적에 직 · 간접적으로 활용될 수 있는 기존의 모든 자료를 말한다(이군희, 2008; 채서일, 2016; 한국청소년정책연구원, 2007; Rubin & Babbie, 2016). 이러한 이차자료에는 다른 개인 연구자나 정부기관, 각종 조사연구기관의 간행물과 보고서, 학술지 발표 논문의 자료 등이 속한다. 특히 컴퓨터와 인터넷의 발달로 인해 접근과 이용에 제한이 없는 공적인 영역에서 이차자료들이 무한정 공개되어 있는 실정이다. 이에 따라 연구목적에 부합되는 이차자료를 활용하는 것은 시간적, 경제적 차원에서 그 유용성이 점점 더 높아지고 있다.

(2) 이차자료분석의 특성

이차자료는 시간적, 경제적 차원에서 그 유용성이 높지만 이차자료를 수집 · 활용 · 분석할 때는 다음과 같은 사항들의 고려가 필요하다(이군희, 2008; 채서일, 2016).

① 일차자료를 필요로 했었던 원 연구의 목적과 비교할 때 이번 연구에 이차자료로 활용될 일차자료가 조사목적에 얼마나 적합한지 검토하여야 한다. 일차자료가 원 연구에만 유용한 특수한 목적을 지닌 자료는 아닌지 검토함으로써 현재 진행 중인 조사목적과 부합하지 않는다면 이차자료로서의 기능을 할 수 없게 된다.

② 자료의 수집, 코딩, 분석 등의 과정을 거치면서 원래 자료가 손상되거나 왜곡될 가능성은 없었는지를 검토하여야 한다. 또한 수집된 자료에서 주요 변수들이 제대로 정의되었는지, 추출된 표본이 새로 조사하려는 연구에서 집단을 대표할 수 있는지 등과 관련된 자료의 정확성은 해당 자료의 신뢰성과 조사결과의 일반화 정도에도 영향을 미치게 된다.

③ 일차자료 구성 시 측정변수들이 어떻게 정의되고 있으며, 어떤 측정도구를 사용하여 측정되었는지도 파악하여야 한다. 또한 측정단위는 무엇이었는지도 확인하여야 한다. 일차자료와 이차자료의 측정단위가 다르다면 이차자료에서는 데이터 변환 등의 과정을 거쳐 조사목적에 부합되도록 사용하는 노력을 따로 기울여야 할 것이다.

2) 이차자료의 종류

자료의 원천에 따라 이차자료는 크게 내부자료와 외부자료의 두 가지 형태로 분류할 수 있다.

(1) 내부자료

기본적으로 내부자료는 연구가 진행되는 조직이나 기관에서 만들어진 자료를 의미한다. 대부분의 조직은 조직 내부의 필요에 의해서 지속적으로 자료를 수집 · 축적하는 경향이 있는데 이러한 자료를 이차자료로 사용할 수 있다.

(2) 외부자료

외부자료는 타 조직이나 기관에서 만들어지는 자료로서 국책연구소, 대학연구소, 정부기관 등 외부 발행자료, 인터넷을 통해 접속 가능한 데이터베이스, 포털 등에서 제공하는 인터넷 자료, 일정한 비용을 지불해야 사용할 수 있는 상업용 자료 등을 의미한다.

3) 이차자료분석의 장단점

(1) 이차자료분석의 장점

① 이차자료는 무엇보다도 시간과 경비면에서 경제적이다. 일반적으로 설문지 인쇄, 조사원 수당, 답례품 구입, 자료처리비용 등 많은 비용과 시간이 드는 자료수집과정을 거치지 않기 때문이다.

② 장애인, 아동, 노인 등을 대상으로 한 조사연구에 엄격히 적용되고 있는 기관생명윤리위원회(IRB)의 심사과정을 일차자료가 이미 거쳤기 때문에 이차자료분석에서는 IRB의 심사를 또 받을 필요가 없는 이점도 있다.

③ 이차자료는 찾아내기 힘든 연구대상에 대한 접근, 변화추이의 연구, 비교연구 등이 용이한 장점을 가지고 있다. 하지만 이러한 장점에도 불구하고 아래와 같은 이차자료의 한계가 조사연구를 수행하는 데 어려움이 될 수도 있다.

(2) 이차자료분석의 단점

① 원래 이차자료는 다른 연구목적을 위하여 수집된 자료이기 때문에 현재 수행하고자 하는 조사의 연구목적과 관련하여 적합성이 떨어질 가능성이 있다. 따라서 이 문제에 대한 심사숙고가 요구된다.

② 이차자료는 자료의 정확성이나 적합성 차원에서 현재의 연구문제에 대한 답을 적절하게 제시할 수 없는 한계가 있을 수 있다. 비록 신뢰할만한 자료이긴 하지만 변수의 종류, 측정방법, 표본 등이 정확하게 현재의 조사문제나 연구목적과 부합하지 않을 수 있다.

13 표본추출

1. 표본 및 표본추출의 개념

1) 표본조사에서의 기본 용어

전수조사, 즉 연구대상 전체를 상대로 한 조사는 시간이나 비용 측면에서 현실적으로 실행하기가 어렵다. 또한 자료수집과 자료정리과정에서 발생하는 오차로 인해 오히려 전수조사가 조사결과의 신뢰도와 타당도를 저해할 가능성도 있다. 이에 따라 연구대상 일부만을 대상으로 자료를 수집하는 표본조사를 하게 된다. 실제로 표본을 잘 추출하면 모집단 전체를 조사한 결과와 별반 차이가 없거나 오히려 더 정확한 자료를 얻을 수 있다(최성재, 2005; 최일섭 외, 2001).

표본(sample)은 연구대상 전체, 즉 모집단으로부터 선택된 일부의 조사대상자를 가리킨다. 이때 중요한 점은 선정된 표본이 모집단의 특성을 제대로 반영할 수 있어야 한다는 것이다. 즉, 표본을 통해 얻은 통계치를 바탕으로 모집단에 대한 연구결과를 일반화하기 때문에 추출된 표본이 모집단을 충분히 대표할 수 있는지는 중요한 문제이다.

표본을 선택하는 과정을 표본추출(sampling)이라고 한다. 즉, 누구를 대상으로 조사할 것인가와 관련된 부분이 표본추출이다. 표본추출과 관련된 주요 용어를 분류하면 〈표 13-1〉과 같다(여정성 외, 2012).

표 13-1 표본추출의 주요 용어

전수조사		표본조사	
모집단 (population)	연구의 대상이 되는 집단	표본 (sample)	모집단에서 선택된 일부
모수 (parameter)	모집단에서 도출된 통계치	통계치 (statistics)	표본에서 도출된 통계치
표집틀 (sample frame)	표본추출에서 활용되는 표본의 목록(예: 학생들의 학적부나 출석부)으로서 원칙적으로는 모집단 모두를 포함하여야 하나 현실적으로 표본조사에서 활용되는 표본의 목록을 말한다. 표집틀은 모집단을 대표할 수 있어야 한다.		
표집단위 (sample unit)	표본추출의 각 단계에서 이용되는 표집단위를 말한다. 예를 들어, 어느 대학의 학생들을 대상으로 학업스트레스를 조사한다고 할 경우 1차 표집단위는 전체 단과대학에서 몇 개의 단과대학을 추출하면 되고, 2차 표집단위는 추출된 단과대학에서 학과 단위로 몇 개의 학과를 추출하게 되고, 3차 표집단위는 추출된 학과에서 최종적으로 추출된 학생들이 된다.		
관찰단위 (observation unit)	표집단위를 통해 표집된 직접적인 표본, 즉 표본조사응답자를 말한다. 이들이 설문조사에 응답하는 주체가 된다.		
분석단위 (analysis unit)	연구자가 기술하고 설명하고자 하는 연구대상을 말한다. 관찰단위와 일치할 수도 있고 달라질 수도 있다(예: 모의 양육스트레스가 영유아의 사회성 발달에 미치는 영향을 조사하고자 할 때 영유아는 분석단위이기는 하지만, 부모나 유치원 교사가 대신 설문에 응답한다면 관찰단위는 아닐 수 있다).		

2) 표본조사의 오차

일반적으로 전수조사는 인구센서스처럼 조사대상 전체를 조사하는 것을 말한다. 따라서 전수조사에서는 모수(parameter)라는 모집단에서 도출된 통계량을 가지고 모집단의 속성을 설명하게 된다. 이에 비해 표본조사는 다양한 표본추출방법을 통해 모집단에서 일부를 대상으로 조사한 결과를 가지고 모집단의 속성을 추정하게 된다. 표본조사에서의 통계량(statistics)은 표본에서 어떤 변수가 가지고 있는 특성을 요약한 통계치를 말한다. 한편 모집단에서 어떤 변수가 가지고 있는 특성인 모수(parameter)와 표본의 특성인 통계량(statistics) 사이의 차이를 표본오차(sampling error)라고 한다.

(1) 오차의 개념

표본조사에 있어서 오차(error)란 표본조사를 통해 얻어진 자료에서 계산된 추정 값과 모집단의 모수 사이의 차이를 의미한다. 이는 모집단 전체 대신 일부인 표본만을 조사한 것이 원인으로, 이러한 오차는 우연오차(variable error)와 편향(bias)으로 구분된다(이계오 외, 2021).

(2) 표본조사에서 오차의 종류

① 우연오차

우연오차(variable error)는 우연적 요인에 의해 발생하며 표본오차(sampling error)와 비표본오차(non-sampling error)가 있다. 먼저 표본오차는 모집단 전체를 조사하지 않고 그 일부인 표본을 조사하여 모수를 추정하기 때문에 생기는 오차이다. 그리고 비표본오차는 자료수집 및 분석과정에서 오류가 발생할 수 있기 때문에 생기는 오차를 말한다.

그런데 표본오차는 모집단의 일부인 표본에서 얻어진 자료를 바탕으로 모집단의 특성값을 추정하기 때문에 발생하는 필연적으로 발생하게 된다. 그러나 비표본오차는 표본오차와 달리 표본조사와 전수조사에서 모두 발생한다. 일반적으로 대규모 통계조사에서는 이러한 비표본오차가 표본오차보다 더 심각할 수 있다. 즉, 표본오차는 표본의 크기가 증가함에 따라 감소하지만 비표본오차는 표본의 크기가 증가할수록 오히려 증가하는 경향이 있다. 따라서 표본조사가 전수조사보다 정확도가 더 높을 수도 있다.

표본조사에서 가장 중요한 개념인 표본오차를 설명하기 위해서는 표본오차의 공식에 포함된 표준오차(standard error of the mean)의 개념을 먼저 이해해야 하며, 표준오차를 산출하는 공식에 포함된 표준편차의 개념 역시 이해할 필요가 있다. 따라서 표본오차의 이해를 위해 '표준편차 → 표준오차 → 표본오차'의 개념 순서로 접근할 필요가 있다(채구묵, 2015).

먼저 표준편차(standard deviation)는 분산(variance)을 제곱근한 값인데, 분산이란 각 값으로부터 평균을 뺀 편차를 제곱한 후, 그 수를 모두 더하여 총 사례수로 나눈 값이다. 즉, 표준편차는 각 관찰값이 평균으로부터 떨어진 거리를 제곱한 것의 평균에 대한 제곱근이며, 그 공식은 다음과 같다.

$$s = \sqrt{s^2} = \sqrt{\frac{\Sigma(X - \overline{X})^2}{N}}$$

s : 표준편차

s^2 : 분산

X : 각 사례의 관찰값

$\overline{X}$: 산술평균

N : 총 빈도

예를 들어, 65세 이상 노인인구의 모집단이 8만 명인 지자체를 가정해 보자. 이 가운데 1,000명을 표본추출해서 설문조사를 한 결과, 그들의 지역사회 생활만족도 점수가 10점 만점에 각각 5점, 6점, 4점, 8점, 9점, … 이었다면 생활만족도 점수의 표준편차는 다음과 같이 구할 수 있다.

$$s = \sqrt{\frac{\Sigma(5-\overline{X})^2 + (6-\overline{X})^2 + (4-\overline{X})^2 + (8-\overline{X})^2 + (9-\overline{X})^2 + \ldots.}{1000}}$$

한편, 8만 명 전체 모집단의 생활만족도 점수 평균이 5점이라고 가정하자. 하지만 여러 가지 이유로 8만 명 전체의 평균을 구할 수 없어 1,000명의 표본에 의해 모집단의 평균을 추정하려고 한다. 그런데 이 경우 8만 명을 대상으로 1,000명을 표본으로 추출하는 방법은 무한대로 가능할 것이며, 매번 표본의 평균은 전체 평균으로 가정한 5점에 약간씩 차이가 나는 근사한 값이 얻어질 것이다. 즉, 첫 번째 표본의 평균은 4.9점, 두 번째 표본의 평균은 5.2점, 세 번째 표본의 평균은 4.8점 … 등이 될 것이다. 이러한 무수한 표본평균들의 평균은 통계학적으로 이미 모집단의 평균(μ)과 같다고 정리되었다. 한편 표본통계치는 무수히 많은 표본추출 과정에서 발생하는 표준오차를 감안해야 한다. 표준오차는 표본평균들이 모집단의 평균으로부터 평균적으로 얼마나 떨어져 있는가를 나타낸 것이며 '표본평균들의 표준편차'라고 개념을 규정할 수 있다. 이를 구하는 공식은 다음과 같다.

$$\sigma_{\overline{X}} = \sqrt{\Sigma\frac{(\overline{X} - \overline{\overline{X}})^2}{N}}$$

$\sigma_{\overline{X}}$: 표준오차(표본평균들의 표준편차)

$\overline{X}$: 각 표본의 평균

$\overline{\overline{X}}$: 표본평균들의 평균

N : 표본평균들의 수(즉, 100명씩 50번 표본추출을 했으면 N=50임)

그런데 표준오차($\sigma_{\overline{X}}$)를 구하기 위해서 앞서 설명한 바와 같이 무수히 많은 표본추출을 통해 평균과 표준편차를 구할 수 없는 것이 현실이다. 이에 따라 표준오차는 모집단의 표준편차(σ)를 표본사례 수의 제곱근으로 나눈 아래의 공식으로 구하게 된다.

$$\sigma_{\overline{X}} = \frac{\sigma}{\sqrt{N}}$$

$\sigma_{\overline{X}}$: 표준오차(표본평균들의 표준편차)

σ : 모집단의 표준편차

N : 표본 수

한편, 모집단의 표준편차는 실제로 모르는 경우가 많기 때문에 한 차례의 표본추출에서 얻은 표준편차(S)를 모집단의 표준편차(σ)의 추정치로 삼아 표준오차를 구하게 된다. 이때 한 차례의 표본추출을 통해 얻은 표준편차는 모집단의 표준편차보다 약간 작기 때문에 분모인 제곱근 속의 표본의 수를 하나 적게 만들어 표준오차를 구하게 된다. 이 경우 모집단이 아닌 표본의 표준편차를 이용해 표준오차를 구했기 때문에 $\sigma_{\overline{X}}$대신 $S_{\overline{X}}$로 표시한다.

$$S_{\overline{X}} = \frac{S}{\sqrt{N-1}}$$

$S_{\overline{X}}$: 수정 표준오차

S : 표본의 표준편차

N : 표본 수

그런데 '국민연금 개혁과 관련하여 공무원 연금을 국민연금과 통합하는 안'에 대한 찬성의견의 비율이 70%, '사회복지재정 확충을 위한 증세'에 대한 찬성의견의 비율이 50% 등과 같이 찬성 또는 반대라고 하는 두 사건만이 일어나는 확률분포인 이항분포(binominal distribution)에 해당되는 변수의 표준오차는 $S_{\bar{X}}$대신 $S_{\bar{P}}$로 표시하며, $\frac{S}{\sqrt{N-1}}$ 대신 $\sqrt{\frac{P(1-P)}{N}}$를 사용하게 된다. 즉, 이 경우에는 표본의 평균이 아닌 찬성 비율들의 표준편차로 접근하는 것이며, 분모에 N-1 대신 N을 사용하고 이항분포로 인해 Z분포표에 의해 구해지는 Z값을 사용해 다음과 같이 표준오차를 구하게 된다.

$$S_{\bar{p}} = \sqrt{\frac{P(1-P)}{N}}$$

$S_{\bar{p}}$: 비율의 표준오차

P : 표본에서 얻은 찬성비율

N : 표본 수

표준편차, 표준오차의 개념에 이어서 표본조사에서 발생하는 우연오차인 표본오차를 설명하면 다음과 같다. 예를 들어, 모집단이 8만 명인 조사연구에서 모집단 8만 명 전체의 평균을 구할 수 없어 1,000명을 대상으로 한 표본조사를 실시한 결과, 평균이 4.8점으로 나타났다. 그리고 표본오차는 95% 신뢰수준에 ±0.3이라고 가정하자. 이것은 95%의 확신을 가지고 모집단의 평균이 4.5에서 5.1 사이에 있다는 것을 의미한다.

표본오차 ±0.3은 다음과 같은 공식에 의해 각각 구해진다. 먼저 모집단의 표준편차를 아는 경우, 일정한 신뢰수준을 확보하기 위한 Z값에 앞서 설명한 표준오차를 곱해 계산하게 된다.

$$\text{표본오차} = Z \times \sigma_{\overline{X}}$$

Z : 신뢰수준에 해당하는 Z값

$\sigma_{\overline{X}}$: 표준오차

이때 모집단의 표준편차를 모르고 표본의 표준편차만 아는 경우는, t값에 표본의 표준오차를 곱한 값으로 표본오차를 구하게 된다.

$$\text{표본오차} = t \times S_{\overline{X}}$$

t : 신뢰수준에 해당하는 t값

$S_{\overline{X}}$: 수정 표준오차

그리고 변수값이 비율인 경우, 표본오차는 Z분포를 사용하며 앞서 설명한 비율의 표준오차를 곱해 계산하게 된다.

$$\text{표본오차} = Z \times S_{\bar{p}}$$

Z : 신뢰수준에 해당하는 Z값

$S_{\bar{p}}$: 비율의 표준오차

② 편향

편향(bias)은 관찰과정이나 자료분석과정에서 발생하는 체계적인 오차이다. 따라서 이러한 편향을 예방하기 위해서는 표본조사 전 과정에서 세심한 관리가 요구된다. 그리고 편향은 다음과 같이 표본편향(sampling bias)과 비표본편향(non-sampling bias)으로 구분할 수 있다.

먼저 표본편향은 전수조사가 아닌 표본조사를 통해 모수를 추정하기 때문에 발생하는 편향을 말한다. 이러한 표본편향은 표본추출을 위한 표집틀이 부정확하기 때문에 발생하거나 통계적 추정방법상 발생하게 된다. 따라서 표본편향을 줄이기 위해서는 정확한 표본설계가 무엇보다 중요하다.

또한 비표본편향은 조사단위의 특성값을 정확하게 측정하지 못함으로써 발생되는 편향을 말하며, 대부분 이러한 비표본편향이 편향의 원인이 된다. 비표본편향은 모집단의 일부가 누락된 표집틀에서 표본을 추출하거나 표본조사응답자들 가운데 일부가 응답을 거부한 경우 그리고 자료처리과정에서 코딩이나 계산과정의 실수 등으로 인해 발생하게 된다. 따라서 비표본편향을 예방하기 위해서는 잘 훈련된 전문적인 조사원을 통해 조사를 실행하는 것이 중요하다.

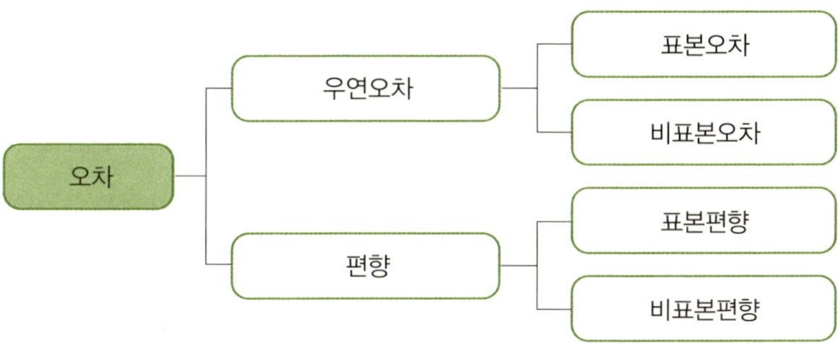

그림 13-1 표본조사에서 오차의 종류

3) 비표본오차

(1) 비표본오차의 개념

앞서 언급한 비표본오차(non-sampling error)는 조사의 계획단계부터 자료분석이나 보고서 작성의 최종 과정에 이르기까지 연구자나 조사원의 부주의나 실수 혹은 원인을 알 수 없는 이유로 인해 생기는 오차를 의미한다. 그리고 이러한 비표본오차는 표본조사뿐만 아니라 전수조사에서도 발생한다.

(2) 비표본오차의 주요 발생원인

비표본오차는 주로 다음과 같은 이유로 발생하게 된다. 먼저 조사연구의 목적이 불명확하거나 조사 범위가 불분명한 경우 발생할 수 있다. 또한 자료수집 단계에서 미숙한 조사원의 실수로 발생할 수 있으며, 표본조사응답자의 무응답으로 발생하기도 한다. 그리고 수집된 데이터의 코딩이나 분석과정에서도 발생할 수 있다.

① 무응답오차(non-response error)

조사 시점에서 조사대상자의 부재나 응답거부는 데이터를 얻을 수 없음에 따라 발생하는 대표적인 비표본오차가 된다. 또한 조사대상자의 질병이나 이주로 인해 응답불능인 상태가 있을 수도 있으며, 수감, 고립 등 조사 대상자에게 접근이 불가능한 경우도 무응답오차의 원인이 될 수 있다. 이러한 경우 조사자는 면접이나 방문시간을 조정하거나 표본조사응답자가 조사에 적극적으로 임할 수 있도록 동기부여를 하는 등 자료수집 절차를 개선함으로써 무응답오차를 감소시킬 수 있다.

② 응답오차(response error)

조사단위가 가지고 있는 관심변수의 참값과 조사단위를 측정하여 얻은 값은 차이가 있게 마련인데, 이 차이를 가리켜 응답오차라고 한다. 예를 들어, 사회복지사의 직무스트레스가 인터넷 게임중독에 미치는 영향을 알아보고자 표본조사응답자들인 사회복지사들이 주간 평균 인터넷 게임을 하면서 보내는 시간을 조사한다고 가정하자. 조사대상자들은 평균 21시간이라고 기입했지만 실제로는 30시간이라고 한다면 그 차이가 응답오차이다. 이러한 응답오차의 발생원인은 조사자나 응답자 모두에게 있을 수 있다. 즉, 조사대상자가 의도적이거나 정확하게 알지 못해서 오는 오차일 수도 있고 조사원의 경험 미숙과 훈련 부족 때문일 수도 있다.

③ 종합표작성오차(tabulation error)

수집된 자료를 처리하고 분석하는 과정에서 발생하는 오차는 통계적 추론의 오류를 불러일으킬 수도 있다. 예를 들어, 조사원이 복수인 경우 조사절차나 응답절차에 대한 이해 부족으로 잘못된 자료 및 미비한 자료를 수집할 수 있다. 그리고 자료의 입력절차에서도 정확한 입력이 이루어져야 함에도 불구하고 실수나 부주의로 자료를 잘못 처리할 수 있다. 이러한 왜곡된 자료를 바탕으로 분석을 하게 되면 분석결과는 모수에 대한 잘못된 추론으로 연결이 된다.

한편 연구결과를 공표하는 과정에서 연구보고서에 잘못된 수치나 부호를 사용하게 되면 분석결과를 잘못 해석하게 만들 수 있다. 조사결과의 공표과정에서 발생하는 이러한 비표본오차는 연구결과에 대한 신뢰에 심각한 영향을 미칠 수 있기 때문에 보고서 인쇄 전에 세심한 주의와 확인이 필요하다.

4) 표본추출의 신뢰수준과 표본오차

한 조사연구에 의하면 성인의 87.1%가 음주경험이 있으며, 최근 1년 이내에 음주한 경험이 있는 연간 음주자는 64.8%로 나타났다. 그리고 연간 음주자 5명 중 1명(23.2%)은 1회 평균 음주량이 7잔(여성 5잔) 이상이며 주 2회 이상 음주하는 고위험 음주자로 분류되었다. 특히 고위험 음주자의 경우 일반 음주자에 비해 음주폐해의 경험률이 약 2.5배 높았으며 블랙아웃의 경험률은 3.5배 더 많은 것으로 나타났다. 이 조사는 전화면접방식을 통해 전국의 만 19세 이상 성인 1,000명을 대상으로 한 조사였으며 표본오차는 95% 신뢰수준에 ±3.1%포인트였다.

표본조사의 궁극적인 목적은 여러 가지 이유로 인해 전수조사가 힘들기 때문에 모집단을 대표하는 표본을 잘 뽑아서 그 자료로부터 모집단의 특성에 대해 추론을 하고자 하는 것이다. 앞서 살펴본 바와 같이 전수조사가 아닌 표본조사를 하는 경우, 모집단의 특성인 모수(parameter)와 표본의 통계량(statistics)의 차이가 발생하는데 이를 표본오차(sampling error)라고 하였다. 그렇다면 위의 경우 "95% 신뢰수준에 표본오차 ±3.1%포인트"란 구체적으로 무엇을 말하는 것일까?

최성재(2005)는 표본추출에 있어서 신뢰수준과 표본오차에 대해서 다음과 같이 설명하고 있다. 먼저 표본조사를 통해서 분석된 통계량을 통해서 모수를 추정하기 위해서는 표본추출분포에 대한 이해가 필요하다. 모집단의 크기가 N이고 무작위 표본추출방법으로 표본의 크기가 n인 표본의 추출을 무한히 반복한다면, 표본의 통계량은 일정한 확률로 변화하는 확률변수가 되는데 이를 표본추출분포라고 한다. 표본추출분포에는 대표적으로 표본평균의 분포와 표본비율의 분포가 있는데 "95% 신뢰수준에 표본오차 ±3.1%포인트"의 의미를 이해하기 위해서는 표본비율의 분포를 살펴볼 필요가 있다.

표본비율의 표본추출분포란 모집단으로부터 크기가 일정한 표본을 추출한다고 할 때, 가능한 모든 표본들을 추출하여 각 표본에서 얻은 비율의 확률분포를 의미한다. 또한 표본수가 충분히 크다면, 표본비율의 분포는 근사적으로 정규분포를 이룬다는 중심극한정리(central limit theorem)를 적용할 수 있다.

표본비율의 평균은 모집단의 비율과 동일하다는 점이 알려져 있지만 일반적으로 설문조사에서는 단 한 번 표본을 추출하여 나타난 결과를 바탕으로 모집단의 비율을 추정하게 된다. 따라서 표본의 비율을 토대로 모집단의 비율을 추정할 때 추정값의 신뢰 정도를 신뢰구간을 설정하여 나타낸다. 신뢰구간이란 추정한 구간이 옳다는 데에 대한 신뢰의 정도를 나타내는 구간이며, 신뢰구간의 설정에는 신뢰수준을 어느 정도로 설정할 것인지가 중요하게 작용한다.

이때 신뢰수준이란 모수가 신뢰구간 내에 포함될 확률을 의미한다. 예를 들어, 신뢰수준이 95%라고 한다면 표본을 무한히 많이 추출하여 각 표본에 대한 신뢰구간을 구하면 이 신뢰구간들의 95%는 모수를 포함하게 된다는 것이다. 따라서 "95% 신뢰수준에 표본오차 ±3.1%포인트"라는 것은 이번 조사결과 나타난 응답비율에서 ±3.1%포인트 내에 실제 모비율이 있을 확률이 95%라는 것을 의미한다. 즉, 표본의 추출을 무한히 반복하면 표본의 통계량의 95%가 이 범위 내에 있을 것이라고 해석할 수 있다.

또한 응답자 가운데 "최근 1년 이내에 음주한 경험이 있는 연간 음주자는 64.8%"라는 조사결과상의 수치는 실제 우리가 알고자 하는 모비율이 아니라 표본의 비율이다. 따라서 같은 모집단을 대상으로 무한히 표본조사를 실시할 경우 최근 1년 이내에 음주한 경험이 있는 연간 음주자의 실제 비율은 61.7~67.9% 내에 있을 확률이 95%라고 해석할 수 있다.

2. 표본추출의 방법

표본추출방법은 표집단위들을 어떤 확률적 조건으로 추출하느냐에 따라 확률표본추출과 비확률표본추출로 나눌 수 있다(최성재, 2005; Rubin & Babbie, 2016). 확률표본추출(probability sampling)은 연구자가 모집단의 표집틀을 확보하고 있어 표본추출의 확률이 모든 표본에 대해 동일하거나 연구자가 각 표본의 추출확률을 알고 있을 경우 사용하는 표본추출방법으로서 무작위적으로 추출되는 것을 말한다. 이에 비해 비확률표본추출(nonprobability sampling)은 현실적으로 표집틀을 확보할 수 없거나, 단기간에 저비용으로 조사를 진행해야 할 때 사용되는 표본추출방법이다. 따라서 확률표본추출에 비해 모집단의 대표성이 부족하고 연구자의 주관이 개입된다는 단점이 있지만 시간과 비용 측면에서 효율성이 높은 방법이다(여정성 외, 2012).

1) 확률표본추출

(1) 단순무작위표본추출

단순무작위표본추출(simple random sampling)은 제비뽑기, 주사위 던지기, 난수표 등을 이용 모든 표본추출단위가 표본에 포함될 확률을 동일하게 만드는 표본추출방법이다. 따라서 모집단의 크기가 N이고 표본의 크기가 n일 때 각 요소가 뽑힐 확률은 n/N이 된다. 단순무작위표본추출방법 가운데 난수표를 이용한 방법과 SPSS 통계프로그램의 난수 생성기를 이용한 방법을 설명하면 다음과 같다.

먼저 난수표는 0, 1, 2, 3, …, 9의 수를 무작위로 나열하여 어느 숫자나 선정되는 확률이 동일하도록 만든 표를 말한다. 따라서 난수표상의 어떤 한 위치에 있는 수가 0, 1, 2, 3, 4, 5, 6, 7, 8, 9 중의 어느 하나의 수가 될 가능성은 같게 된다. 이러한 난수표를 가지고 학생 수가 1,000명(N)인 어느 대학에서 20명(n)을 단순무작위표본추출하는 경우를 가정해 보자. 일차적으로 1,000명의 학생에게 0부터 999까지 고유번호를 지정한다. 그 다음 난수표에서 임의로 아무 번호나 출발점을 결정해서 번호를 선택하기 시작하면 된다. 이때 만약 똑같은 난수가 두 번 발생하면 나중에 발생한 수는 무시하고 다시 난수를 찾아 서로 다른 난수를 표본의 크기인 20개만큼 찾으면 된다. 이렇게 해서 찾은 난수들의 번호는 서로 독립적으로 표본에 선택될 확률을 동일하게 가진다.

또한 SPSS통계프로그램의 난수 생성기는 전체 데이터 중에서 일부 데이터의 표본을 뽑아서 분석하고자 하는 경우에 유용하게 사용할 수 있다. 〈그림 13-2〉는 SPSS 통계프로그램의 난수 생성기를 이용한 단순무작위표본추출 과정 중 일부를 보여주고 있다.

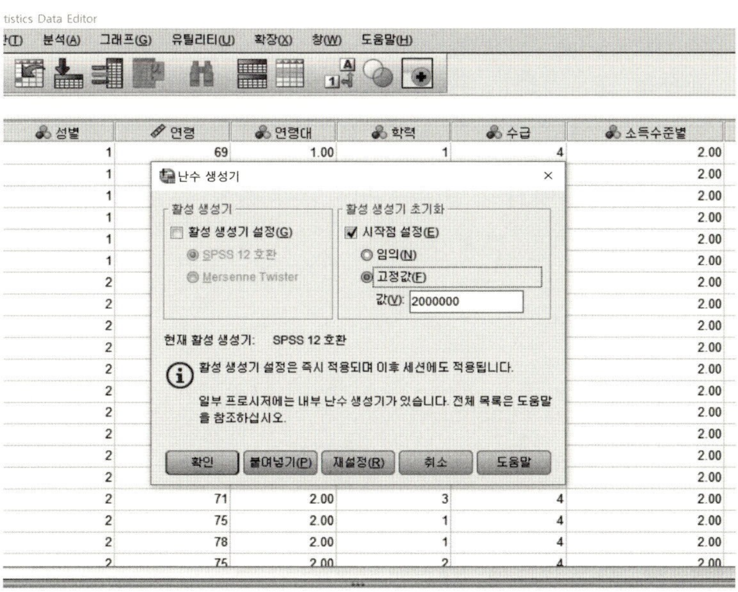

그림 13-2 SPSS 난수 생성기를 이용한 단순무작위표본추출

이론적으로는 단순무작위표본추출방법을 통해 추출될 표본이 모집단을 가장 잘 대표하지만 단순무작위표본추출방법은 조사자가 모집단에 대하여 가지고 있는 지식을 충분히 활용할 수 없으며, 비교적 표본의 규모가 커야 한다는 문제점 등으로 인해 실제 활용도는 낮다.

(2) 계통적 표본추출

계통적 표본추출(systematic sampling)은 모집단에서 필요한 표본 수에 따른 표본추출 간격 k를 구하고 이를 통해 표본을 추출하는 방법이다.

예를 들어, 모집단이 1,000명이고 필요한 표본이 50명이라면 표본추출 간격 k=1,000/50=20이 된다. 표본추출간격을 얻은 다음, 순서대로 번호가 부여된 모집단 목록에서 하나를 무작위로 선정한다. 그 결과, 3번이 뽑혔다면 표본추출 간격 20에 따라 그 다음 번호인 4번부터 시작해서 20번째 순서에 해당되는 23번, 43번, 63번, 83번 … 식으로 필요한 표본 50명이 모일 때까지 표본을 추출하면 된다.

이처럼 계통적 표본추출은 표본추출이 쉽고, 모집단 전체에 걸쳐 공평하게 표본이 추출되는 장점이 있다. 그러나 표본추출이 일정한 간격을 두고 이루어지기 때문에 모집단의 배열이 일정한 주기성과 특정 경향성을 보일 때 표본의 편중성이 발생할 수 있는 한계가 있다.

(3) 층화표본추출

층화표본추출(stratified sampling)은 단순무작위표본추출에 비해 추정의 정도를 높일 수 있으며, 전체 모집단에 대한 결과뿐만 아니라 각 층별로도 추정 가능하기 때문에 표본추출방법으로 널리 사용되고 있다. 층화표본추출법을 통해 표본을 추출하기 위해서는 모집단을 일정한 기준에 따라 동질적인 성격을 가진 여러 하위집단으로 층화한 후, 각 하위집단별로 단순무작위 내지는 계통적 표본추출방법을 통해 표본을 추출하게 된다. 이때 각 하위집단의 내부 구성원은 동질적이지만, 각각의 하위집단 간에는 이질적인 특성을 가진다.

예를 들어, 어느 대학에서 재학생들을 대상으로 교육만족도 조사를 실시한다고 가정하자. 이때 각 학년은 500명씩으로 구성되어 있고 모집단은 총 2,000명이라고 하자. 그리고 층화표본추출방법을 통해 200명의 표본을 구하고자 한다. 이를 위해 먼저 학년별로 하위집단을 층화시킨다. 그리고 각 학년에서 학적부나 출석부에 따라 50명씩 무작위추출을 하여 200명을 대상으로 조사한다고 하자. 이렇게 할 때 각 학년의 학생이 표본으로 뽑힐 확률이 10%인 층화표본추출이 이루어진다.

(4) 집락표본추출

단순무작위표본추출, 계통적 표본추출, 층화표본추출 등은 모집단의 조사단위의 표집틀을 완전히 작성하고 그 표집틀에서 각 단위를 직접 표본으로 뽑는 방법들이다. 반면에 모집단이 큰 대규모 사회조사에서는 표집틀을 마련하기가 매우 어려울 뿐만 아니라 불가능한 경우도 많다. 그리고 표집틀이 완전히 마련되어도 여기서 뽑힌 표본은 지리적으로 매우 멀리 떨어져 있어서 조사비용과 조사인력이 많이 필요하며 표본을 관리하기도 어려운 문제가 있다. 이러한 이유로 대규모 사회조사에서 집락표본추출법이 널리 사용되고 있다(이계오 외, 2021).

집락표본추출(cluster sampling)은 모집단으로부터 집락 또는 군집을 무작위로 선정한 뒤 이 집단에서 일정한 수의 요소를 표본으로 추출하는 방법이다. 층화표본추출에서는 모든 집단에서 표본이 선정되나 집락표본추출에서는 추출된 집락(군집)에서만 표본이 선정된다. 그리고 층화표본추출과 반대로 집락표본추출에서는 하위집단의 내부 구성원이 이질적이고, 하위집단 간에는 동질적이라는 특징이 있다.

예를 들어, 정신질환실태 역학조사에서 연구자들은 지역사회거주 만 18세 이상 만 74세 이하 일반 성인인구 6,000명을 대상으로 주요 정신질환의 유병률을 조사하고자 하였다. 표집방법으로 연구자들은 집락표본추출방법을 사용하였다. 먼저 표본추출을 위해 1단계로 전국의 광역시/도를 6개 구역(서울, 경기/인천, 충청, 경상, 전라, 강원)으로 나누었다. 2단계로는 이들 6개 광역시/도에서 무작위로 12개의 시 · 군 · 구를 선정하였다. 3단계로는 해당 시 · 군 · 구 내의 읍/면/동을 무작위로 추출하였다. 4단계에서는 선정된 읍/면/동 내에서 무작위로 조사대상이 될 조사구를 선정하였다. 각각의 조사구는 50에서 100가구씩으로 구성되어 있다. 최종 선정된 조사구를 대상으로 조사구 내 모든 가구를 조사대상으로 하여 가구당 1인을 선정하여 조사가 실시되었다.

2) 비확률표본추출

(1) 편의추출

편의추출(convenience sampling)은 조사연구자의 편의에 따라 길거리, 강의실, 시장 등에서 이루어지는 표본추출방법이다. 편의추출을 통한 표본선정은 시간과 비용을 절약할 수 있고 편리하다는 장점이 있으나, 조사결과를 일반화시킬 수 없는 단점이 있다.

(2) 유의표본추출

유의표본추출(purposive sampling)은 연구주제에 대한 연구자의 폭넓은 이해와 충분한 사전 정보에 근거하여 연구자가 주관적으로 볼 때 모집단을 가장 잘 대표하는 것으로 생각되는 사례들을 표본으로 선정하는 방법이다. 하지만 이 역시 표본의 대표성이 약하다는 한계가 있다.

(3) 할당표본추출

할당표본추출(quota sampling)은 모집단을 연령, 성별, 교육수준, 거주지역, 종교 등의 특성에 따라 일정한 범주로 나눈 뒤 이들 범주(category)에서 할당된 수만큼 표본을 추출하는 방법이다. 즉, 할당표본추출에서는 일차적으로 모집단의 특성을 대표할 수 있는 일정한 범주를 결정한다. 그리고 각 범주에 할당된 표본 수를 확인한다. 마지막으로 조사원은 각 범주마다 할당된 표본을 추출한다. 이러한 표본추출방식은 층화표본추출과 유사하나 할당표본추출에서는 단순 무작위로 하위집단의 표본을 선정하지 않는 차이가 있다.

(4) 눈덩이표집

성소수자, AIDS환자, 약물중독자 등 분명 존재하고 있지만 수적으로 소수이거나 사회적 편견과 차별로 인해 스스로를 쉽게 드러내지 않는 사람들을 대상으로 한 연구를 한다고 가정하자. 이 경우 연구대상자를 발견하기도 힘들고, 일정한 크기의 표본을 구성하기 힘든 어려움이 있다. 이때는 주로 처음 만난 연구대상자를 통해 다른 사람을 소개받거나, 자조모임에 참여하는 것을 허락받아 집단적으로 표집하게 된다. 이는 마치 눈사람을 만들 때 처음에는 두 손으로 주먹만 한 눈덩이를 만들고 주위의 눈을 뭉쳐서 점점 더 큰 눈덩이를 만들어가는 과정과 비슷하다고 해서 눈덩이표집(snowball sampling)이라고 한다.

3. 표본의 크기

표본추출방법을 결정한 다음 연구자는 얼마나 많은 표본을 대상으로 연구문제에 대한 답을 얻기 위한 조사를 실시할 것인지를 결정해야 한다. 일반적으로 연구자는 연구문제의 성격, 모집단의 크기, 표본추출 당시의 시간적·재정적 상황과 여건 등을 고려하여 표본의 크기를 결정하게 된다. 그렇다면 어느 정도의 크기로 표본을 얻는 것이 적절한가?

표본의 크기가 얼마나 되어야 하느냐는 질문에 대한 명확한 대답은 존재하지 않기 때문에 조사연구자들은 표본의 크기를 결정하는 데 다음과 같은 유형의 오류들을 범하기 쉽다(김현철, 2007).

먼저 과거의 비슷한 조사에서 추출한 표본을 참고하여 이번에도 그 정도 규모의 표본이 필요하다는 식으로 접근하는 것이다. 하지만 매번의 조사연구는 조사연구마다의 연구목표와 연구질문이 다르기 때문에 표본의 크기 역시 달라질 수 있다. 따라서 관련된 선행연구의 표본 크기가 참고는 될지언정 표본 크기 결정의 중요한 지표가 될 수는 없다.

두 번째 유형은 앞의 오류보다 더 심각한데, 표본이 모집단의 일정비율 이상을 차지해야 한다는 교조적 관점의 오류가 있을 수 있다. 예를 들어, 모집단 크기의 5% 정도는 표본으로 추출해야 신뢰할 만한 표본조사결과를 얻을 수 있다는 식이다. 하지만 모집단의 크기와 비교해서 표본의 크기가 약간의 영향은 있겠지만 표본오차에 미치는 그 효과는 미미하며, 대부분의 표본조사에서 표본집단의 크기가 모집단의 크기와 비교해서 고려되는 경우는 거의 없다. 이에 비해 일반적으로 적정한 표본의 크기를 결정하는 데 있어서 다음과 같은 요소들을 더 고려하게 된다(김은정, 2016; 박훈, 2013; 최성재, 2005).

1) 표본 크기 결정의 고려사항

(1) 모집단의 동질성 정도

모집단의 동질성 정도는 표본의 크기에 영향을 미칠 수 있다. Monette 외(2011)는 모집단의 동질성 정도와 모집단 추정오차에 따라 필요한 표본 수를

〈표 13-2〉와 같이 계산해 놓고 있다. 예를 들어, 모집단 크기가 50,000가구이고 조사하려는 내용의 특성이 50/50으로 나뉠 정도로 이질적인 경우, 95%의 신뢰수준에서 ±3% 이하의 모수치 추정오차를 허용한다면 1,045가구의 표본이 필요하다는 의미이다. 즉, 전체 집단을 구성하는 요소들이 연구하고자 하는 속성에 있어서 비슷한 정도가 높을수록 표본의 크기는 작아도 된다. 그리고 이질적인 경우 그만큼 표본크기를 늘려야 한다.

표 13-2 신뢰수준, 모집단 추정오차 및 모집단의 동질성에 따른 표본의 크기

모집단	95% 신뢰수준					
	모수치 추정오차 ±3%		모수치 추정오차 ±5%		모수치 추정오차 ±10%	
	50/50 (이질적)	80/20 (동질적)	50/50 (이질적)	80/20 (동질적)	50/50 (이질적)	80/20 (동질적)
100	92	87	80	71	49	38
250	203	183	152	124	70	49
500	341	289	217	165	81	55
750	441	358	254	185	85	57
1,000	516	406	278	198	88	58
2,500	748	537	333	224	93	60
5,000	880	601	357	234	94	61
10,000	964	639	370	240	95	61
25,000	1,023	665	378	244	96	61
50,000	1,045	674	381	245	96	61
100,000	1,056	678	383	245	96	61
1,000,000	1,066	682	384	246	96	61

출처: 최성재 (2005). p. 317.

(2) 표집방법과 절차

표집방법도 표본의 크기에 영향을 미칠 수 있다. 예를 들어, 층화표집은 단순무작위표집보다 표집오차를 10~20% 줄일 수 있으므로 가장 적은 표본을 필요로 하며, 단순무작위는 이보다 좀 더 큰 표본, 그리고 집락표집은 표집오차가 커지기 때문에 가장 큰 표본을 필요로 한다. 즉, 하위집단이 많을수록 이질성이 커지기 때문에 더 많은 표본이 필요하다고 할 수 있다.

(3) 조사비용이나 기간 그리고 조사인력의 한계

조사비용이나 조사기간 및 조사인력의 조건과 상황도 표본의 크기에 영향을 미친다. 표본크기를 늘리는 데는 시간과 돈이 들기 때문에 현실적으로 조사비용이나 기간 그리고 조사인력에 따라 표본의 크기를 조정할 수밖에 없다.

(4) 표본오차의 추정치

표본의 크기를 결정하는 데 가장 중요한 요소는 연구자가 허용할 수 있는 표본오차의 추정치라고 본다. 많은 경우 모집단의 평균을 어떤 특정한 값이나 비율로 추정하는 경우, 그 추정이 모집단의 모수치와 차이를 가져오게 된다. 모수치 추정에서의 이와 같은 차이를 추정오차라고 하는데 이러한 오차를 어느 정도 허용할 것인가에 따라 표본의 수가 달라진다.

이때 표본의 크기가 클수록 표본오차는 적어지며 표본의 크기가 적을수록 표본오차는 증가한다. 또한 신뢰수준을 95%로 하느냐 99%로 하느냐에 따라 표본의 크기가 달라지는데 신뢰수준을 높일수록 표본의 크기는 커야 한다. 그리고 오차를 줄이고 싶다면 표본의 크기를 크게 해야 한다.

2) 추정에 따른 표본의 크기

표본조사결과 나타난 응답비율을 통해 모집단의 비율을 추정하는 경우 일정한 신뢰수준과 표본오차가 주어진다면 필요한 최소한의 표본 크기를 계산해 낼 수 있다. 또한 Krejcie과 Morgan(1970)과 Research Advisors(2006)도 적절한 표본의 크기를 선정하는데 참고할 수 있는 방법을 다음과 같이 제시하고 있다.

(1) 표본의 응답비율, 신뢰수준 및 표본오차에 따른 표본의 크기

'국민연금 개혁과 관련하여 공무원연금을 국민연금과 통합하는 안'에 대한 표본조사에서 찬성의견의 비율을 70%로 가정하고 신뢰수준 95%, 표본오차 ±3%에서 필요한 표본의 크기는 어느 정도일까?

먼저 이 경우는 찬성 또는 반대라고 하는 두 사건만이 일어나는 확률분포인 이항분포(binominal distribution)에 해당되기 때문에 모집단의 표준편차를 아는 경우 항상 Z통계값을 사용하며 그 값은 Z분포표에 의해 구하게 된다. 즉, 95% 신뢰수준에서의 Z값은 1.96이며 신뢰수준 95%를 확보하면서 표본오차를 구하는 공식은 다음과 같다. 그리고 표본오차를 ±3%로 가정하였기 때문에 아래의 표본오차를 구하는 공식을 통해 표본의 크기를 계산할 수 있다.

$$\text{표본오차} = 1.96 \times \sqrt{\frac{P(1-P)}{N}}$$

여기서 '공무원 연금을 국민연금과 통합하는 안'에 대한 찬성의견의 비율이 70%였다고 가정했기 때문에 P=0.7을 위의 공식에 대입하면 95% 신뢰수준, 표본오차 ±0.03에서 필요한 표본의 크기는 다음과 같다.

$$0.03 = 1.96 \times \sqrt{\frac{0.7(1-0.7)}{N}}$$

$$\frac{0.03}{1.96} = \sqrt{\frac{0.21}{N}}$$

$$0.0002343 = \frac{0.21}{N}$$

$$N = 896.2$$

따라서 표본의 비율에 의해 모집단의 비율을 추정하는 경우, 일정한 신뢰수준과 표본오차를 확보하는 수준에서 최소한으로 필요한 표본의 크기를 구하게 된다. 그리고 앞선 예의 경우, 95% 신뢰수준, 표본오차 ±0.03에서 '공무원연금을 국민연금과 통합하는 안'에 대한 찬성의견의 비율이 70%였다고 가정하였기 때문에, 필요한 표본은 896명이라고 할 수 있다.

(2) Krejcie와 Morgan의 공식

Krejcie와 Morgan(1970)이 χ^2 분포표상에서 신뢰수준 95%의 자유도(degree of freedom) 1의 값인 3.84, 모집단 수, 추정 모비율, 측정치의 정확도 등을 포함한 아래의 공식을 사용해 특정 모집단 규모에서 요구되는 표본 크기를 계산하여 〈표 13-3〉과 같이 제시한 바 있다.

$$s = \kappa^2 NP(1-P) \div d^2(N-1) + \kappa^2 P(1-P)$$

s = 필요한 표본의 수

κ^2 = 신뢰수준 95%에서 자유도(degree of freedom) 1의 값인 3.84

N = 모집단의 수

P = 추정 모비율(0.5)

d = 오차한계(0.05)

Krejcie와 Morgan(1970)의 공식에 근거하여 다음과 같이 조사 표본 수를 결정할 수 있다. 예를 들어, 가구 수(모집단)가 24,110 가구인 어떤 기초 지자체에서 지역사회보장계획 수립을 위한 가구단위 욕구조사를 실시한다고 가정하자. 이때 필요한 표본 수는 〈표 13-3〉에 의하면 최소 377가구가 필요함을 알 수 있다.

표 13-3 특정 모집단 규모(N)에서 요구되는 표본 크기(S)

N	S	N	S	N	S	N	S
10	10	500	217	3,000	341	10,000	370
50	44	600	234	3,500	346	15,000	375
100	80	700	248	4,000	351	20,000	377
150	108	800	260	5,000	357	30,000	379
200	132	900	269	6,000	361	40,000	380
250	152	1,000	278	7,000	364	50,000	381
300	169	1,500	306	8,000	367	75,000	382
400	196	2,000	322	9,000	368	100,000	384

출처: Krejcie & Morgan (1970). pp. 607-610.

(3) 신뢰수준과 오차범위에 따른 표본 크기

Research Advisors(2006)는 신뢰수준과 오차범위에 따른 표본의 크기를 〈표 13-4〉와 같이 계산해 놓고 있다. 이 표에 의하면 모집단이 25,000명인 경우 95% 신뢰수준과 5% 오차범위에서 얻게 되는 표본의 크기는 378명이 된다.

표 13-4 신뢰수준과 오차범위에 따른 표본 크기

모집단	신뢰수준=95%				신뢰수준=99%			
	오차범위				오차범위			
	0.05	0.035	0.025	0.01	0.05	0.035	0.025	0.01
10	10	10	10	10	10	10	10	10
50	44	47	48	50	47	48	49	50
100	80	89	94	99	87	93	96	99
150	108	126	137	148	122	135	142	149
200	132	160	177	196	154	174	186	198
250	152	190	215	244	182	211	229	246
300	169	217	251	291	207	246	270	295
400	196	265	318	384	250	309	348	391
500	217	306	377	475	285	365	421	485
600	234	340	432	565	315	416	490	579
700	248	370	481	653	341	462	554	672
800	260	396	526	739	363	503	615	763
1,000	278	440	606	906	399	575	727	943
1,500	306	515	759	1,297	460	712	959	1,376
2,000	322	563	869	1,655	498	808	1,141	1,785
3,500	346	641	1,068	2,565	558	977	1,510	2,890
5,000	357	678	1,176	3,288	586	1,066	1,734	3,842
7,500	365	710	1,275	4,211	610	1,147	1,960	5,165
10,000	370	727	1,332	4,899	622	1,193	2,098	6,239
25,000	378	760	1,448	6,939	646	1,285	2,399	9,972
50,000	381	772	1,491	8,056	655	1,318	2,520	12,455
75,000	382	776	1,506	8,514	658	1,330	2,563	13,583
100,000	383	778	1,513	8,762	659	1,336	2,585	14,227

출처: http://research-advisors.com/tools/SampleSize.htm

3) 통계분석방법에 따른 표본의 크기

수집된 자료를 분석하는 데 적용하는 통계적 분석방법도 표본의 크기에 영향을 미칠 수 있다. 채구묵(2015)은 각 변수의 카테고리 수나 독립변수의 수 등에 따라 다음과 같이 필요한 표본의 크기가 달라지는 것으로 설명하고 있다.

(1) 독립표본 t-검증과 분산분석(ANOVA)

독립표본 t-검증과 분산분석(ANOVA)의 경우, 모집단의 정규분포성과 분산의 동질성을 전제로 한다. 먼저 모집단의 정규분포성을 충족시키기 위해 표본이 최소한 30개 이상이 되어야 한다. 그 이유는 중심극한정리에 의하면 어떤 모집단으로부터 일정한 사례수 N(N≥30)의 표본들을 무작위로 추출하면 표본의 분포는 정상분포에 가까운 분포가 되고, 표본평균은 모집단 평균에 가까워지기 때문이다. 또한 분산의 동질성을 확보하기 위해서는 표본의 크기가 같아야 할 것이 요구된다. 예를 들어, 남녀노인별 우울수준의 차이를 검증하고자 하는 독립표본 t-검증을 가정해 보자. 이 경우 독립변수의 카테고리가 남성과 여성, 2개이므로 최소한 30×2=60개의 표본이 필요하다. 그런데 일반적인 표본조사에서 카테고리별 표본의 크기가 동일하지 않을 가능성이 높으므로 2배인 120개의 표본은 필요하다고 말할 수 있다.

또한 분산분석의 경우에는 독립변수에 해당되는 명목변수나 서열변수의 카테고리 수에 따라 필요한 표본의 수가 달라진다. 예를 들어, 어떤 지자체의 거주지역별 주민들이 지각하는 삶의 질 차이를 분석하는 경우를 가정해 보자. 독립변수에 해당되는 거주지역이 4개 권역별 카테고리로 구분되어 입력된 경우, 최소한 30×4=120개의 표본이 필요하다. 그런데 이 역시 카테고리별로 표본의 수가 일정하지 않을 가능성이 높기 때문에 보통 2배 정도의 표본 수를 더 확보할 필요가 있다. 따라서 이 경우 30×4×2=240개의 표본이 필요하다고 할 수 있다.

(2) 회귀분석

한 개의 종속변수에 대해서 하나 이상의 독립변수가 영향을 미치는지의 여부와 영향력의 크기를 분석하는 통계적 기법인 회귀분석의 경우, 독립변수와 종속변수 모두 모집단이 정규분포를 충족해야 한다. 이에 따라 독립변수의 수에 30을 곱해 최소한으로 필요한 표본의 크기를 결정할 수 있다. 예를 들어, 지역사회 거주 노인의 우울감에 영향을 미치는 요인들을 발견하고자 하는 연구에서 선행연구 고찰을 통해 독립변수에 해당되는 5개의 주요한 요인들을 정리하였다고 가정하자. 이에 따라 이들 5개의 독립변수가 종속변수인 우울감에 미치는 영향을 파악하고자 하는 경우, 30×5=150개의 표본이 필요하다. 하지만 회귀분석에 있어서도 통제변수나 연구결과의 정밀도 등을 고려하여 150개 이상의 표본을 추출할 필요가 있다.

(3) 교차분석

교차분석의 경우, 독립변수와 종속변수의 카테고리 수에 따라 분석을 위해 최소한으로 필요한 표본의 수가 달라지게 된다. 예를 들어, 거주지역별(대도시, 중소도시, 농어촌) 정신건강증진시설(정신건강복지센터, 정신요양시설, 정신의료기관)의 수에 차이가 있는지를 살펴보는 연구를 가정하자. 이 경우 독립변수가 3개 카테고리, 종속변수가 3개 카테고리이기 때문에 교차분석결과 총 9개(3×3)의 셀이 생성되었다. 그런데 교차분석을 위한 χ^2검증의 경우, 분석결과가 통계적으로 유의미하기 위해서는 각 셀의 기대빈도가 5 이상이어야 한다. 따라서 9셀×5빈도=45개 이상의 표본이 필요하다. 추가적으로 표본의 수 45개는 독립변수와 종속변수의 각 카테고리에 응답이 골고루 5개씩의 빈도가 분포되어 있다는 전제하에서 도출된 것이기 때문에 실제로는 2배 이상의 표본을 추출해야 각 셀에 5개 이상이 분포할 가능성이 높아진다. 이에 따라 카테고리별 응답 분포의 차이를 가정해서 교차분석결과가 통계적으로 유의미하기 위해서는 (셀×5)의 2~3배에 해당되는 90~135개의 표본이 필요하다.

14
질적연구의 이해

1. 질적연구 이해의 기초

1) 질적연구의 의의

최근 양적연구로 탐구하기 어려운 개별 연구대상의 독특성과 사회적 맥락성에 대한 관심이 높아지고 있다. 이에 따라 연구대상을 심층적으로 이해하는 데 용이한 질적연구를 통한 탐구가 확대되고 있다(유기웅 외, 2018; 이종승, 2013).

질적연구에서 관심의 대상이 되고 있는 '질(質, quality)'에는 다음과 같은 의미가 내포되어 있다. 어떤 가족이 여름휴가로 해외여행을 가서 행복한 시간을 보냈다고 가정하자. 그리고 또 다른 가족은 캠핑도구를 챙겨서 계곡으로 들어가 즐거운 시간을 함께했다고 하자. 이 경우 두 가족이 느꼈던 즐거움이나 행복감을 동일하다고 주장하는 사람은 없을 것이다. 그 이유는 두 가족이 경험한 행복감은 양적으로나 질적으로 서로 동일하지 않기 때문이다. 또한 어떤 가족이 해외여행을 통해 행복한 시간을 보냈다고 해서 다른 가족들도 해외여행을 가면 행복해질 것이라고 말할 수는 없다.

따라서 질적연구에서 말하는 '질'의 의미는 현상에 참여하고 있는 행위자들이 어떤 경험, 사건, 환경 등에 대해서 부여하고 있는 의미이자 그러한 의미를 바탕으로 발생하는 행위의 의미를 뜻한다. 그렇기 때문에 질적연구는 서로 다른 경험을 하나의 기준으로 비교할 수 없거나 개별 사례의 경험이 가지고 있는 독특성을 인정할 수밖에 없을 때 접근하는 시도라고 할 수 있다(유기웅 외, 2018).

한편 질적연구는 연구문제에 대한 답을 얻기 위한 자료를 만들어내는 방법에 융통성이 있고, 변수의 조작이나 통제, 실험보다는 자료가 창출되는 사회적 맥락에 보다 관심을 기울인다. 이러한 질적연구는 사회적 실체와 현상이 어떻게 해석되고, 이해되며, 경험되고, 생성되는가에 관심을 둔다. 또한 질적연구의 궁극적인 목적은 이론을 검증하는 데 있는 것이 아니라 심도 있는 묘사를 통해 연구대상의 복잡한 세계를 전체적인 관점에서 발견하고 알리고자 하는 것이다(김구, 2020).

2) 질적연구의 특징

질적연구는 수량화된 자료를 바탕으로 현실을 검증하려는 양적연구방법과 달리 언어적 표현에 내재되어 있는 의미의 해석을 통해서 현상을 이해하고자 한다(유기웅 외, 2018). 유기웅 외(2018)와 이종승(2013)은 양적연구와 비교되는 질적연구의 이러한 특징을 다음과 같이 설명하고 있다.

- 질적연구에서는 인위적으로 상황을 통제하거나 조작하지 않고 자연적으로 발생한 현상에 대해서 연구한다.

- 질적연구에서는 연구의 대상으로서 사회현상에 대해서 참여자들이 어떻게 이해하고 있는지를 심층적으로 이해하는 것을 목적으로 한다.
- 질적연구에서는 자료수집방법에 제한을 두지 않고 다양한 자료를 수집하여 분석한다.
- 질적연구에서는 상황이나 현상을 부분적으로 분석하지 않고 전체적으로 이해하고자 한다.
- 질적연구에서는 어떤 결과가 나오기까지의 과정을 면밀히 살펴보는 것이 주된 관심사이다. 이때 심층적 이해라는 목적을 달성하기 위해 질적연구는 연구자의 현장활동(fieldwork)을 강조한다.
- 질적연구에서는 실제로 수집한 구체적인 자료들을 기초로 하여 이들 자료들이 가리키는 의미를 이해하는 방식으로 연구를 수행한다. 즉, 질적연구에서는 확보한 자료를 바탕으로 현상에 대한 이해를 시도하는 귀납적 방법을 선호하기 때문에 구체적인 자료의 분석과 종합을 통하여 일반화에 도달하게 된다.
- 질적연구에서는 사전에 마련한 연구설계대로 움직이는 것이 아니라 연구수행에 있어서 융통성과 유연성이 크다. 이러한 차원에서 질적연구에서는 자료수집과 분석에서 연구자의 역할이 중요하다. 따라서 질적연구는 연구자가 최대한 합리적이고 과학적인 접근을 취하는 연구방법이다.
- 질적연구에서는 어떤 현상이 변천해가는 과정을 살펴보려고 하거나, 그러한 변천과정에 작용하는 다양한 상황적 요인이 무엇이며, 이들이 어떻게 개입하고 있는지 등과 같은 역동적인 주제에 대해서 관심을 가지는 연구방법이다.

이종승(2013)은 이러한 질적연구의 장단점을 다음과 같이 설명하고 있다.

(1) 질적연구의 장점

① 참여관찰이나 심층면접 등을 통해 인간에 대한 이해를 심층적으로 할 수 있다.

② 인위적 통제나 조작보다는 자연스러운 관찰을 통하기 때문에 사실적이고 자연스러운 인간의 모습을 보게 된다.

③ 연구과정을 상황에 맞게 조정하거나 구체화시켜 진행할 수 있기 때문에 연구를 유연하게 진행할 수 있다.

(2) 질적연구의 단점

① 연구자의 주관적 판단이 강하게 작용하기 때문에 연구의 객관성과 신뢰성에 문제가 발생할 수 있다.

② 소수의 연구대상자를 중심으로 연구가 진행되기 때문에 표본의 대표성 문제가 있을 수 있고, 그에 따라 연구결과를 일반화시키는 데 한계가 따른다.

③ 연구대상자의 언어와 행동, 문화, 사회적 맥락을 이해하는 데 한계가 있기 때문에 연구자의 해석과 연구대상자의 해석 사이에 불일치 문제가 생길 수 있다.

④ 질적연구를 수행하는 연구자의 역량이 질적연구의 질을 좌우하기 때문에 양적연구보다 더 높은 수준의 전문적 지식과 연구경험이 요구되는 어려움이 있다.

한편 질적연구에서도 다양한 연구형태, 연구목적 및 연구질문이 가능하다. 이에 대해서 김구(2020)는 〈표 14-1〉과 같이 질적연구에서 취할 수 있는 연구형태별 연구목적과 연구질문을 제시하고 있다.

표 14-1 질적연구에서의 연구형태, 연구목적 및 연구질문

연구형태	연구목적	연구질문
탐색적 연구	• 현상에 대한 이해 • 주요한 변수의 확인과 발견 • 가설도출	• 어떤 일이 일어났는가? • 주요한 주제와 범주는 무엇인가? • 하나의 패턴은 다른 패턴과 어떻게 연결되어 있는가?
설명적 연구	• 현상의 원인 설명 • 현상을 형성하고 있는 인과적 구조 확인	• 어떤 사건, 신념, 태도, 정책들이 현상을 형성하고 있는가? • 원인이 되는 영향요인들은 현상의 결과에 얼마만큼 영향을 미치는가?
기술적 연구	• 현상의 기록	• 현상의 원인이 되는 주요 사건, 신념, 태도, 구조는 무엇인가?
예측적 연구	• 현상의 결과 예측 • 현상으로부터 가져올 사건과 행동을 예견	• 현상의 결과로 무슨 일이 일어날 것인가? • 누가, 어떤 방식으로 영향을 받을 것인가?

출처: 김구 (2020). 사회과학 연구방법론의 이해.

3) 양적연구와 질적연구의 철학적 기초

(1) 경험적 · 실증적 탐구

양적연구에서는 경험주의(empiricism)와 실증주의(positivism)의 철학적 전통을 따르고 있다. 경험주의에서 모든 인식은 경험에서 출발하여야 하며, 관찰과 실험에 의하여 인식의 정확한 기반이 확립된다고 주장하고 있다. 경험적 · 실증적 전통에 의하면 과학적 지식은 경험적으로 검증이 가능해야 하며, 경험적 분석과 연구의 결과로 나타나는 것들에 대해서만 이성이 사후적으로 의미를 부여하도록 되어 있다. 그밖에도 경험적 · 실증적 탐구는 다음과 같은 내용을 포함하고 있다(이종승, 2013).

• 자연현상과 사회현상은 본질적으로 같기 때문에 자연현상의 탐구에 적용

되는 자연과학적 탐구방법이 사회현상의 탐구에도 그대로 적용될 수 있다.

- 과학적 탐구의 목적은 사회현상과 자연현상의 내재된 법칙을 발견하는 일이다.
- 과학적 지식의 가장 두드러진 특징은 그것의 경험적 검증 가능성에 있다. 과학적 지식은 관찰을 통하여 얻어진 사실에 의해 검증되어야만 정당화될 수 있으며 그러한 방식으로 추론된 이론만이 유의하다.

(2) 현상학적·해석학적 탐구

양적연구와 달리 질적연구에서는 현상학적 · 해석학적 탐구의 전통을 따르고 있다. 현상학(phenomenology)과 해석학(hermeneutics)[1]에서 객관적 실체는 의식적 형성의 산물로 본다. 따라서 의식적 형성에 대한 이해 없이 객관적 존재를 이해하는 것은 불가능하다. 또한 현상학과 해석학에서는 대상을 직접 문제 삼지 않고 그 대상을 형성하는 주관과 의식작용을 중시한다.

현상학과 해석학에서는 사회현상을 객관화된 실체로 설명할 수 있는 것이 아니라 이해에 의해 해석되어야 하는 것으로 파악한다. 현실을 구성하는 것은 대상의 존재 그 자체가 아니라 대상과 관련된 우리의 경험이 갖는 '의미'라는 것이다. 외부세계의 실체는 인간과 무관하게 객관적으로 존재하는 것이 아니고 그 세계 속에 살고 있는 사람들이 상호주관적으로 부여한 의미에 의해 구성된다고 본다(이종승, 2013).

유기웅 외(2018)는 이러한 양적연구와 질적연구의 철학적 · 인식론적 차이를 〈표 14-2〉와 같이 다섯 가지 측면에서 정리하고 있다.

---

1) 해석학(hermeneutics)은 그리스·로마신화에 나오는 헤르메스(Hermes)의 이름으로부터 기원하는 단어이다. 헤르메스는 전령(傳令)으로서 지옥과 천국을 넘나들고, 신들의 세계와 인간 세계를 넘나들 듯이 모든 경계를 넘나드는 존재이다. 이러한 헤르메스의 이름을 딴 헤르메스적 사고란 보이는 것에만 국한하지 않고 사물의 내면에까지 담긴 힘을 읽고 해석하는 유연한 사고를 일컫는다.

표 14-2 양적연구와 질적연구의 인식론적 차이

구분	양적연구	질적연구
연구대상의 객관적 실재 여부	• 연구자로부터 독립적으로 존재하는 객관적인 실재의 존재를 인정	• 연구대상은 연구자의 인식과정 가운데 구성 • 따라서 객관적인 실재란 없고, 오히려 실재를 연구 가능한 부분들로 조작화할 때 실재의 본질을 왜곡
연구자와 연구대상 간의 관계	• 연구자와 연구대상 간의 분리를 통해 객관적 탐구가 가능	• 연구자와 연구대상 간의 상호영향은 필연적
지식의 일반화	• 보편적, 법칙적 지식의 생산이 가능	• 해당 사례에서만의 독창적이고 개별적 지식을 생산
전체적 또는 부분적 접근	• 결과에 영향을 미치는 요인을 구별해내고 각각의 요인별 영향력을 확인 가능	• 어떤 사건이나 행위의 원인은 다양한 요인들이 복합적으로 작용하여 발생 • 따라서 개별 영향요인을 하나씩 이해하는 것은 무의미
연구자의 가치 개입	• 연구의 객관성과 신뢰성을 위해 연구자의 가치개입은 통제되거나 배제	• 연구과정에 연구자의 주관적 가치개입은 자연스러운 현상

4) 질적연구의 과정

일반적으로 질적연구는 연구계획, 자료수집, 자료분석, 결과보고 등의 네 단계로 진행하게 된다(이종승, 2013).

(1) 연구계획

연구계획 수립단계에서는 연구주제, 연구장소 및 연구대상자 등에 대한 고려가 필요하다. 먼저 질적연구의 연구자는 자신이 연구하고자 하는 분야에 대해서 사전에 관련 선행연구를 살펴보거나 관계되는 전문가와의 충분한 상의를 거치게 된다. 이를 통해 연구자는 연구하고자 하는 분야에 대한 주요 쟁점이나 문제점 등을 파악하게 된다. 이러한 질적연구의 특성은 양적연구와 달리 연구를 진행하면서 연구문제를 구체화하고 연구주제에 초점을 맞추게 된다.

한편 연구계획 단계에서 연구자는 연구에 가장 적합한 자료를 얻을 수 있는 연구장소를 찾는 데 노력하여야 하며, 그 장소는 연구의 객관성이 확보되는 장소여야 한다. 또한 이 단계에서 연구자가 탐색하고 있는 상황이나 장면을 가장 잘 제공해 줄 수 있는 연구대상도 선정하게 된다.

(2) 자료수집

관찰, 면담, 문서, 사진, 기록물, 그림 등이 질적연구의 자료가 될 수 있는데 대개 한 가지 이상의 자료수집방법이 이용된다. 특히 관찰은 질적연구의 중요한 자료수집방법이 된다. 이때 연구자와 연구대상자 사이의 관계는 자료의 질에 큰 영향을 미치므로 연구자는 연구대상자와 친숙한 관계 형성을 위한 노력을 하여야 한다.

한편 관찰을 통해서 알아낼 수 없는 연구대상자의 가치관이나 과거의 경험 및 연구대상자가 자신의 세계를 이해하는 방식을 알기 위해 질적연구에서는 면접을 이용하기도 한다. 그런데 자료수집 단계에서 관찰이나 면접하는 일 못지않게 수집된 자료, 즉 관찰내용이나 면접내용을 정확하게 기록하고 정리하는 일이 중요하다. 따라서 참여관찰이나 심층면접을 통한 자료수집의 경우 기록은 가능한 한 빨리 현장조사 직후에 하는 것이 좋다.

(3) 자료분석

질적자료의 분석은 다음과 같이 읽기와 메모하기, 기술하기, 분류하기, 해석하기의 순서로 주로 진행된다. 그리고 질적연구에서는 자료의 수집과 자료분석이 순환적으로 이루어지는 활동이기 때문에 연구가 완성될 때까지 연속적으로 다음의 절차가 되풀이된다.

- 연구자는 수집된 자료 속에 담긴 의미를 이해하기 위해 현장노트, 메모, 관찰기록 등을 읽으면서 중요하게 생각되는 부분이나 의미를 기록해 두고 핵심사항을 메모하게 된다.
- 수집된 자료를 읽고 나서 연구대상자의 행동과 상황, 일어났던 사건과 장면에 대하여 자세히 기술하게 된다.
- 질적자료를 정리하는 전형적인 방식은 자료를 내용적으로 범주화해서 분류하는 것이다.
- 범주화한 자료를 해석하는 단계이다. 자료를 해석하는 일은 수집된 자료에서 중요한 주제나 의미를 발견함으로써 자료가 연구의 주제에 어떤 의미를 가지는지를 찾아내는 것이다.

(4) 결과보고

질적연구에서 보고서의 구체적인 형식은 연구의 유형이나 독자에 따라 다를 수 있다. 하지만 대표적인 보고서 형태는 연구자가 질적연구를 통해 밝혀진 사실과 결과를 보고하기 위해 주로 서술적 묘사(narrative representation)의 형식을 사용하고 있다. 이 보고서 스타일은 대체로 이야기하듯이 내용을 전개하면서 연구결과를 보고하는 형식을 취한다.

2. 질적연구의 전통

대표적인 질적연구방법으로는 근거이론(grounded theory), 현상학적 접근법(phenomenological approach), 사례연구(case study), 문화기술지(ethnography), 생애사 연구(life history), 민속학적 방법론(ethnomethodology) 등이 있다(김병섭,

2010; 유기웅 외, 2018; 이종승, 2013; 최종혁, 2009).

1) 근거이론

Glaser와 Strauss(1967)에 의해 개발된 근거이론(grounded theory)은 거대이론(grand theory)과 상대되는 이론으로서 현실 밑바닥으로부터 구축된 이론을 뜻한다. 논리실증주의가 연역적인 방법으로 이미 수립된 이론들로부터 가설을 세우고 이를 검정하는 식이라면 근거이론은 실제 자료에 근거해서 이론을 귀납적으로 만들어 내는 이론개발과정이다. 근거이론에서는 잘 알려지지 않았거나, 기존의 현상에 대한 관심으로부터 자료를 수집하기 시작한다.

또한 근거이론은 표본추출, 코딩, 메모, 핵심범주 분류 등의 과정을 통해 행위자의 경험과정을 원인, 결과, 차이점, 강도 등에 대해서 체계적으로 분석하여 하나의 새로운 이론으로 발전시키는 데 적절한 질적연구방법이다.

근거이론은 수집된 자료를 근거로 하여 이론적 체계, 과정, 실행 혹은 실질적인 주제에 관한 상호작용 등을 설명하는 이론을 개발하는 데 사용하는 연구방법이다. 특히 근거이론은 상징적 상호작용론을 기초로 인간이 실제로 행동하는 모습을 근거로 하여 인간행동을 실질적으로 설명할 수 있는 이론을 찾고자 한다. 즉, 인간이 어떤 과정을 통해서 행동을 하며, 그러한 행동의 전략이 무엇인지를 찾아내고 그것을 이론화하여 인간행동을 설명하고자 한다.

이에 따라 근거이론에서는 객관적인 한 사건이 개인에게 의미하는 것은 사람마다 다르며, 같은 사건이라고 할지라도 발생한 맥락이나 타인과의 상호작용에 따라 차이가 생길 수 있다는 것을 전제로 하고 있다(권장욱 · 이훈, 2021).

한편 유기웅 외(2018)는 〈표 14-3〉에서와 같이 '집단 따돌림을 당하는 학생'의 예를 통해 질적연구방법으로서 근거이론이 가지고 있는 심층적 이해, 사회적 상호작용의 본질 탐구 및 새로운 이론 발견이라는 세 가지 목적을 설명하고 있다.

표 14-3 '집단따돌림을 당하는 학생'의 예를 통한 근거이론의 적용

목적	근거이론	집단따돌림을 당하는 학생의 예
1. 심층적 이해	• 양적연구를 통해 설명하기 힘든 행위자의 행위, 경험세계, 삶의 본질 등을 행위자 자신의 목소리를 통해 이해하고 해석	• 따돌림을 당하는 학생들의 학교생활을 탐구하고 행동의 본질과 그들의 주관적 경험을 탐구 • 따돌림을 당하는 학생들의 정신적·신체적 고통 및 갈등을 이해
2. 사회적 상호작용의 본질을 탐구	• 사회적 맥락 속에서 현상과 사건을 심도 있게 분석하고 이해	• 학교 또는 학급이라는 사회구조적 맥락에서 따돌림의 의미를 이해 • 타인들과의 상호작용 속에서 어떻게 느끼고 경험하고 의미를 부여하는지를 이해
3. 새로운 이론의 발견	• 수집된 자료를 반복적인 비교분석을 통해 현상, 행동, 사건, 범주, 개념 등을 서로 끊임없이 비교하고 범주화시켜 하나의 새로운 이론으로 발전	• 집단따돌림을 당하고 있는 학생들의 경험과 관련하여 유사점과 차이점을 발견 • 집단따돌림에 대한 하나의 새로운 패러다임을 구조화

질적연구방법의 하나로서 근거이론은 〈표 14-4〉와 같은 장단점이 있을 수 있다(유기웅 외, 2018).

표 14-4 근거이론의 장단점

구분	내용
장점	• 기존에 많은 연구가 없었던 새로운 분야를 탐색하는 데 적절 • 자료분석의 엄격성은 이론을 통합시키고 정교화하는 데 유리 • 미개척 분야의 새로운 이론을 생성
단점	• 개방코딩, 축코딩, 반복적 비교 등 연구방법이 엄격하여 처음 근거이론을 접하는 연구자는 생소 • 양적연구에서처럼 명확한 기준과 원리가 없기 때문에 연구자에게 고도의 창의성을 요구 • 연구자에 의해 새롭게 생성된 이론을 독자들이 쉽게 이해하기 어려운 한계

2) 현상학적 연구

현상학(phenomenology)은 현상의 본질에 대한 탐구로서 어떤 상황에 처한 인간 경험의 본질과 의미를 밝히는 것이 목적이다. 여기서 현상(phenomenon)은 그리스어 phaino가 어원으로 그 뜻은 '불을 밝히다', '밝은 곳에 두다', '있는 그대로의 모습을 보이다' 등과 같다. 따라서 현상학에서는 어떠한 사물이나 사건을 밝고 개방된 곳에 내어놓고자 하는데, 그 밝음의 장이란 인간의 의식을 뜻한다. 그리고 현상학적 연구는 인간이 인지하는 현상을 있는 그대로 드러냄으로써 사물의 본질을 탐구하고자 하는 노력을 의미한다(유기웅 외, 2018). 또한 현상학적 관점은 철저한 자기탐구, 타인과의 대화, 경험의 창조적 표현 등을 통하여 지식을 발견하는 데 관심을 가지고 있다. 이러한 차원에서 현상학적 관점은 질적연구가 가능하도록 만드는 철학적 시각을 제공하는 것으로 볼 수 있다.

현상학적 연구는 현실 속에서 각 개인이 일상적으로 경험하는 일상의 의미를 연구자가 선입견 없이 이해하는 것을 목적으로 한다. 따라서 연구대상자와의 면담은 특정 방식의 계획된 형태로 진행되는 것이 아니라 연구대상자가 자유롭게 참여할 수 있도록 유도하는 대화 형식이 필요하다. 그리고 연구대상자가 자신의 경험을 설명하는 것뿐만 아니라 자신의 경험에 대해 나름대로 의미를 부여하는 것도 허용해야 한다.

현상학적 연구는 자료수집, 자료분석, 연구보고서 작성 등의 절차로 진행된다는 점에서 일반적인 연구과정과 크게 다르지 않다. 하지만 현상학적 연구가 철학적으로 추구하는 존재의 본질에 대한 탐구목적은 연구의 모든 과정에도 영향을 미치는데, 유기웅 외(2018)는 현상학적 연구의 과정을 다음과 같이 설명하고 있다.

- 연구목적 및 질문형성: 인간 경험의 본질과 의미 그리고 인간의 행동과 경험에 대한 질적인 요소를 심도 깊게 이해하고자 한다.
- 문헌고찰: 연구하고자 하는 현상에 대해 기존 연구는 어느 정도 이루어졌는지, 새로운 연구는 어떤 부분에서 필요한지 등을 알기 위해 연구 초기 단계에서 마지막 단계에 이르기까지 지속적으로 문헌고찰이 필요하다.
- 연구참여자의 선정: 현상학적 연구의 특성상 연구하고자 하는 현상에 대해서 심도 깊은 경험을 했으며, 자신들의 과거 경험에 대해서 반추해볼 수 있는 참여자를 선정하는 것이 중요하다.
- 자료수집: 일반적으로 현상학적 연구에서는 연구참여자를 대상으로 연구하고자 하는 현상과 관련된 그들의 경험을 인터뷰하는 방식으로 자료를 수집하게 된다.
- 자료분석의 단계: 연구자의 상식과 현상에 대한 선이해가 자료분석 단계에서 연구하고자 하는 현상의 본질을 이해하는 데 방해가 되지 않도록 주의하여야 한다.

3) 사례연구

질적연구방법 가운데 하나로서 사례연구는 '사례'가 경험한 현상의 중요한 속성을 심층적으로 탐구할 수 있고, 이를 통해 경험의 개인적, 주관적인 의미를 발견해 낼 수 있다는 점에서 의의가 있다(이찬희 · 문영주, 2013).

사례연구의 대상인 '사례(case)'는 특정한 인물, 집단일 수도 있고, 조직이나 기관일 수도 있으며, 어떤 프로그램이나 사회적인 현상일 수도 있다. 특정한 사례에 대한 조사와 분석이라는 사례연구의 특성상 사례연구는 다양한 개념들을 포함하고 있으며, 사례연구가 무엇인가에 대한 정의도 〈표 14-5〉와 같이 연구주제, 전략과 방법, 연구산출물 등에 따라 다양하게 제시되고 있다(유기웅 외, 2018).

표 14-5 사례연구의 정의

구분	사례연구에 대한 다양한 정의
연구주제	사례연구의 핵심은 하나의 의사결정이나 일련의 의사결정이 왜 일어났으며, 그것이 어떻게 실행되어 어떠한 결과를 가져왔는가를 조명하고자 하는 연구이다(Schramm, 1971).
	사례연구란 단일한 사례가 특정한 상황 속에서 갖는 복잡성과 특수성을 포함하는 행위에 대한 이해를 위한 연구이다(Stake, 1995).
전략과 방법	사례연구란 단독의 혹은 작은 수의 사례들에 대한 매우 구체적인 연구이며, 적절하다고 판단되는 모든 방법이 동원되는 연구이다(Punch, 2005).
	사례연구는 관심의 대상이 되는 요소들이 가능한 자료의 수집처보다 많은 상황에서 자료의 다양성을 보장하는 형태로 자료수집이 이루어지고 이론에 기반하여 자료의 수집과 분석이 영향을 받는 연구이다(Yin, 2003).
연구산출물	사례연구는 개별적인 사건, 현상, 사회적 단일체 등에 대한 집중적이고 전체적인 기술과 분석의 산출물이다(Merriam, 1998).
	사례연구는 현장을 중심으로 수행된 연구물의 최종 산출물이다(Wolcott, 1992).

출처: 유기웅 외 (2018). 질적연구방법의 이해.

또한 유기웅 외(2018)는 사례연구의 특성을 연구대상으로서 사례가 갖는 특성, 연구방법으로서 사례연구가 가지는 특성 및 사례연구에 적합한 연구의 형태 등과 관련하여 다음과 같이 설명하고 있다.

(1) 연구대상으로서 사례가 가지는 특성

연구대상으로서 사례는 제한성, 맥락성, 구체성, 복잡성, 현재성 등의 특성을 가진다.

- 제한성: 사례연구의 대상이 되기 위해서는 연구의 대상이 되는 사례가 주변의 사례들과는 여러 가지 이유로 구분이 가능해야 한다.

- 맥락성: 현상을 구체적으로 이해하기 위해서는 사례가 가지는 맥락의 경계선을 가능한 한 명확하게 규정해야 한다.
- 구체성: 사례연구는 일반적이고 전체적인 정보를 찾고자 하는 연구가 아니라 구체적인 현상이나 문제에 초점을 맞추는 연구이다.
- 복잡성: 사례연구에서는 양적인 연구에서는 접근하기 힘든 사례의 복잡한 메커니즘을 드러내고자 한다.
- 현재성: 현재성을 가진 사례를 대상으로 이루어지는 연구가 사례연구이다.

(2) 연구방법으로서 사례연구

연구방법으로서 사례연구는 구체성, 서술성 및 발견성이라는 특성을 가진다. 즉, 사례연구는 구체적인 상황, 사건, 프로그램, 현상들에 대해서 초점을 둔다. 또한 사례연구는 사건이나 현상에 대한 풍부하고 심도 깊은 서술을 제공한다. 그리고 사례연구의 결과를 읽게 되는 독자들은 현상에 대한 새로운 이해와 발견을 얻게 된다.

(3) 사례연구에 적합한 연구의 형태

사례연구는 방법적 제한이 없기 때문에 연구대상에 대한 설명적, 기술적, 탐색적 목적 등을 두루 달성할 수 있다. 즉, 사례연구는 특정한 원인과 결과 간의 관계성을 설명하거나, 현상에 대한 구체적인 기술을 할 수 있으며, 특정한 프로그램이 적용된 상황을 탐색하는 데 중점을 둘 수도 있다.

4) 문화기술지

문화기술지(ethnography)는 그 어원이 그리스어 ethnos(사람들)와 grapho(기록)에 있다. 이에 따라 문화기술지는 어원적으로 '사람들의 삶의 방식과 문화적 배경에 대한 진술'을 뜻하는 것으로 이해할 수 있다.

애초에 문화기술지는 인류학적 관점을 가진 연구자가 서태평양, 남미, 아프리카 등의 원주민 생활터전에 머무르면서 그곳에 사는 연구대상자들과 똑같은 생활환경을 체험하면서 그들의 생활양식을 밝혀내는 연구방식을 뜻하였다. 이러한 문화기술지는 도시의 하위문화 연구에도 중대한 영향을 미쳤는데, 주로 도시빈민들이 거주하는 지역이나 슬럼가의 청소년들과 함께 생활하면서 도시빈민의 삶이나 청소년들의 모습을 생생하게 그려내는 데 활용되기도 하였다.

문화기술지의 가정은 다음과 같다. 먼저 인간의 행동은 단순히 기계적으로 이루어지는 움직임이 아니라 상황과 맥락에 대한 행위자의 해석, 즉 의미에 기반하고 있다고 본다. 또한 사람들은 일정한 시간이 지나면서 사람들 사이의 상호작용 속에서 '문화'라고 불리는 것들을 만들어낸다고 본다.

이러한 가정에 따라 문화기술지 연구자들은 '문화'를 외형적인 행동양식이나 생활양식뿐만 아니라 내면적인 사고방식과 행동의 원리까지도 포함하는 개념으로 이해한다. 그리고 인간의 문화는 보편적인 것이 아니라 지역과 시대에 따라 변할 수 있는 사회적 산물인 동시에 각 집단마다 고유한 문화도 있다고 생각한다. 이러한 차원에서 문화기술지에서는 구성원들의 의미구조에 관심이 있고 이 의미구조와 관련된 사회적 맥락을 이해하고자 한다. 이에 따라 문화기술지는 조사방법으로서 다음과 같은 특징을 가진다(유기웅 외, 2018).

(1) 연구의 목적

특정한 집단이 공유하고 있는 문화적인 의미를 이해하는 것은 그들의 행동을 이해하는 데 매우 중요하다. 따라서 문화기술지를 수행하는 연구자의 과제는 이러한 의미를 발견해 내는 데 있다.

(2) 요구되는 연구자의 역량

궁극적으로 문화기술지는 연구자가 연구의 맥락에 자연스럽게 동화됨으로써 이루어질 수 있다. 따라서 연구자는 연구대상자들이 보이는 행위나 사건의 저변에 깔린 의미를 내부자의 관점에서 이해할 수 있을 정도의 민감성을 지녀야 한다.

(3) 연구의 설계

연구의 맥락과 상황에 따라서 다양하고 시의적절한 자료수집방법이 적용되므로 다른 질적연구방법과 비교할 때 사전에 계획되거나 설계된 바대로 진행될 필요성은 비교적 낮다.

(4) 자료의 수집

문화기술지에서는 자료수집에 상당한 시간을 요하며, 반복적이라는 특성이 있다. 또한 자료수집을 위해 참여관찰과 같은 현장연구가 적용된다.

(5) 자료의 분석

문화기술지의 자료분석에서 연구자는 사람들이 문화 속에서 보이는 상징에 대한 분석이나 문화적 패턴을 찾아내는 노력을 기울여야 한다. 또한 분석의 내용에 초점을 맞추어 산재해 있는 자료 가운데 무엇을 중점적으로 찾아내고 분석할지에 대해서 인식하는 것이 필요하다.

5) 생애사 연구

생애사(life history) 연구는 한 개인뿐만 아니라 집단 및 조직의 과거 경험과 그 경험 속에 녹아 있는 역사를 연구하는 방법이다. 예를 들어, 한 개인의 생애사 연구를 할 경우 사람들의 과거에 대한 이야기 또는 각종 기록을 이용하여 연구자는 과거의 사회적 상황이 개인의 삶에 어떻게 영향을 미쳤는지, 개인은 과거의 사회적 상황을 어떻게 해석하고, 대처하고, 상황을 변화시키고자 하였는지 등을 이해하게 된다. 이때 중요한 점은 생애사 연구의 기본 가정이 행동과 경험을 행위자의 관점 내지는 주관적인 관점에서 연구하고 이해한다는 것이다.

생애사 연구는 질적면접방법 가운데 하나이기도 하다(Rubin & Babbie, 2016). 생애사 연구방법을 사용하면서 연구자들은 연구참여자가 어떻게 자신의 삶에서 중요한 사건과 의미를 이해하는지를 발견하기 위해 개방형 질문을 사용하게 된다. 또한 생애사 연구를 위한 자료는 연구자가 직접 수집할 수도 있지만 전기, 일기, 편지, 수첩, 사진 등 다양한 출처로부터 얻을 수 있다. 예를 들어, 탈북청소년들의 남한사회적응 스트레스를 알아보기 위해 신문기사, 개인서신, 학교생활기록부 등 다양한 자료를 분석할 수 있다.

6) 민속학적 방법론

민속학적 방법론(ethnomethodology)에서는 신뢰할 수 있는 지식을 자연스러운 일상생활 속에서 얻을 수 있는 것으로 본다. 특히 민속학적 방법론은 일상적 사회현상을 자연스럽게 주고받는 대화를 문맥적으로 파악하는 데 주된 관심을 보인다. 그밖에도 민속학적 방법론에서는 얻어진 자료로부터 그것이 의미하는 것이 무엇인지를 연구자가 추론하는 방식을 많이 사용하고 있다.

3. 질적연구와 사회복지실천

Gilgun(1994)은 근거이론을 중심으로 질적연구방법이 사회복지실천과정과 클라이언트에 대한 관점, 개입시각, 기술의 상세성, 접근법, 상황이해방법, 가설설정, 자료수집방법 등 여러 가지 차원에서 유사한 점이 있다고 밝히고 있다. 즉, 사회복지실천과정에서 면접, 관찰 등을 통해 자료를 수집하듯이 질적연구에서도 면접과 관찰 등을 통해 자료를 수집하게 된다. 대상자에 대한 관점에서도 사회복지사들이 클라이언트의 현재 있는 그대로의 상태에서부터 출발하듯이 질적연구에서도 정보제공자의 시각에 초점을 맞추고 있다. 또한 개입기술에서도 사회복지사들이 클라이언트의 상황을 구체적으로 이해하기 위해 개별화된 사정을 실시하고 그에 따른 처우와 평가가 이루어지듯이 질적연구방법에서도 개별 사례에 대한 상세한 기술을 적용하고 있다(최종혁, 2009). 한편 질적연구와 사회복지실천은 다음과 같은 점에서 유사점과 차이점을 각각 보이고 있다(사회복지교육연구센터, 2022).

1) 유사점

① 질적연구와 사회복지실천은 클라이언트에 대한 개별화된 사정을 중요시한다.

② 질적연구와 사회복지실천은 클라이언트의 삶을 관찰하고, 기록하며, 면접과정을 거치는 등 자료수집방법이나 분석과정이 유사하다.

③ 질적연구와 사회복지실천은 개입방법을 결정하는 데 있어서 문제를 정의하고, 필요한 정보를 수집하며, 그 결과에 따라 개입방안을 결정하는 과정을 거친다.

④ 질적연구와 사회복지실천은 공감, 감정이입 등을 통해 클라이언트에 대한 비심판적인 태도를 유지한다.

2) 차이점

① 질적연구는 연구자가 자료수집이 충분이 이루어졌다고 생각할 때 종결이 이루어지지만, 사회복지실천은 클라이언트의 변화 여부나 목표달성 여부에 따라 종결이 이루어진다.
② 질적연구의 주요 관심사는 사건이나 경험이지만, 사회복지사는 클라이언트의 문제나 감정 관찰이 주요 관심사이다.
③ 질적연구에서는 학문적 지식과 이론형성이 주된 목적이지만, 사회복지실천에서는 클라이언트에게 서비스를 제공하는 것에 초점을 둔다.
④ 질적연구에서는 규범적 시각이 연구의 철학적 기초에서 벗어나지만, 사회복지실천에서는 이론과 모델에 바탕을 둔 규범적 시각을 필요로 한다.

4. 질적연구에 관한 쟁점

1) 질적연구와 양적연구의 비교

질적연구와 양적연구에서 언급되고 있는 질(qualitative)와 양(quantitative)의 개념은 그 속성, 인식, 언어, 관찰 등의 측면에서 〈표 14-6〉과 같은 차이를 가진다(최종혁, 2009).

표 14-6 질과 양의 개념 비교

구분	질	양
속성	개별적 사물의 고유한 속성	질적인 속성을 양적인 속성으로 환원시켜 비교와 특징을 통해 인식되는 관계적 속성
인식	사물을 보는 인식에서 질은 양에 비해 사물을 있는 그대로 보는 데 초점	사물에 대한 인식에서 개념, 범주, 표준, 척도 등을 활용
언어	자연언어(natural language)에 주로 의존	수식, 도형, 각종 척도 등 표준화가 용이한 인공언어(artificial language)에 의존
관찰	질적 관찰은 어떤 것의 존재 유무를 확인하는 것에 초점	양적 관찰은 어떤 특징이 존재하는 정도를 측정

〈표 14-6〉에서 발견할 수 있는 질과 양의 근본적인 개념 차이는 질적연구와 양적연구가 가지는 차이를 다음과 같이 이해하도록 돕는다. 먼저 양적연구는 관찰 가능한 세계만을 인정하는 실증주의적 관점을 통해 현상을 객관적으로 이해하고자 한다. 또한 관찰결과를 양적으로 표현하기 위해 통계적 수치를 이용하며, 가치를 배제함으로써 연구의 객관성과 타당성을 확보하고자 하는 입장을 가진다. 이에 비해 질적연구에서는 눈에 보이지 않는 세계의 의미에 대한 해석을 중시하는 해석적 관점을 가진다. 즉, 사회현상을 있는 그대로 바라보면서 상호 유기적으로 연결되어 있는 일상생활의 일들을 자연언어로 재구성하여 사물의 본질적 속성을 이해하고자 하는 입장이다(최종혁, 2009).

나아가 최종혁(2009)은 연구목적, 연구의 초점과 과정, 현실의 파악 양식, 연구대상자, 연구자의 관점, 접근방법, 일반성, 자료수집과 분석시기 등에 있어서 질적연구와 양적연구는 다음과 같은 특징을 각각 가지고 있는 것으로 밝히고 있다.

표 14-7 질적연구와 양적연구의 특성

구분	질적연구	양적연구
연구목적	특정상황에 있어서 인간행동의 이면에 관심을 가지고 그것에 대한 느낌, 동기, 관념 등을 심층적으로 이해	인간행동을 지배하는 보편적 법칙의 발견과 인과관계, 예측, 변수 등을 탐색
연구의 초점	관찰대상자의 생활세계를 있는 그대로 받아들여서 이해	측정 가능한 행동의 측정과 이를 위한 조건의 통제를 중시
현실을 보는 관점	객관적 현실의 존재에 회의적이며 사람들이 자신이 살고 있는 사회를 어떻게 해석하는가를 중시	객관적 사실을 통해 현실을 설명하는 법칙을 정립하고자 함
연구대상자	의미를 연구자와 대상자가 함께 이해하기 위해 관찰대상자는 능동적 인간	연구대상자는 측정되는 수동적 존재
연구자	연구대상자의 삶에 공감하면서 연구대상자를 문맥적으로 이해하고자 노력	연구자는 연구대상자를 객관화하기 위해 노력
조사결과의 일반화	소수의 사례와 특정 상황에 대한 연구결과를 일반화하는 데 있어서 질적연구는 조사대상을 통해 조사되는 것이 무엇인지를 통해 조사결과의 일반화를 추구	다수의 조사대상자를 통해 얻은 연구결과를 통해 조사결과의 일반화를 추구
자료수집과 분석시기	자료수집과 분석을 동시에 진행할 수 있으며, 시간이 지남에 따라 예상했던 자료 이외의 보다 적절한 자료수집도 가능	조사설계에 따라 예정된 조사대상자들을 상대로 자료를 수집하고 수집된 자료를 분석하는 과정을 거침

2) 통합연구방법의 의의와 논쟁

질적연구와 양적연구는 연구목적, 인식방법, 연구대상자 수 등에 있어서 상호 구분되는 특성을 가지고 있는 것이 사실이다. 하지만 두 연구방법이 연구목적을 달성하는 데 있어서 상호 배타적일 필요는 없다. 예를 들어, 양적연구방법을 통해 아동학대 예방 프로그램에 대한 평가를 실시한다고 가정하자. 먼저 연구대상을 한정하여 양적조사를 실시한 다음 그 조사결과를 토대로 소수의 사례를 선정한다. 그리고 이들을 대상으로 보다 심층적인 면접조사를 수행함으로써 양적연구를 통해 얻을 수 없는 유의미한 결과들을 기대할 수 있다. 이처럼 질적연구와 양적연구는 상호대립하는 것이 아니라 각각의 장점을 통해 상호보완할 때 보다 풍성한 조사결과를 얻을 수 있다. 하지만 아무리 상호보완을 통한 통합방법론의 유용성이 크게 보인다고 할지라도 질적연구방법과 양적연구방법이 근거를 두고 있는 존재론적 · 인식론적 패러다임의 차이는 근본적으로 통합이 불가능하게 만든다는 견해도 있다. 다음은 통합연구방법의 찬성 또는 반대에 대한 이유들이다(김병섭, 2010).

(1) 통합 찬성론

① 각각의 연구방법론이 가지고 있는 유용성을 상호 보완적으로 활용할 때 각 방법론에 필연적으로 내재해 있는 오류를 줄임으로써 보다 정확한 사회현상에 대한 이해가 가능하다.

② 양적연구에서도 현상학적 견해를 채택할 수 있으며 질적연구에서도 경우에 따라 통제되고 의도적인 방법으로 관찰이 이루어질 수 있다. 질적연구와 양적연구의 패러다임은 상호 배타적이지 않으며 양 패러다임의 속성들을 결합하는 것은 얼마든지 가능하다.

③ 양적연구방법이 항상 객관적이고 질적연구방법이 항상 주관적인 것만은 아니다. 주관성의 의미를 “인간의 판단에 의해 영향을 받는”으로 규정할 때 모든 방법론은 주관적이다.

④ 이분법적으로 양적연구는 이론의 검증에 유용하고 질적연구는 이론의 창출에 유용하다는 식으로 나누는 것은 부적절하다. 민속학적 사례연구에서 이론적 명제의 검증도 가능하고 실험연구를 통해 이론형성도 가능하기 때문에 양적연구와 질적연구는 통합 가능하다.

(2) 통합 반대론

① 양적접근과 질적접근의 문제는 철학적 접근방식의 차이에서 기인하는 것이기 때문에 통합이 불가능하다.

② 인과성과 관련하여 양적연구는 변수 간의 인과적 설명에 관심을 갖는 반면 질적연구는 변수 간의 사회적 담론에 관심을 갖는 차이가 있다.

③ 양적연구에서는 표본추출의 대표성 확보로 연구결과의 일반화가 가능하나 질적연구에서는 외적타당도를 추구하는 것 자체가 비과학적이라고 생각한다.

④ 연구결과의 신뢰성과 관련하여 질적연구의 주된 관심은 양적연구와 달리 연구결과를 동일하게 재현하는 것이 아니라 서로 크게 모순되지 않게 제시하는 데 있다. 이처럼 동일한 대상에 대해 시점을 달리해서 동일한 관찰을 했을 때 동일한 연구결과를 얻을 수 있는 정도를 가리키는 신뢰성과 관련하여 두 연구방법은 차이가 있다.

chapter

15 질적연구의 자료수집 및 자료분석

1. 질적자료수집의 이유

어떤 경우에는 연구문제에 대한 답을 얻기 위한 자료를 양적으로 수치화할 수 없거나 질적자료가 양적자료보다 우월한 경우도 있을 수 있다. 또한 연구대상인 사회현상에 대해서 인식론과 존재론적 측면에서 그 맥락을 이해해야 할 불가피한 경우도 있다. 김구(2020), 김병섭(2010), Rubin과 Babbie(2016) 등은 다음과 같은 차원에서 질적자료수집의 이유를 설명하고 있다.

1) 실제적·상황적 이유

질적자료는 문서, 대화기록, 면접기록, 치료기록, 법조문, 토론기록, 신문기사 등을 포함한 언어적 형태의 자료가 대부분이다. 그밖에도 그림, 음표, 필름 등도 질적자료에 해당된다(김구, 2020). 먼저 수치로 계량화된 자료보다 언어나 그림으로 된 자료는 적어도 다음과 같은 차원에서 유용한 자료이자 수단이 된다. 첫째, 이야기나 그림, 드라마, 신문기사 등은 연구자와 연구대상 간의 상호 이해를 증진시키고, 공감대를 형성할 수 있는 자료이다. 둘째, 언어나 그림으로 된 자료는 연구하고자 하는 현상이 실제 발생하는 시간적 · 공간적 맥락과 더욱 부합하는 자료일 수 있다. 사회구성원들은 이야기와 그림으로 된 자료들이 현실을 반영하고 있기 때문에 이것에 녹아 있는 의미를 공유함으로써 정체성을 형성하고 이들에 대한 해석 또한 공유하기도 한다.

2) 존재론적·인식론적 이유

존재론적 · 인식론적 차원에서도 질적자료를 수집하려는 이유가 있다. 먼저 질적연구에서는 존재론적 측면에서 연구하려는 대상이 실은 객관적으로 존재하는 것이 아니고 우리가 주관적으로 만들어낸 존재라고 본다. 그리고 인식론적으로는 연구자가 연구대상과 분리될수록 대상을 정확하게 이해하기 어렵다고 본다. 따라서 인식론과 존재론적 측면에서도 연구대상자의 입장에서 현상을 이해하고 그들의 입장에서 질적자료를 수집하는 것이 요구되는 것이다(김병섭, 2010; Rubin & Babbie, 2016).

2. 참여관찰과 질적면접

1) 참여관찰

(1) 참여관찰의 개념

참여관찰은 대상자의 활동에 참여하여 관찰하는 방법이다. 따라서 자료가 연구자에 의해 직접 얻어지므로 연구대상자의 보고능력이나 의지에 방해받지 않는 장점이 있다. 그리고 현장에서 이루어지는 관찰로 인해 세밀하고 정밀한 자료를 얻을 수 있다. 또한 일정기간의 사회과정을 조사하는 데 효과적이다. 하지만 상대적으로 주관성이 많이 개입되고, 그 결과 일반화 가능성은 낮을 수 있다. 자료수집을 위한 연구대상도 관찰 가능한 소규모에 국한되며 시간적 · 공간적 · 물리적 제약도 따르는 한계가 있다. 김렬(2013), 소영일(2001), Rubin과 Babbie(2016)는 완전한 참여자에서부터 완전한 관찰자에 이르기까지 참여관찰이 이루어지는 다양한 유형을 다음과 같이 밝히고 있다.

(2) 참여관찰의 유형

① 완전한 참여자(complete participant)

관찰자는 관찰대상 집단의 사회적 과정에 완전히 참여하면서 상호작용하게 된다. 연구대상자들은 완전 참여자의 신분과 목적을 몰라야 하기 때문에 어떤 경우에든 완전 참여자의 역할을 맡으면 연구자가 아니라 참여자로 보이도록 해야 한다. 예를 들면, 사이비 종교에 대한 연구를 위해 그 종교에 귀의한 것처럼 위장하여 종교활동에 참여하는 경우 등이 있다.

② 관찰자적 참여자(participant-as-observer)

연구자는 조사대상 집단의 일원으로 참여하여 활동한다. 그리고 조사연구자는 연구대상자들에게 참여자의 신분과 목적을 알리고 이들의 활동을 관찰하게 된다. 예를 들어, 관찰자가 스포츠 심리학을 연구하기 위해 어떤 야구팀에 들어가 함께 운동하면서 팀 동료들을 관찰하는 경우이다.

③ 참여자적 관찰자(observer-as-participant)

참여자로서 관찰자는 자신의 신분을 연구대상자들에게 알리고 연구목적도 밝힌다. 따라서 참여자들과 상호작용도 이루어지지만 조사집단에 완전히 참여하지는 않는다. 그리고 자신이 결코 관찰대상자처럼 행동해서는 안 되는 위치에 있어야 한다. 예를 들어, 비정규직 노동조합 결성과 관련된 노동운동을 탐사보도하려는 기자의 경우, 자신의 신분을 밝히고 기자로서 함께 파업현장이나 노조활동에 참여하면서 관찰하는 경우이다.

④ 완전한 관찰자(complete observer)

연구대상자들이 조사연구자를 인식하지 못한다. 따라서 관찰대상자들은 자신이 완전한 관찰자로부터 관찰당하고 있다는 사실을 전혀 인식하지 못한 채 있는 모습 그대로를 노출함으로써 연구자에게 얻고자 하는 것들을 거의 전부 얻는 행운을 안겨주기도 한다. 그런데 관찰자가 자신의 신분을 속이고 완전히 과정에 참여하지 않기 때문에 관찰자 효과를 일으킬 가능성은 없지만 관찰이 피상적이거나 일시적일 수 있다. 예를 들어, 경찰서 조사실의 일면거울이나 녹화기록장치를 이용하여 성범죄자의 행동과 상담장면을 체계적으로 관찰하는 경우이다.

2) 질적면접

(1) 질적면접의 개념

질적면접(qualitative interview)은 면접자와 응답자 간 상호작용이며 면접자는 조사의 일반적 계획은 가지고 있지만 특정한 단어와 순서로 질문되는 특정한 질문형식을 가지고 출발하지는 않는다. 또한 질적면접에서는 응답의 이유, 의견, 가치, 동기 등 언어적 표현뿐만 아니라 몸짓, 표정 등 비언어적 반응까지도 관찰 가능하다. 그리고 질적면접에서는 전체 대화 시간 가운데 면접자가 시간의 5% 미만을 사용하고 나머지는 응답자가 대부분의 시간을 사용하는 특징을 보인다. Rubin과 Babbie(2016)는 자연스럽게 진행되는 비공식 대화면접에서 시작해 면접지침 접근법, 표준화된 개방형 면접 등과 같이 갈수록 정형화된 질적면접 유형을 제시하고 있다.

(2) 질적면접의 유형

① 비공식 대화면접(informal conversational interview)

가장 개방적인 면접형태로서 면접자와 응답자 사이에 자연스럽게 일어나는 상호작용을 기반으로 한다. 따라서 응답자들은 연구자와 면접이라는 상호작용을 하고 있다는 사실조차도 생각하지 못할 수 있다.

② 면접지침 접근법(interview guide approach)

면접자가 면접에서 다루어야 하는 주제와 이슈들을 사전에 개략적으로 열거함으로써 면접자(interviewer)가 질문의 순서와 표현을 각 면접에 맞출 수 있게 해 준다. 이 경우 면접지침은 여러 면접자가 동일한 내용을 다루고 미리 결정된 동일한 주제와 이슈에 초점을 맞추는 데 효과적이다.

③ 표준화된 개방형 면접(standardized open-ended interview)

연구자가 면접을 수행할 충분한 시간이 부족할 때 그리고 연구자가 개인을 오랜 시간에 걸쳐 추적한 경우에 사용하는 방법이다. 표준화된 개방형 면접에서는 면접에서 하게 될 질문을 미리 정확하게 써 놓은 질문을 하게 된다. 따라서 질문의 표현과 순서에 많은 주의를 기울여야 한다.

3. 초점집단조사

1) 개요

- Focus Group Interview(FGI)라고도 하는 초점집단조사는 관찰 또는 면접할 대상을 집단단위로 사용하는 질적연구방법 가운데 하나이다.
- 원래 본격적 사회조사에 앞서 조사가설 설정이나 질문지 작성에 필요한 의견을 듣기 위해 활용되기 시작하여 현재는 애초의 활용목적에서 한 걸음 더 나아가 욕구조사 등의 자료수집방법으로 많이 활용되고 있다.

2) 초점집단의 구성

- 집단 참여자는 의도적 표본추출방법을 통해(토론 주제와의 관련성을 기반으로) 10명 내외의 관계자를 선정
- 예를 들어, 주제가 어떤 기관이 계획하고 있는 새로운 서비스에 대한 것이라고 한다면 참여자는 지역사회지도자, 다른 기관의 서비스 제공자, 클라이언트를 의뢰한 다른 기관, 현재 서비스를 이용하고 있는 사람들, 그 기관에 클라이언트를 의뢰하는 기관이나 단체, 또는 해당 지역의 거주자들 중 표본으로 뽑혀온 사람들로 구성

3) 초점집단조사 방법

- 초점집단방법은 구조화된 면접, 반구조화된 면접, 혹은 비구조화된 면접을 기반으로 한다.

- 집단면접 사회자는 주요 조사질문을 포함하는 비구조화 또는 반구조화 면접표를 따라 집단 참여자와 대화를 진행한다.
- 연구자 혹은 면접자는 여러 사람에게 조직적이면서도 동시적으로 질문할 수 있다.
- 조사내용에 대한 집단 참여자 간의 상호토의를 통한 의견수렴이 이루어진다.
- 사회복지사는 집단사회복지실천의 집단지도자와 같은 역할을 하는 면이 많다.
- 사회자는 참여자들로 하여금 의견을 말하게 하고, 불분명한 것은 캐묻기도 하고, 필요한 경우 참여자 상호간에 제시된 의견에 대한 토의가 이루어지도록 한다.
- 집단참여자들이 부담 없이 의견, 생각 및 느낌을 말하게 하고 참여자들 사이에 의견에 대한 코멘트와 토론도 이루어지게 하는 등 상호작용이 원활히 이루어지도록 한다.
- 집단면접과정은 참석자들의 사전동의하에 녹화하거나 녹음하여 분석자료로 사용한다.
- 자료는 일어난 모든 것을 그대로 기록하는 방법, 요약적으로 서술하는 방법, 조사자 입장에서의 해석적 서술방법으로 기록할 수 있다.

4) 초점집단조사의 장단점

(1) 장점

① 일대일 면접조사보다 융통성이 크다.

② 적은 비용으로 조사결과를 빠르게 얻을 수 있으며, 보다 심층적이면서도

집단 참여자 간의 상호작용을 통하여 다른 경우에는 얻기 어려운 자료를 얻을 수 있다.

③ 초점집단 내의 집단 역동성은 평가자에게 평가자 혼자만으로는 발견하기 힘든 또는 개인들과 개별적으로 면접조사를 실시해서는 발견하기 힘든 문제의 여러 가지 측면을 볼 수 있게 해준다.

(2) 단점

① 초점집단구성원의 대표성이 취약한 문제가 있다. 또한 초점집단에 참여하고자 동의한 사람 또는 가장 말하고 싶어 하는 사람들이 프로그램에 대해 가장 비판적인 사람일 수도 있고 반대로 프로그램에 대해 가장 만족도가 높은 사람일 수도 있으며, 프로그램 운영자에게 잘 보이려고 하는 사람일 수도 있다.

② 개인적이고 사적인 것에 대한 비밀이 보장되지 않는다는 판단 아래 집단 참여자들이 민감한 사항에 대한 응답을 꺼리거나 규범적으로 응답할 가능성이 있고, 확보된 자료의 양적 처리가 어렵다.

③ 초점집단을 통해 얻게 되는 자료는 구조화된 설문조사를 통해 얻을 수 있는 자료보다 덜 체계적이며 매우 양이 많다는 단점이 있다. 따라서 초점집단을 통해 얻은 자료를 분석하기란 대단히 어렵고 시간이 많이 걸리며 평가자의 편견이 개입될 소지가 많다.

④ 집단의 역동성이 설문조사만으로는 얻기 힘든 많은 정보를 얻게 해 주기도 하지만 그와 반대로 구성원 각 개인에게 일종의 압력으로 작용해 자신의 실제 느낌이나 실제로 하게 될 행동과는 다른 의견을 내놓게 만들 수도 있다.

5) 초점집단조사와 설문지 조사 간 조사방법상의 비교

초점집단조사와 설문지 조사 간 조사방법상의 차이를 사회복지교육 서비스의 소비자인 학생들에게 어떻게 하면 현재의 서비스에 만족하는지, 그리고 어떻게 하면 서비스를 개선할 수 있을지를 살펴보는 것으로 가정하고 비교하면 다음과 같다.

표 15-1 설문지조사와 FGI의 비교

구조화된 설문지조사나 개방적 면접조사	FGI
• 학생들의 교과과목, 실습, 시청각 기자재 및 컴퓨터 시설, 강의실 질적 수준, 상담, 교수에 대한 접근도 등에 대한 만족도를 조사할 수 있다. • 응답자들은 설문지에 포함된 속성에 대해서만 자신들의 의견을 제시 • 따라서 학생들의 반응은 5점 척도 상의 하나를 선택하는 수준 • 개방형 질문에 대해 응답자들은 기술할 수도 있고 기술하지 않을 수도 있다. 그리고 다른 학생들이 질문에 대해 어떻게 생각하는지에 대해서는 알 수 없고, 자신의 생각과 비교할 기회역시 없다.	• 초점집단 리더의 안내에 따라 집단구성원 모두가 각자 자신의 만족도와 발전방안에 대한 의견을 교환 • 따라서 자신이 어떤 것에 대해 불만족스럽게 느끼던 중에 집단구성원 중 어떤 사람이 동일한 것에 대해 불만족스럽게 느끼고 있다는 의견을 먼저 내놓는다면 자신만 그런 생각을 하는 것이 아님을 알게 될 것이고 좀 더 편하게 그리고 자신감 있게 자신의 의견을 표현할 것이다. • 집단구성원 사이에 활발한 상호작용이 있다면 설문조사에서처럼 혼자서 설문지를 작성했다거나 개별면접에 응했다면 해보지 못했을 것 같은 새로운 생각을 해볼 수 있는 자극을 얻을 수 있다.

4. 질적연구의 자료분석

양적연구와 질적연구 모두 연구대상을 몇 개의 유형으로 분류하고자 하는 측면에서는 동일하다. 즉, 양적연구에서는 '성별'이라는 변수를 남성과 여성으로 분류한 다음 남성은 1번, 여성은 2번 등과 같은 수치로 표현하고 남성과 여성이 각각 몇 %씩 차지한다는 식으로 자료를 분석하게 된다. 이에 비해 질적연구에서는 연구할 대상을 온전하게 지칭할 수 있는 개념을 구성하여 기술하는 것을 우선으로 한다(김병섭, 2010). 이에 따라 질적 연구방법에서 비수량적 관찰자료를 분석하기 위해 사용하는 주요 도구는 코딩, 메모하기, 개념지도 그리기 등이 있다(김병섭, 2010; 유기웅 외, 2018; Rubin & Babbie, 2016).

1) 코딩

질적 사회조사연구의 분석에서 핵심적인 과정은 코딩(coding)에서부터 출발한다. 코딩은 개별화된 자료들을 분류하고 범주화시켜 하나의 문자에 담겨 있는 메시지를 더 잘 이해할 수 있도록 하며 연구자가 필요할 때마다 관심 있는 자료를 다시 불러올 수 있게 만든다. 질적자료분석의 목적은 자료 속에서 어떤 유형을 발견함으로써 사람들의 사회생활이나 현상에 대한 이론적 이해를 갖게 하는 것이다. 이러한 차원에서 코딩하는 것과 개념을 연결하는 것은 매우 중요한 의미를 지닌다.

(1) 개방코딩

질적 분석에서의 코딩단위는 문서내용에 따라 매우 다양하다. 탐색되는 이론으로부터 코드를 추출할 수 있긴 하지만 많은 경우 연구자는 개방코딩(open coding)을 사용하고 그런 방식에서 코드는 자료에 관한 연구자의 조사와 질문 과정을 통해 추출된다.

여기서 개방코딩은 자료의 세밀한 검토를 통해 현상에 대해 이름을 짓고 분류작업을 하는 분석의 한 부분이라고 할 수 있다. 개방코딩은 수집한 자료들을 하나하나 검토하여 개념화한 후 유사한 개념들을 보다 추상성이 높은 범주(category)로 묶어가는 과정이다. 개방코딩과정을 통해 자료는 자세히 검토되고 유사점과 차이점이 비교되며 자료가 담고 있는 현상에 대해 질문이 제기되기도 한다. 이런 일련의 질문, 탐색과정을 통해 새로운 발견이 이루어지게 된다. 개방코딩은 줄 단위 분석, 메모, 범주화 작업 등과 같은 과정을 통해 이루어진다(유기웅 외, 2018).

- 줄 단위 분석: 인터뷰 녹취록을 한 줄 한 줄 면밀히 검토하여 추상적인 의미단위로 개념화시키는 과정을 말한다.
- 메모: 줄 단위 분석을 하면서 연구자의 생각이나 느낀 점을 적어 놓는 일을 말한다.
- 범주화 작업: 줄 단위 분석과 메모 과정을 거치면서 도출된 다수의 개념들을 의미 있고 대표성 있는 범주로 묶고 명명하는 과정을 말한다.

(2) 선택코딩

선택코딩(selective coding)은 여러 범주들이 지닌 속성과 차원을 고려하여 관련 있는 범주들끼리 통합하여 이론을 만들어가는 과정이다. 즉, 선택코딩에서는 중심 또는 핵심범주를 선택하며, 선택한 핵심범주를 다른 범주들과 연관지어 이들 간의 관련성을 확인하여 범주들을 연결시킴으로써 이론을 정교하게 다듬는 과정을 의미한다. 선택코딩의 과정은 크게 핵심범주 선정, 이야기 윤곽 만들기, 그림 · 표 작성 등으로 이루어진다(유기웅 외, 2018).

• 핵심범주 선정 및 이야기 윤곽: 자료분석을 통해 도출된 결과를 한두 단어로 응축하여 핵심범주로 표현한다. 그 다음 선정된 핵심범주를 다른 범주들과 연관지어 이야기 윤곽(story line)을 만들어 하나의 이야기로 서술하게 된다.
• 그림 · 표 작성: 자료의 핵심적인 개념 및 내용을 이해하도록 돕는 시각적 표현을 그림이나 표로 제시할 수 있다.

(3) 축코딩

축코딩(axial coding)은 현상을 설명하기 위해 만든 범주들을 인과적으로 묶는 과정이다. 분석의 핵심이 되는 중심범주를 중심으로 전후 인과관계를 규명하는 방법이 된다. 축코딩의 주요 개념은 〈그림 15-1〉과 같다. 먼저 인과적 조건은 연구대상이자 중심사건인 현상을 초래하는 조건을 말하며, 매개적 조건은 인과적 조건을 매개하거나 조정하는 조건을 말한다. 전략은 중심범주로부터 초래된 구체적 행위 또는 상호작용을 말하며, 맥락적 조건은 현상이 발생하는 시간과 공간의 구체적 조건을 의미한다.

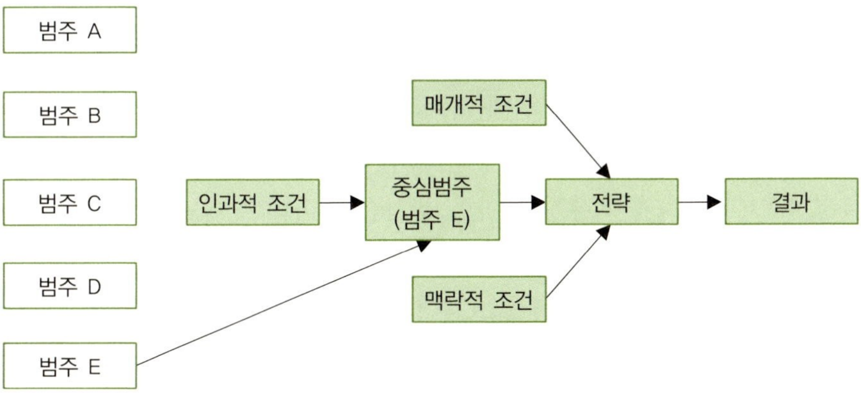

그림 15-1 축코딩 패러다임의 주요 개념

출처: 김병섭 (2010). 편견과 오류 줄이기.

이러한 축코딩 방법을 사용해 이루어진 질적연구의 사례가 〈그림 15-2〉에 소개되고 있다. 이 사례는 '댐건설을 둘러싼 갈등상황'에 관한 질적연구로서 수집한 자료를 어떻게 축코딩 패러다임 속에서 범주화하여 코딩했는지를 보여주고 있다(김병섭, 2010).

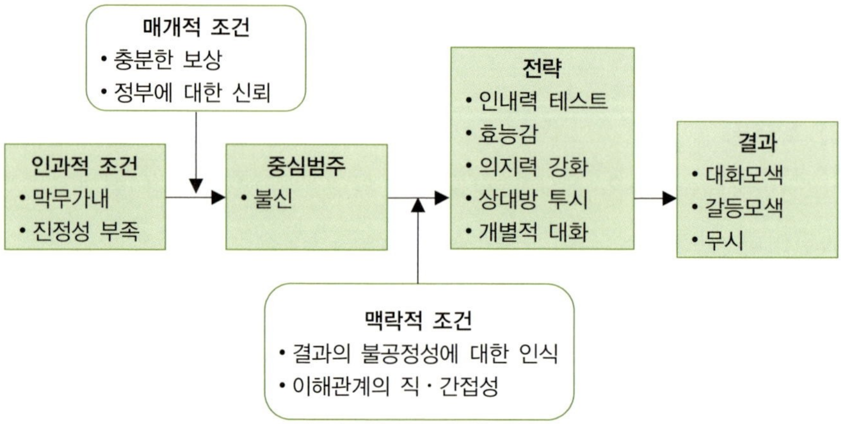

그림 15-2 댐건설을 둘러싼 갈등상황 분석

출처: 김병섭 (2010). 편견과 오류 줄이기.

2) 메모하기

자료를 코딩하면서 연구자는 메모하는 기법을 함께 사용하게 된다. 분석과정 중에서 메모하기(memoing)는 코드의 의미, 이론적 개념, 예비적 결론 및 분석과정 동안 유용하게 이용될 다양한 생각을 찾아내고 파악하기 위한 자료처리과정의 여러 단계에서 적절하게 활용된다.

메모하기에는 코드노트(code notes), 이론적 노트(theoretical notes), 조작적 노트(operational notes) 등의 유형이 있다. 코드노트는 문장의 분석을 위해 연구자가 코드의 의미가 무엇인지 분명히 기록함으로써 코드의 의미를 확인하는 것이다. 이론적 노트에서는 개념들 간의 관계, 이론적 명제, 깊은 의미에 대한 생각 등을 다룬다. 조작적 노트는 자료수집 시 상황에 대해 초점을 맞추거나 미래의 자료수집에 대해 지시하는 등 방법론적 문제를 주로 다룬다. 이런 과정을 통해 코딩과정은 한 덩어리의 문장을 간단하게 범주화하는 것 이상을 의미하게 된다.

3) 개념지도 그리기

수집된 자료들에서 일련의 관계성을 발견하기 위해 그림으로 표현하는 도식(diagram)을 사용하는 것을 가리켜 개념지도 그리기(concept mapping)라고 한다. 질적자료 분석에서는 녹취록을 풀어쓰는 문서작업에만 국한된 것이 아니라 도식적인 구도 속에 개념을 위치시킴으로써 그 개념들 간의 관계를 생각해 보기도 한다. 질적연구의 자료분석에서 이러한 과정을 '개념지도 그리기'라고 한다.

5. 질적연구의 타당성과 신뢰성

1) 질적연구의 타당성

(1) 질적연구에서 타당성의 의미

양적연구에서는 타당도가 조사연구에서 알고자 하는 개념을 측정도구가 얼마나 정확하게 측정하는지를 의미한다면, 질적연구에서의 타당도는 연구의 '신빙성(credibility)'이라는 개념에 가까운 의미이다. 즉, 질적연구에서는 연구가 수행되고 있는 사회적 맥락에서 연구자와 연구참여자들이 연구결과물의 진실성을 인정하면 이는 곧 연구의 타당성이 높다는 의미로 볼 수 있다(유기웅 외, 2018).

(2) 질적연구에서 타당성을 높이기 위한 전략

유기웅 외(2018)는 질적연구에서 연구의 타당성을 높이기 위해서 사용되는 전략과 기법을 다음과 같이 소개하고 있다.

- 장시간 관찰법(long-term observation): 비교적 장기간에 걸쳐 관찰을 수행함으로써 타당성을 높이는 방법
- 동료 검토법(peer examination): 관련된 연구주제, 연구방법 등에 충분히 식견이 있고 연구에 대해 자신의 의견을 충분히 제공할 수 있는 동료 연구자를 선정하여 그들에게 연구분석자료와 연구결과에 대한 검토를 요청하는 방법
- 연구자 편견(researcher's bias) 공개법: 연구자의 편견을 독자들에게 명확하게 알리는 방법
- 외부 감사(audit): 외부 감사자에 의해 연구의 타당성을 검토하도록 맡기는 방법
- 연구참여자 관여법: 연구참여자를 연구과정에 관여시키는 방법

2) 질적연구의 신뢰성

(1) 질적연구에서 신뢰성의 의미

양적연구에서 신뢰성은 동일한 연구대상자에게 동일한 검사를 반복 시행하거나 같은 대상을 상대로 다른 형태의 검사를 실시하여 얻은 두 측정치 간의

차이가 얼마나 일치하느냐를 의미한다. 하지만 질적연구에서는 신뢰성이 얼마나 같은 연구결과를 얻어낼 수 있느냐의 문제이기보다는 수집된 동일한 자료를 가지고 얼마나 '일관성(consistency)' 있는 결과를 찾을 수 있는지의 정도를 가리키는 개념이 된다(유기웅 외, 2018).

(2) 질적연구에서 신뢰성을 높이기 위한 전략

질적연구에서 연구의 신뢰성을 높이기 위해서 유기웅 외(2018)는 다음과 같은 전략과 기법을 소개하고 있다.

- 다수의 연구참여자 혹은 연구자를 연구과정에 참여시킴으로써 연구의 신뢰성을 높일 수 있다.
- 자신이 연구하고자 하는 바를 연구의 전제, 관점, 이론, 수집된 자료 등의 차원에서 충분히 설명함으로써 연구결과에 대한 신뢰성을 높일 수 있다.
- 연구의 수행과정 및 연구결과물을 상세히 기록한 자료를 공개함으로써 외부에서 그 부분에 대한 검증이 가능하도록 한다면 도출된 결과에 대한 신뢰성을 높일 수 있을 것이다.

16 양적자료분석

1. 사회조사에서의 통계적 지식과 기술

양적연구에 기초한 사회과학에서는 사회현상을 체계적으로 이해하고 설명하기 위해 경험적 연구방법을 사용하며, 수집된 자료의 검증을 통해 기존 이론이나 새로운 이론을 지지, 수정, 거부하게 된다. 이때 수집된 자료를 검증하는 과정에서 수리적인 논리를 거쳐 이론이나 가설을 지지, 수정, 거부할 수 있도록 도와주는 정보를 제공하는 것을 가리켜 통계 또는 통계학이라고 정의할 수 있다(성태제, 2019).

우리 속담에 '구슬이 서 말이라도 꿰어야 보배'라는 말이 있듯이 양적조사를 통해 수집된 데이터는 자료분석과정을 거쳐 데이터가 가진 의미를 발견하기 이전까지는 그저 의미 없는 숫자에 불과하다. 더욱이 수집된 자료, 즉 데이터를 조사문제나 조사가설에 맞게 통계적으로 정확하게 분석하지 못한다면, 수집된 데이터뿐만 아니라 조사과정 전체가 무의미할 수도 있다(최성재, 2005). "내가 그의 이름을 불러주기 전에는 그는 다만 하나의 몸짓에 지나지 않았다.

내가 그의 이름을 불러주었을 때 그는 나에게로 와서 꽃이 되었다." 김춘수 시인의 시 〈꽃〉에 나오는 한 구절이다. 꽃은 사람이 꽃이라고 이름을 지어 불러줄 때 비로소 꽃이 되듯이, 양적조사를 통해 수집된 데이터 역시 조사문제나 조사가설에 맞게 통계적으로 적절히 분석될 때라야 비로소 그 의미가 생겨나는 것이다.

한편 사회조사는 사회과학적 지식을 발견하는 방법과 절차라고 할 수 있는데, 실증주의 패러다임에 의한 연구방법은 주로 데이터를 양적조사를 통해 수집하고 처리하는 조사방법을 사용하게 된다. 그리고 양적조사를 통해 수집된 데이터를 대상으로 빈도분석, 집중경향치, 산포도 분석 등과 같은 통계적 분석을 하게 되면 특정 개념이나 변수의 일정한 유형이나 관계를 발견할 수 있게 된다. 또한 분산분석, 회귀분석 등과 같은 통계적 절차를 거치게 되면 수집된 데이터를 통해 조사문제에 대한 해답도 얻을 수 있으며, 수집된 데이터가 조사가설을 지지하거나 기각하는지를 판단할 수도 있게 된다. 따라서 양적조사를 통해 수집된 데이터를 통계적으로 처리하는 절차는 데이터가 가지고 있는 의미 있는 과학적 지식을 발견하는 과정이라 할 수 있다(최성재, 2005).

특히 통계적 지식과 기술은 수집된 데이터를 분석하는 단계에서는 물론 양적조사의 전반적 과정에서도 필요하다. 예를 들어, 가설설정과 가설에 포함된 개념 정의 단계에서 가설을 통계적으로 검정 가능하도록 설정하고, 개념을 측정 가능하도록 정의할 필요가 있다. 또한 설정된 가설을 양방향 또는 일방향 검정으로 할 것인가 등도 결정해야 하는데, 이러한 사항들은 모두 통계적 고려사항에 해당된다. 더불어 가설을 설정하고 적절한 변수의 측정수준을 결정하며, 이에 따른 측정도구를 만들고 변수들의 관계를 검정하기 위하여 사용할 적절한 분석방법을 결정하는 데도 통계적 지식이 요구된다. 그리고 무엇보다도 수집된 데이터를 분석하는 과정에서는 통계적 지식과 기술을 실제적으로 적용하게 된다(최성재, 2005). 따라서 수집된 데이터를 통계적으로 분석하는 기술을 알고, 이 기술을 적용하여 조사자료를 분석할 수 있는 능력을 갖추는 것은 사회복지사가 갖추어야 하는 중요한 역량이라고 할 수 있다.

2. 통계의 개념 및 종류

1) 통계의 개념

사회조사과정에서 사용되는 통계의 의미는 다음과 같다(최성재, 2005). 먼저 조사를 통해 얻은 데이터를 수량화하는 작업 자체를 의미한다. 즉, 개인이나 집단의 행동이나 심리사회적 특성을 관찰한 결과를 수량적 개념으로 수치화하는 것을 의미한다. 예를 들어, A라는 노인복지관에서 지역사회 거주 노인들을 대상으로 욕구조사를 실시한 결과, 최근 1년간의 월 평균 소득은 95만원으로 나타났다거나, B라는 지자체에서 실시한 사회조사에서 65세 이상 노인인구 가운데 독거노인이 차지하는 비율이 18%로 나타났다라고 보고하는 것처럼 어떤 사실이나 조사결과를 수치로 나타내는 것을 가리킨다.

사회조사과정에서 차지하는 통계의 또 다른 의미는 조사연구의 질문에 대한 답을 구하거나 가설을 검정하기 위해 데이터를 처리하고 분석하는 방법을 가리킨다. 예를 들어, 지역사회 거주 노인을 대상으로 실시한 실태조사결과, 성별 우울수준의 차이를 확인하기 위해 독립표본 t-검정을 실시할 수 있다. 이때 통계는 조사결과 얻게 된 데이터를 분석하는 방법이라고 할 수 있다.

한편 통계에 대한 맹신은 금물이며 통계수치를 강조하면서 단호한 주장을 펼치는 사람을 조심할 필요가 있다. 먼저 조사연구자는 수집된 데이터를 가지고 사실을 왜곡시킬 가능성이 있다. 또한 연구문제의 답을 찾는 과정에서 또는 사전에 수립한 가설을 검정하는 과정에서 수집한 데이터가 선행연구결과나 이론적 배경과 달리 통계적으로 유의미한 통계치가 못되는 경우가 있을 수 있다. 이 경우 조사연구자는 기대와 다른 결과에 당혹감을 느끼게 되며, 통계적 조작을 통해서라도 가설의 지지를 이끌어 내거나 연구문제에 대한 해답을 제시하고 싶은 유혹을 느낄 수 있다.

특별히 조사연구자가 펼치고 싶은 주장을 뒷받침하기 위해서 또는 특정한 정책을 수립하고 추진하는 데 있어서 그 당위성을 포장하기 위한 목적으로 통계수치와 통계적 방법을 선택적으로 활용하는 경우도 문제이다. 사회복지조사연구의 경우, 흔히 연구가설 수립과 연구결과를 지지하는 데 있어서 전가(傳家)의 보도(寶刀)처럼 적극적으로 인용하는 통계가 OECD 평균 내지는 OECD 국가들의 GDP 대비 지출 비율 등이다. 예를 들어, 2017년 현재 우리나라의 공공부문 일자리가 전체 취업자 수 가운데 차지하는 비율이 9.0%에 해당되며 이는 OECD 평균 21.3%에 크게 못 미치는 수준이다. 이러한 통계수치에 근거해 문재인 정부에서는 2022년까지 17.4만 명의 대규모 공무원 증원을 포함한 81만 개의 공공부문 일자리 창출 정책을 추진하는 식이다. 하지만 이러한 접근은 제도의 지속 가능성과 인구감소에 따른 미래세대에 대한 부담증가 등을 고려하여 이미 OECD 국가들이 '큰 정부' 및 정규직 공공부문 종사자를 통한 개인의 삶에 대한 개입은 빠른 속도로 수정되고 있는 점을 간과하고 있다는 점에서 논란이 되고 있다.

따라서 통계를 이해하고 활용하는 데 이러한 잠재적 문제들이 있을 수 있음을 인식하고 통계 조작이나 자의적 적용에 대한 유혹에 빠지지 않도록 조심해야 한다. 통계가 차지하는 영향력에 이용당하지 않도록 통계 수치의 이면을 볼 수 있는 안목과 역량을 갖춰야 할 것이다.

2) 통계의 종류

일반적으로 통계는 분석의 수준, 분석 대상인 변수의 수 등에 따라 다양한 이름으로 불리고 있는데, 김렬(2007), 성태제(2019), 최성재(2005) 등은 통계의 종류를 다음과 같이 분류하고 있다.

(1) 분석의 수준에 따른 종류

① 기술통계

기술통계(descriptive statistics)는 말 그대로 수집된 데이터의 특성을 기술(記述)하기 위한 목적에서 이루어지는 통계적 분석을 의미한다. 예를 들어, A시의 지역사회보장협의체 노인분과에서 A시에 거주하고 있는 노인 850명을 대상으로 실시한 욕구조사결과, 표본조사응답자들의 평균 연령이 82.7세이며, 월평균 소득은 95만 원, A시에 거주하고 있는 기간의 평균은 58.2년 등으로 나타났다. 이때 언급한 평균, 백분율, 표준편차, 변수들 간의 상관관계 등이 표본조사에 참여한 노인들의 특성을 수치화함으로써 해당 조사에 참여한 표본의 전반적인 이해를 돕는 통계이다. 즉, 기술통계는 표본조사대상자를 통해 수집한 데이터를 표본 이외의 다른 대상에 적용하지 않고 분석결과의 의미를 표본에 국한시켜 평균, 표준편차 등을 통해 그 속성을 기술하고자 하는 통계이다.

② 추리통계

추리 또는 추론과 통계가 함께 사용된 합성어인 추리통계(inferential statisitcs)는 표본조사를 통해 수집한 데이터에 독립표본 t-검정, 분산분석, 회귀분석 등의 다양한 통계분석 절차를 적용해 모집단의 특성을 추리 또는 추론하고자 하는 통계이다. 즉, 기술통계에 비해 추리통계는 수집한 자료를 가지고 확률적으로 가설을 검정하는 통계이자 표본조사대상자들이 포함된 모집단 전체의 현상이나 특징을 추정, 예견하고 나아가 일반화하려는 목적의 통계를 말한다.

예를 들어, A 노인복지관에서 지역사회 거주 노인 850명을 대상으로 5점 척도인 '삶의 만족도' 측정도구를 이용해 노인들의 삶의 만족도를 조사한 결과, 독거노인의 삶의 만족도 수준은 평균 1.7점인데 비해 배우자 또는 자녀와 동거하는 노인은 평균 2.6점으로 나타났으며, 독립표본 t-검정을 통해 그 차이는 통계적으로 유의미한 차이임을 확인하였다고 가정하자. 이러한 표본조사를 통해 일반노인보다 독거노인의 삶의 만족도가 낮을 것으로 추정하는 것이 바로 추리통계이다. 또한 우울수준의 성별 차이가 2.5점이었다면 이를 통해 모집단 전체 남녀 노인이 보이는 평균 차이 역시 2.5점인지를 추리하기 위하여 검정하는 통계가 추리통계이다.

(2) 변수의 수 및 관계에 따른 종류

하나의 변수에 대한 분석을 일원량(univariate) 통계라고 하며, 두 변수 간의 관계를 분석하는 통계를 이원량(bivariate) 통계라고 한다. 그리고 세 개 이상의 변수 간 관계를 분석하는 통계를 다변량(multivariate) 통계라고 한다.

① 일원량(일원) 통계

일원량 통계는 하나의 변수가 어떤 값들을 지니고 있으며, 어떠한 분포를 나타내는지 그리고 각 사례가 가진 변수값들이 전체 혹은 부분적으로 어떻게 나타나고 있는지를 분석하는 방법이다. 변수 하나를 대상으로 한 빈도분석, 백분율, 평균, 표준편차, 편포도 등의 기술적 통계가 일원량 통계의 주된 통계분석방법이다.

② 이원량(이원) 통계

이원량 통계는 분석 대상인 두 변수들이 어떠한 관계가 있는지, 한 변수가 다른 변수에 어떠한 영향을 주는지, 그러한 관계의 크기와 방향은 어떠한지 등에 대해 분석하는 통계방법이다. 이원량 통계에서는 상관관계분석이나 교차분석 등의 방법을 통해 두 변수들의 관계를 설명하게 된다.

③ 다변량 통계

다변량 통계에서는 회귀분석이나 요인분석 등을 통해 셋 이상의 변수 간 관계에 대하여 분석하는 방법이다. 즉, 두 변수 간의 관계를 파악하는 과정에서 제3의 변수에 의한 영향을 통제하려는 목적으로, 하나의 변수에 대해 작용하는 다양한 변수들의 통계적 유의성과 그 영향력의 크기를 설명하거나, 셋 이상의 변수들 간의 경로관계를 파악하기 위해 사용하는 방법이 다변량 통계이다.

3. 통계분석의 기초

연구자나 조사원의 부주의 혹은 실수는 사회조사를 통해 수집된 데이터를 오염시킬 수도 있다. 예를 들어, 자료의 입력과정에서 정확한 입력이 이루어져야 함에도 불구하고 실수나 부주의로 자료를 잘못 처리할 수 있다. 문제는 이러한 왜곡된 자료를 가지고 그대로 분석하게 되면 분석결과는 모수(parameter)에 대한 잘못된 추론으로 연결되게 된다. 따라서 수집된 자료를 처리하는 과정에서 데이터 입력의 정확도를 높이기 위해 원자료에 대한 데이터 클리닝(data cleaning) 과정을 반드시 거치게 된다. 다음으로 수집된 자료를 완전히 정리한 후 분석 준비가 완료되면 데이터를 의미 있는 형태로 제시하는 통계적 분석단계에 들어가게 되는데, 통계적 분석에서 가장 기본적으로 이루어지는 것들이 바로 수집된 자료에 대한 빈도분석, 집중경향치, 산포도 등을 살펴보는 것이다.

1) 빈도분석

빈도분석은 분석 대상 변수의 값들이 어떻게 분포되어 있는가를 살펴보는 것을 말하는데, 통계분석에서 표본이나 모집단 분포의 모양과 특성을 규명하는 데 기본이 되는 통계가 된다. 빈도는 분석 대상인 변수 각각의 값 또는 범주에 속하는 사례의 수를 말한다. 또한 빈도는 어떤 특별한 변수값에 속하는 사례수를 나타내는 통계치를 제시하는 가장 기초적인 통계방법이다. 예를 들면, A 노인복지관에서 지역사회 거주 노인 850명을 대상으로 실시한 욕구조사 결과, 남성 노인은 400명, 여성 노인은 450명이 조사에 응답하였다면 성별이라는 변수에서 남성이라는 변수값 400, 여성이라는 변수값 450은 각각 빈도가 되는 식이다.

또한 빈도분포는 수집된 데이터를 가장 기초적이고 기본적인 형태로 정리하여 제시하는 통계적 기법이라 할 수 있다. 이때 빈도분포는 한 변수의 각 범주에 얼마나 많은 사례들이 속하는가를 요약 정리해서 나타낸 것인데 일반적으로 표나 그림으로 제시하게 된다. 즉, 빈도분포는 가장 기본적으로 정리된 통계자료로서 변수의 전체적 이해와 분포 형태를 나타내는 기초적 자료가 된다.

일반적인 빈도분석결과인 〈표 16-1〉을 보면, 빈도는 변수의 값이 몇 번이나 나타나고 있는지에 대한 사례수이고, 퍼센트는 각 변수값들에서 나타나는 사례가 총 사례수에서 차지하는 비율을, 유효퍼센트는 결측값을 제외시키고 계산한 비율을, 그리고 누적퍼센트는 유효한 퍼센트가 앞선 변수값에 이어서 누적되는 비율을 가리킨다.

표 16-1 빈도표

변수명	변수값	빈도	퍼센트	유효퍼센트	누적퍼센트
권역	00권역	229	47.4	47.4	47.4
	00권역	149	30.8	30.8	78.3
	00권역	105	21.7	21.7	100.0
	전체	483	100.0	100.0	
연령대	60대	143	29.6	29.6	29.9
	70대	245	50.7	51.1	81.0
	80대 이상	91	18.8	19.0	100.0
	결측	4	.8		
	전체	479	100.0	100.0	
긴강수준	좋음	222	46.0	46.0	46.0
	보통	159	32.9	32.9	78.9
	나쁨	102	21.1	21.1	100.0
	전체	483	100.0	100.0	

빈도분포는 단순히 빈도만 나타내는 것보다 빈도와 병행하여 백분율(%)을 같이 제시하는 경우가 일반적이다(〈표 16-2〉 응답자의 직업별 빈도분포 참조). 백분율은 별도의 칸을 마련하여 빈도분포와 같이 제시할 수도 있고, 빈도분포 바로 옆 괄호 속에 제시하기도 한다.

이때 수집된 데이터가 모집단 전체를 대상으로 한 것이면, 모집단의 분포와 특성을 규명하는 기본통계가 된다. 그리고 수집된 데이터가 표본조사를 통한 것이면, 표본이 얼마나 모집단을 잘 대표하는가를 판단하는 기초자료가 될 수 있으며 빈도분포에서 얻은 통계치로 모집단의 모수치를 추정하게 된다(최성재, 2005).

2) 집중경향치

앞서 살펴본 빈도분포는 특정 변수의 변수 값이나 범주의 값들이 가지는 빈도가 어느 정도인지에 대한 정보는 제공하고 있지만, 그 변수가 보여주는 분포의 특성이나 경향성에 대해서는 알 수 없는 한계가 있다. 즉, 분석 대상 변수의 빈도분포에서 가장 많이 나타나는 수치(최빈치)는 무엇인지, 변수의 값을 크기 순서에 따라 빈도를 정렬할 때 중간에 위치한 값(중위수)은 무엇인지 등과 같이 변수의 분포에 대한 대표적 특성이나 경향을 알 수 있는 정보가 있다면 해당 변수의 분포를 설명하고 이해하는 데 도움이 될 것이다.

이에 따라 최빈치, 중위수, 산술평균 등을 통해 한 변수값 분포의 대표적 특성이나 경향을 요약해서 하나의 수치로 나타내는 것을 집중경향치(central tendency) 또는 중심경향치라고 한다. 즉, 데이터에서 얻어진 모든 값이 어떤 값을 중심으로 몰리는 경향을 중심경향이라 하며, 그 어떤 한 점에 해당하는 수의 값 또는 중심경향을 나타내는 특정한 값을 중심경향값이라고 한다.

(1) 최빈치

최빈치(mode)는 분석 대상 변수의 빈도분포에서 가장 많이 나타나는 수치 또는 범주를 가리킨다. 그런데 최빈치는 하나일 수도 있고 둘 이상일 수도 있다. 즉, 빈도가 가장 많은 2가지 이상의 값이 한 분포에서 나타날 수 있다는 의미이다. 그리고 최빈치는 묶지 않은 빈도분포나 묶은 빈도분포 모두에서 얻을 수 있다. 일반적으로 최빈치는 중심경향성을 보여주는 대표적 지표는 아니지만 수집한 데이터에서 빈도가 가장 많은 수의 값을 쉽게 파악하는 데 도움을 준다.

먼저 가장 일반적인 최빈치는 다음과 같다. 응답자의 직업별 빈도분포를 나타내고 있는 〈표 16-2〉에서 가장 빈도가 높게 나타난 변수값은 148이고 이에 해당하는 변수값(범주)은 전문직 및 사무직이므로 최빈치는 전문직 및 사무직이 된다.

표 16-2 응답자의 직업별 빈도분포

직업	빈도	%
전문직 및 사무직	148	55.8
공무원	22	8.3
서비스 및 생산직	63	23.8
개인사업/자영업	27	10.2
기타	5	1.9
계	265	100.0

〈표 16-2〉는 원자료가 묶지 않은 개별 값의 상태로 수집된 변수값에 대한 최빈치인데 반해, 〈표 16-3〉은 급간으로 나뉜 상태에서 묶인 형태의 자료에 대한 최빈치를 보여주고 있다. 〈표 16-3〉은 응답자의 연령별 빈도분포인데 자료가 5세 단위의 급간으로 묶여 있음을 알 수 있다. 이 경우 35가 최고빈도인데 최빈치는 35가 속한 급간인 40~44세의 중간값인 42세와 급간 50~54세의 중간값인 52세가 된다. 이처럼 최빈치는 2가지 이상의 값이 한 분포에서 나타날 수 있다.

표 16-3 응답자의 연령별 빈도분포

연령	빈도
35~39세	20
40~44세	35
45~49세	30
50~54세	35
55~59세	18
계	138

한편, 같은 묶인 형태의 자료임에도 같은 수의 빈도가 〈표 16-3〉과 달리 나란히 붙어 있는 경우에는 최빈치 계산법이 달라진다. 예를 들어, 〈표 16-4〉와 같이 묶은 빈도분포에서 같은 수의 빈도 3개가 나란히 붙어 있으면 3개 중의 가운데 값, 구체적으로 가운데 범주의 중간값이 최빈치가 된다. 〈표 16-4〉의 경우 40~44세, 45~49세, 50~54세 모두 빈도가 30이면 이 자료의 최빈치는 중간 급간 45~49세의 중간값인 47세가 되는 식이다.

표 16-4 응답자의 연령별 빈도분포(같은 수의 빈도가 나란히 붙어 있는 경우)

연령	빈도
35~39세	20
40~44세	30
45~49세	30
50~54세	30
55~59세	18
계	128

(2) 중위수

중앙값이라고도 불리는 중위수(median)는 변수의 값을 크기 순서에 따라 빈도를 정렬할 때, 전체 빈도를 양분하는 중앙에 놓이는 값을 말한다. 즉, 중위수는 가장 작은 수부터 가장 큰 수까지 크기에 의하여 배열하였을 때 중앙에 위치하는 사례의 값을 말한다. 하지만 중위수는 변수의 가운데 값을 의미하는 것이 아니라, 배열된 모든 변수값의 가운데 지점에 위치한 사례에 해당하는 값을 의미한다. 또한 중위수는 변수값이 순서에 따라 정렬이 가능한 서열변수 이상의 변수를 대상으로 한 분석에 적용될 수 있다.

한편 중위수는 전체 사례수가 짝수개냐 홀수개냐에 따라 계산법이 달라진다. 먼저 전체 사례수가 홀수이면 (전체 사례+1)/2번째 사례의 값이 된다. 예를 들면, 사례가 다음과 같이 11개(홀수)이면 중위수는 (11+1)/2=6번째 사례의 값인 5.1이 된다. 그리고 원자료의 서열에 영향을 주지 않는 범위에서 자료가 달라져도 중위수는 변하지 않는다. 11개의 사례 가운데 11번째 값이 6.5 대신 6.9가 되어도 중위수는 여전히 5.1이며, 6.9 대신 7.1이 되어도 중위수는 여전히 5.1이다.

사례번호	1	2	3	4	5	⑥	7	8	9	10	11
변수 값	4.2	4.3	4.7	4.8	5.0	5.1	5.5	5.9	6.1	6.3	6.5
						↑					
						중위수=5.1					

하지만 사례의 수가 짝수이면 [전체 사례/2번째 사례 값+{(전체 사례/2)+1번째 사례 값}/2]가 된다. 즉, 중위수는 5번째 사례의 값인 5.0과 6번째 사례의 값인 5.1의 중간값인 5.05가 된다.

사례번호	1	2	3	4	⑤	⑥	7	8	9	10
변수 값	4.2	4.3	4.7	4.8	5.0	5.1	5.5	5.9	6.1	6.3
					↑					
					중위수=(5.0+5.1)/2=5.05					

중위수는 최빈치와 비교할 때 다음과 같은 수학적 특성을 가진다. 첫째, 중위수는 2가지 이상의 값이 한 분포에서 나타날 수 있는 최빈치와 달리 한 변수의 분포에서 단 하나의 중위수만 가진다. 둘째, 변수의 분포가 극도로 한쪽에 집중해 있어도 중위수는 극단치의 영향을 배제할 수 있기 때문에 소득분포 같은 변수에 중위수가 많이 적용되고 있다.

(3) 산술평균

평균(mean)은 한 변수의 분포에 속한 변수값을 전부 합한 값을 전체 사례수로 나누어 얻은 값이기 때문에 집중경향치를 보여주는 가장 대표적인 지표로 사용되고 있다. 하지만 변수의 분포에서 나타나는 극단치의 영향을 다른 집중경향치에 비해 가장 많이 받는 지표로서 특히 분포가 한쪽으로 편중되어 있는 경우 극단치에 민감한 특성이 있다.

예를 들어, 동일하게 5개의 변수값을 가지는 분포가 있다고 가정하자. 하나는 2, 3, 5, 7, 8의 변수값을 가지는 분포라고 할 때 그 평균은 (2+3+5+7+8)/5 =5가 된다. 그런데 또 다른 분포는 2, 3, 5, 7까지는 같은데 마지막 하나의 변수값이 33이라면 평균이 (2+3+5+7+33)/5=10이 된다. 이처럼 단 하나의 변수값으로 인해 평균의 차이가 크게 나타나기 때문에 한 변수의 분포를 설명하는 데 있어서 평균을 사용할 때는 조심할 필요가 있다.

(4) 변수의 분포 형태와 집중경향치의 위치

지금까지 살펴본 집중경향치는 변수의 분포 형태에 따라 위치하는 지점이 달라질 수 있다. 즉, 해당 변수가 어떻게 분포해 있는지의 분포 형태에 따라 최빈치, 중위수 및 평균이 위치하는 지점이 달라질 수 있다.

먼저 정상(정규)분포인 경우에는 최빈치(Mo), 중위수(Md), 평균(Mn)이 동일한 지점에 위치하게 된다. 즉, 변수값의 대다수가 표준편차±2의 범위 내에 분포하고 있는 형태인 정상(정규)분포인 경우에는 최빈치(Mo), 중위수(Md) 및 평균(Mn)이 동일한 수치를 가지면서 정상분포곡선의 중앙에 위치하게 된다.

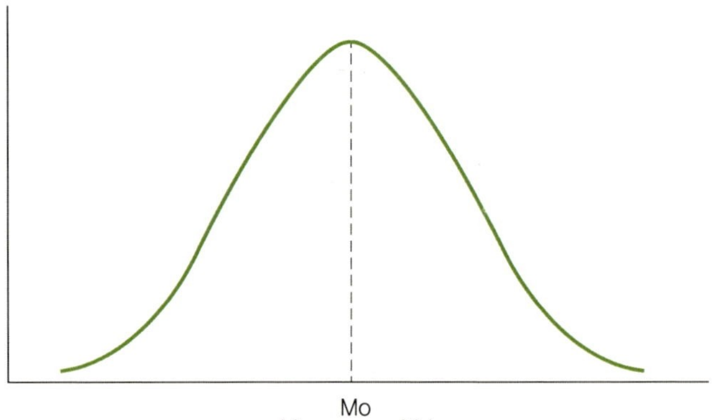

그림 16-1 정상분포

그런데 많은 경우 모집단의 분포가 항상 정상분포를 나타내는 것은 아니다. 예를 들어, 독거노인의 연평균 소득은 소득수준이 낮은 쪽에 많은 표본이 밀집되어 있고, 소득수준이 높은 독거노인이 많지 않다. 이처럼 분포의 형태가 한쪽으로 쏠리는 경우를 가리켜 왜도(skewness)라고 한다. 중심경향값들이 어떻게 위치하고 있는가에 따라 왜도는 양인 경우와 음인 경우로 나눌 수 있는데 변수의 분포가 우측이나 좌측으로 치우친 경우에는 평균(Mn)과 최빈치(Mo)의 위치가 각각 뒤바뀌는 모습을 보이게 된다. 이는 극단치에 영향을 가장 많이 받는 평균의 특성에 따른 자연스러운 현상으로서 분포의 형태상 극단치에 해당되는 꼬리 부분으로 평균이 자리를 잡는 것으로 보면 된다. 그리고 최빈치의 경우에는 당연히 다수의 변수값이 분포하는 영역으로 위치가 이동하게 되는 것이다. 이에 따라 왜도값이 음인 분포의 중심경향값은 평균이 가장 왼쪽에, 최빈치가 가장 오른쪽에 위치하며 중위수는 평균과 최빈치 사이에 위치하게 된다. 왜도값이 양인 분포는 이와 반대 형태인데, 최빈치가 가장 왼쪽에 위치하며, 평균이 가장 오른쪽 그리고 중위수가 둘 사이에 위치하게 된다. 이를 통해 볼 때, 변수값들이 정규분포를 기준으로 좌우로 얼마나 고루 분산되어 있는지의 정도를 가리키는 측정치인 왜도에서 중위수(Md)는 항상 평균(Mn)과 최빈치(Mo) 사이에 있음을 알 수 있다.

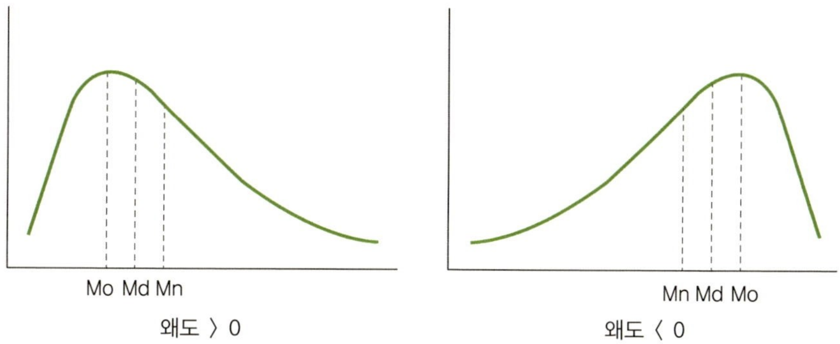

그림 16-2 정규분포와 왜도

한편 수집된 자료의 분포가 정상분포를 이루지 못하고 정상분포곡선을 기준으로 변수들이 중앙에 밀집 또는 퍼져 있을 수 있는데, 정상분포곡선의 좌우 대칭성을 기준으로 퍼져 있는 정도를 가리켜 첨도(kurtosis)라고 한다.

중심경향치가 동일하다 하여도 분포의 형태는 분산도에 따라 다양할 수 있다. 분산이 크면 자료의 값들이 이질적이고 분포의 높이가 낮으며, 분산이 작으면 그 분포를 구성하는 요소는 동질적이며 분포의 높이가 높다. 또한 표준편차는 분산의 제곱근이므로 만약 표준편차가 크다면 수집된 자료의 분포가 넓게 흩어져 있음을 알 수 있다. 따라서 분산이 큰 집단은 집단구성원들이 이질적이고, 분산이 작은 집단은 집단구성원들이 동질적이다. 그리고 분산이 0이면, 전체 케이스의 모든 변수값들이 동일한 값을 가지고 있는 것이다.

정규분포의 경우 첨도가 0이며, 변수값이 중앙에 밀집되어 있을수록 첨도는 0보다 크고, 넓게 퍼져 있으면 첨도가 0보다 작은 경우에 해당된다.

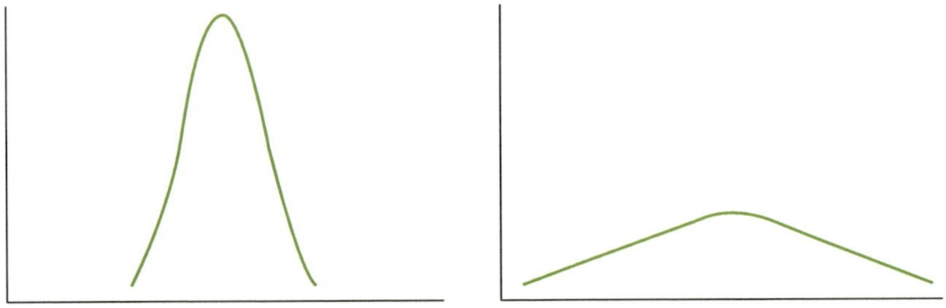

첨도 〉 0　　　　첨도 〈 0

그림 16-3 정규분포와 첨도

3) 산포도

앞서 살펴본 집중경향치는 평균(Mn), 중위수(Md), 최빈치(Mo) 등을 통해 변수값의 전체 분포를 설명하는 데는 의미가 있지만 분포 내의 변수값들이 서로 어떻게 다른지를 파악하기에는 한계가 있다. 즉, 중심경향치는 같더라도 넓은 범위에 흩어진 분포가 있을 수 있으며, 반대로 좁은 범위로 흩어진 분포가 있을 수 있기 때문에 분포의 흩어진 정도를 고려하여 자료의 특성을 파악할 필요가 있는 것이다. 예를 들어, 평균은 같을 수 있지만 변수값들의 분포는 완전히 다른 특성을 보일 수 있다. 예를 들어, 이번 학기 사회복지조사론 수업을 각각 50명씩 두 반에 나눠 개설하였고, A반과 B반의 중간고사 성적이 평균 80점으로 동일하다고 가정해 보자. 하지만 A반은 중간고사 성적이 평균을 중심으로 상당히 넓게 퍼져 있는 이질적 분포를 보이는 반면, B반은 중간고사 성적이 평균을 중심으로 상당히 집중되어 있어 A반보다는 동질적 분포를 띠고 있다. 이와 같이 A반과 B반의 중간고사 성적을 평균 점수인 집중경향치만 가지고 분포의 특성을 충분히 설명할 수 없는 한계가 있는 것이다.

따라서 집중경향치 이외에도 변수의 값이 어떻게 분포되어 있는지를 함께 고려할 수 있어야 전체적인 분포의 특성을 충분히 이해하고 설명할 수 있게 된다. 이때 한 분포 내의 점수들이 집중경향치를 중심으로 얼마나 이질적이거나 동질적인지를 나타내는지를 보여주는 지표를 가리켜 산포도(variability) 또는 분산도(variation)라고 한다. 예를 들어, 2018년도 기준 병역판정 신체검사 결과 총 315,698명의 신장 분포는 평균이 173.6cm로 나타났다. 그런데 병역판정을 받기 위해 신체검사에 참여한 사람들 가운데 평균 신장에 비해 작은 키인 160cm 이하가 4,330명, 그리고 평균 신장보다 큰 키인 191cm 이상이 5,929명을 차지함으로써 20대 남자들의 키는 매우 다양하다는 사실을 알 수 있다. 일반적으로 한 분포 내의 사례들이 변수값에 따라서 어떠한 형태로 분포되어 있는지, 즉 산포도를 파악하기 위해 범위, 사분위 범위, 표준편차 등이 널리 활용되고 있다.

(1) 범위

분포의 흩어진 정도를 가장 간단히 알아보는 방법으로 범위를 들 수 있다. 범위(range)는 한 분포 내의 사례들의 변수값 가운데 최고값과 최저값의 차이를 말한다. 즉, 사회복지조사론 중간고사 점수의 최고점이 95점, 최저점이 40점이면 95-40=55점이 범위가 된다. 이러한 범위를 서술적으로 표현하는 방법은 "중간고사 점수의 범위는 40점에서 95점으로 나타났다.", "중간고사 점수는 최저 40점에서 최고 95점이며 범위는 55점으로 나타났다." 또는 간단히 "범위는 55점으로 나타났다." 등과 같이 다양하게 할 수 있다.

한편 위에서 예를 든 경우는 범위를 계산할 때 연속성을 위한 교정(correction for continuity)을 실시하지 않고 최고값에서 최저값을 뺀 경우에 해당된다. 하지만 사회복지조사론 중간고사에서 95점을 획득한 학생의 사회복지조사론에 대한 진점수(true score)가 출제된 문제의 오류 가능성, 채점의 부정확성, 학생의 심리정서적 상황 등에 영향을 받아 정확하게 95점이라고 단언할 수 없는 문제가 있다. 이에 따라 95점을 획득한 학생의 진점수는 94.5와 95.5

사이에 존재할 것이라고 가정할 수 있으며, 우리는 이를 연속성을 위한 교정이라고 한다. 그리고 연속성을 위한 교정값에 의하여 ±0.5점씩 교정을 한 어떤 특정 점수의 범위를 정확한계(exact limit)라고 한다.

이러한 차원에서 어떤 특정 점수의 범위를 연속성을 고려하여 측정 단위를 1로 하는 점수의 범위는 (최대값-최소값)+1로 계산하게 된다. 즉, 95점을 맞은 학생의 정확한계는 94.5점 이상 95.5점 미만이다. 그리고 40점을 얻은 학생은 35.5점 이상 40.5점 미만이 된다. 따라서 사회복지조사론 중간고사 점수의 정확한계 범위는 (95-40)+1=56점이 된다.

범위를 통해 산포도를 표현하기 위해서는 등간변수 또는 비율변수로 변수값이 측정되어야 하며, 최저 및 최고 점수만을 가지고 범위를 계산하기 때문에 두 점수에 극단치가 포함될 가능성이 높다. 이에 따라 범위는 산포도를 충분히 반영하기 힘들며 통계적 가치가 낮다고 할 수 있다.

(2) 사분위 범위

사분위(quartile)는 변수의 전체 사례값 분포를 25%씩 4등분함으로써 그 비율을 살펴볼 수 있도록 만든 통계치이다. 즉, 변수의 값에 따른 전체 사례를 가장 낮은 것부터 높은 순으로 4등분하여 나열한 분포에서 하위 25%에 해당하는 점을 Q_1, 그다음 하위 50% 점을 Q_2, 그리고 그다음 하위 75% 점을 Q_3로 나누어 각각 그에 해당하는 비율에 속하는 사례를 구분하게 된다. 이때 제3사분위인 Q_3와 제1사분위인 Q_1의 차이를 사분위 범위(interquartile range)라고 하는데 만약 사분위 범위가 길면 흩어진 분포이고, 짧으면 밀집된 분포임을 알 수 있다. 이처럼 사분위 범위는 전체 사례수 가운데서 75%와 25%의 점수 차이와 변수의 분포에서 가운데 50% 사례의 값의 범위를 알게 하는 산포도 지표가 된다.

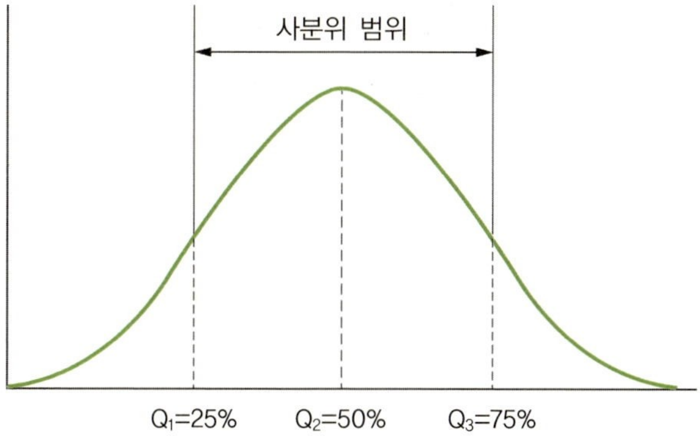

그림 16-4 사분위 범위

(3) 분산과 표준편차

범위(range)는 자료를 구성하는 모든 값의 흩어진 정도에 대한 정보보다는 최고값과 최소값을 이용하여 두 값의 차이만을 알려준다. 그리고 사분위 범위(interquartile range) 역시 전체 사례수 가운데서 75%와 25%의 점수 차이와 변수의 분포에서 가운데 50% 사례의 값의 범위를 알게 하지만 모든 값을 민감하게 대변한다고 할 수 없다. 특히 범위는 단지 두 개의 변수값의 차이만으로 전체의 산포 정도를 추정하기 때문에, 그 변수값들의 특이성에 지나치게 좌우되기 쉽다는 문제가 있다. 이에 따라 전체 자료의 개별 값을 각각 고려하면서 분포의 흩어진 정도를 파악하기 위해 분산과 표준편차를 이용하고 있다.

우리가 산포도를 보는 이유는 변수의 값이 어떻게 분포되어 있는지를 고려하여 전체적인 분포의 특성을 이해하고자 하는 데 있다. 예를 들어, 〈표 16-5〉와 같이 A, B, C, D 네 정당을 대상으로 10점 만점의 정당 호감도 조사를 실시한 결과, 각각 2, 3, 5, 2점을 받았다고 가정하자. 조사 대상 정당들이 받은 점수의 평균은 (2+3+5+2)/4=3점이며, 각 정당들이 받은 점수의 흩어진 정도를 구하기 위하여 각 점수가 평균에서 떨어진 정도를 계산한 결과 -1, 0, 2, -1점으로 나타났다. 이때 개별점수에서 평균을 뺀 점수를 가리켜 편차(deviation)라고 하며, 편차의 절대값이 크면 그 값은 평균에서 멀리 떨어져 있음을 의미한다. 따라서 편차가 0이라는 것은 해당되는 값이 평균과 같다는 것을 의미한다.

표 16-5 편차계산

정당	X	편차 d_i=(X-$\overline{X}$)
A	2	2-3=-1
B	3	3-3=0
C	5	5-3=2
D	2	2-3=-1

평균 $\overline{X}$=2+3+5+2/4=3

다음으로 각 점수가 평균에서 떨어진 정도를 말하는 편차들을 모두 합하여, 총 사례수로 나눈 평균이 표준편차(standard deviation)이다. 즉, 표준편차는 다음과 같이 계산할 수 있다.

$$\overline{d}=\frac{\Sigma d}{n}=\frac{\Sigma(X-\overline{X})}{n}$$

그런데 이 공식에 따라 표준편차를 구하기 위해 모든 편차를 더하면 그 값은 항상 0이 된다. 즉, (-1)+0+2+(-1)=0이 된다. 그러나 〈표 16-5〉에 예시된 자료를 분석하면 표준편차는 절대로 0이 될 수 없다. 표준편차가 0이 된다는 말은 점수들이 흩어져 있지 않음을 의미하며 모든 사례수의 값이 같음을 의미한다. 즉, 조사 대상 정당의 점수가 전부 똑같아야 표준편차가 0이 되는 것이다. 그러나 각 정당이 얻은 호감도 점수에 차이가 있음에도 표준편차가 0이 된 이유는 공식의 분자에서 편차들을 모두 합했기 때문에 얻어진 결과이다.

따라서 이러한 공식으로는 편차 부분이 양수인 부분과 음수인 부분이 상쇄되어 표준편차를 구할 수 없기 때문에 편차를 제곱하여 그 합을 총 사례수로 나누는 방법으로 분산(변량)을 먼저 구하게 된다. 즉, 각 값으로부터 평균을 뺀 편차를 제곱한 후, 그 수를 모두 더하여 총 사례수로 나눈 값을 분산(variance)이라고 하며, 편차 부분을 제곱함으로써 양수값인 편차와 음수값인 편차가 상쇄되지 않으므로 편차의 합은 0이 되지 않게 된다. 개별값들이 평균에서 떨어진 거리의 정도를 나타내는 분산은 s^2으로 표시하며 계산하는 공식은 다음과 같다.

$$s^2 = \frac{\Sigma(X-\overline{X})^2}{n}$$

이 공식에 의하여 〈표 16-5〉의 자료로 각 정당이 얻은 호감도 점수의 분산을 구하면 〈표 16-6〉과 같이 1.5가 된다.

표 16-6 분산계산

정당	X	$(X-\overline{X})$	$(X-\overline{X})^2$
A	2	−1	1
B	3	0	0
C	5	2	4
D	2	−1	1

$$s^2 = \frac{\Sigma(X - \overline{X})^2}{n} = \frac{6}{4} = 1.5$$

앞서 표준편차를 편차의 평균으로 정의하고, 공식을 유도하였으나 편차의 합이 0이 되는 문제를 해결하기 위해 편차를 모두 제곱한 후 합하여 총 사례수로 나눈 값인 분산을 계산하였다. 표준편차는 값들이 평균 근처에서 얼마나 모여 있는지를 나타내기 때문에 평균과 특정값 사이의 거리가 어느 정도나 되는지를 알 수 있는 기준이 된다. 표준편차는 s(또는 SD)로 표시하며 분산의 제곱근을 통해 얻기 때문에 한 변수의 개별점수에 해당하는 값에서 평균을 빼서 얻은 값인 편차들을 제곱하여 전체적으로 합한 것을 전체 사례수로 나누고 이를 다시 제곱근으로 계산하면 되는데 그 공식은 다음과 같다.

$$s = \sqrt{s^2} = \sqrt{\frac{\Sigma(X - \overline{X})^2}{n}}$$

따라서 앞서 예로 든 네 정당의 호감도 점수의 표준편차는 분산의 제곱근이므로 $\sqrt{1.5} = 1.22$가 된다.

그런데 사회조사에서 궁극적으로 알고자 하는 것은 표본의 통계치가 아니라 모집단의 모수치(parameter)이다. 즉, 대부분의 사회조사에서는 모집단이 아니라 표본을 조사하기 때문에 표본의 통계치로부터 모집단의 모수치를 추정하게 된다. 그런데 모집단의 평균치(μ)가 이미 알려져 있다면 모집단의 표준편차(σ)는 다음과 같이 개별 사례값에서 모집단의 평균을 뺀 값을 제곱하여 더한 후 이를 사례수로 나눈 값을 구하고 이 값의 제곱근을 구하면 된다.

$$\sigma = \sqrt{\frac{\Sigma(X-\mu)^2}{n}}$$

이때 표본의 평균은 모집단의 평균과 같은 경우가 거의 없으며, 모집단의 표준편차와 표본의 표준편차 역시 일치하는 경우가 거의 없으므로 모집단의 표준편차를 표본의 표준편차를 이용해서 추정해야 한다. 모수치를 추정하는 경우 기호는 모집단의 표준편차 σ에 해트(^: hat)를 씌우는 것이 일반적이다. 따라서 모집단의 표준편차 추정치를 구하는 공식은 아래와 같다.

$$\hat{\sigma} = \sqrt{\frac{\Sigma(X-\overline{X})^2}{n-1}}$$

모집단의 표준편차 추정치를 구하는 공식에서 분모에 전체 사례 수 대신 사례 수 하나를 빼고 개별점수에 해당하는 값과 평균과의 차이인 편차를 제곱하여 합한 값을 나누고 있다. 그 이유는 개별 값에서 평균을 뺀 값의 제곱의 합은 개별 값에서 모집단 평균을 뺀 값의 제곱보다 적은 값이 되어 모집단의 표준편차를 실제보다 과소 추정하게 되는 문제 때문에 분모의 크기를 약간 줄임으로써 좀 더 모수치에 가까운 값을 추정하기 위함이다.

PART 05

조사보고서 작성 및 연구윤리

Social Welfare

chapter

17 조사보고서 작성

1. 조사보고서의 의미와 기능

조사보고서 작성은 지금까지 진행해온 조사연구의 마무리 단계로서 연구문제를 해결하기 위해 거친 과정과 결론을 문서형태로 작성하는 것을 말한다.

또한 조사보고서는 사회조사의 전 과정을 거쳐서 수행된 연구결과를 세상에 적절히 알리는 것이라고 할 수 있다. 이때 과학적 조사보고서는 적어도 다음과 같은 세 가지 기능을 가지게 된다. 먼저 조사보고서는 연구자가 수행한 조사연구가 무엇인지를, 해당 연구에 관심이 있는 독자들에게 정확하게 알리는 기능을 하게 된다. 그리고 조사보고서는 연구결과를 사회복지정책과 서비스에 적용할 수 있는 지식적 근거를 제공하는 기능을 한다. 마지막으로 조사보고서는 해당 연구주제에 관심을 가지고 있는 연구자들에게 새로운 통찰력을 제공함으로써 사회복지학의 학문 발전에 기여하는 기능을 하게 된다.

2. 조사보고서에서 고려해야 할 사항

다음은 조사연구를 마친 후 연구결과 보고서 작성 시 기본적으로 고려해야 할 사항들이다(Rubin & Babbie, 2016).

1) 독자

조사보고서를 작성하기 전 반드시 염두에 두어야 할 사항이 바로 이 조사보고서를 누가 읽게 되며, 연구결과에 대해서는 어떤 사람들이 관심을 가지고 있는지를 확인하는 일이다. 따라서 만약 예상되는 독자들이 사회복지실천현장의 사회복지사들이라면 연구결과가 가지는 실천적 함의를 중심으로 서술되는 것이 보다 적합할 것이다. 하지만 동료 전문연구자들을 위한 조사보고서 작성이나 학술지 게재를 염두에 두고 작성하는 경우에는 보다 더 엄밀한 연구방법에 대한 기술이 요구된다. 즉, 잠재적 독자의 성격에 따라 사용하는 용어나 기술방법을 달리해서 조사보고서가 작성되어야 한다.

2) 보고서의 형식과 분량

일반적으로 조사보고서는 연구노트(research note), 미완성 논문(working papers), 전문적인 논문(article), 책자 등 다양한 형식을 취하게 된다. 그 중에서 많은 연구자들이 책자나 논문형식으로 조사보고서를 작성하고 있다. 특별히 논문형식으로 조사보고서가 작성될 경우 해당 분야의 전문학술지에 게재를 목표로 하기 때문에 동료 연구자들로부터 연구결과에 대한 비평을 생각하면서 작성하게 된다. 이때 조사보고서의 분량과 구성 체계는 게재를 목표로 한 전문학술지의 투고기준을 따르게 된다.

3) 조사보고서의 목적

조사연구의 목적에 따라 조사보고서의 목적도 각각 탐색적, 기술적, 설명적 목적을 가지게 된다. 그런데 조사보고서의 구체적인 목적은 조사연구의 목적에 따라 서로 다를 수 있다. 하지만 사회복지 조사연구는 그 목적의 상이함에도 불구하고 사회복지 실천현장을 대상으로 한 정책과 서비스에 도움을 주고자 하는 공통된 목적을 가지고 있기 때문에 조사보고서도 이러한 목적을 공유해야 한다.

(1) 탐색적 목적

탐색적 목적의 조사보고서에서 연구자는 이번에 살펴본 연구주제에 관해서 앞으로 좀 더 나은 연구가 되기 위해 나아가야 할 방향을 탐색하고자 하는 목적을 밝히게 된다. 따라서 보고서상의 결론은 단정적인 것이 아니라 잠정적인 것임을 밝혀야 한다.

(2) 기술적 목적

기술적 목적의 조사보고서에서는 연구가 가진 기술적인 목적(descriptive purpose)에 초점을 맞추게 된다. 즉, 조사문제와 관련된 사회적 현상의 특성과 변수 간의 상호관계성 기술을 중심으로 한 결과 보고서이다.

(3) 설명적 목적

설명적 목적의 조사보고서에서는 연구질문에서 다루고 있는 변수들 간의 인과성을 밝히려는 내용을 담게 된다. 따라서 설명적 조사보고서에서는 인과관계를 분석하기 위해 사용한 추리통계분석결과를 정리하고 보고하는 내용이 담기게 된다.

4) 표절방지

다른 사람의 말과 생각을 마치 자신의 말과 생각인 것처럼 사용하는 표절에 관한 일반적인 규칙들은 조사보고서 작성에서도 동일하게 적용된다. 조사보고서 작성에 다음과 같은 부적절한 행위가 발생하지 않도록 주의해야 한다.

- 인용부호나 완전한 출처를 밝히지 않고 다른 사람의 글을 있는 그대로 옮기는 경우
- 다른 사람의 글을 이리저리 편집해 자신의 것처럼 제시하는 경우
- 다른 사람의 생각과 주장을 달리 표현해 마치 자신의 생각인 것처럼 제시하는 경우

3. 조사보고서 작성의 원칙과 요령

조사보고서 작성 시 고려해야 할 몇 가지 원칙은 다음과 같다(김구, 2020; 사회복지교육연구센터, 2022).

1) 정확성

조사보고서의 내용은 정확하게 기술되어야 한다. 이를 위해 분석결과 해석의 타당성을 검토해야 한다. 또한 통계적 자료분석기법은 정확한지, 보고방식은 적절한지를 검토해야 한다. 그리고 조사보고서 제출 전 본문 내용 안에 오탈자는 없는지, 문법은 정확한지 등을 검토해야 한다.

2) 간결성

조사보고서는 간결해야 한다. 이를 위해 조사문제와 관련된 내용만 선별적으로 기록되어야 하며, 조사문제와 직접 관련이 없는 불필요한 내용이나 중복된 내용은 없는지 살펴보아야 한다. 예를 들어, 동일한 문장이나 단어의 반복, 유사한 수식어의 중복 사용 등을 검토하여야 한다.

3) 명료성

조사보고서는 표현이 정확하고 명료해야 한다. 즉, 뜻이 모호한 단어나 표현이 없어야 한다. 이를 위해 연구자는 사용하고자 하는 용어나 주장하고자 하는 내용을 정확히 이해해야 하며, 이를 정확히 문장으로 표현할 줄 알아야 한다.

4) 이해성

다른 사람들이 읽기 쉽고 이해하기 쉽도록 글을 평이하게 써야 한다. 즉, 독자가 원하는 정보를 이해하기 쉽게 기술하여야 한다. 또한 통계자료분석의 결과는 도표나 그림 등을 통해 독자의 이해도를 높일 필요가 있다.

5) 객관성

주의 · 주장을 담은 조사보고서는 객관적 근거에 입각하여 사실적 내용을 보고해야 한다. 따라서 주의 · 주장의 근거에 대한 인용 출처를 명확히 하여야 한다. 또한 문장 표현에 있어서 감정적인 표현은 지양해야 한다. 이때 "내 생각에~"라는 표현 대신 "본 연구에서는~"라는 식의 표현을 사용하게 된다.

6) 적합성

조사보고서는 관공서, 사회복지기관, 공공기관 등 보고대상이 누구인지에 따라 적합하게 작성되어야 한다. 즉, 보고의 대상이 누구인지 확인하고, 보고받을 대상의 수준을 고려하여 작성되어야 한다.

4. 조사보고서 작성 양식

1) 조사보고서의 기본구조

조사보고서의 체제는 정해진 하나의 양식이 있는 것은 아니다. 연구의 내용과 방법, 학문분야 등에 따라서 그 양식이 조금씩 다를 수 있다. 하지만 일반적으로 다음과 같은 형식으로 연구의 내용과 연구결과를 구성하여 작성하게 된다(이종승, 2013).

(1) 제목

조사보고서의 제일 앞은 제목이 위치하게 된다. 이때 조사보고서는 조사연구의 주된 내용을 반영하는 제목을 필요로 한다. 하지만 조사보고서의 제목을 결정하는 것은 쉬운 일이 아니다. 조사보고서의 제목을 정할 때 연구자는 다음과 같은 사항을 고려해야 한다.

- 독자들의 호기심과 관심을 자극하는 제목이 좋다. 즉, 가능하다면 연구자는 독자들이 조사보고서에 어떤 내용이 들어 있는지 궁금해할 만한 제목을 뽑을 필요가 있다.
- 제목은 가능한 간결할수록 바람직하다.
- 제목을 통해 조사보고서가 어떤 내용을 담고 있는지에 관한 충분한 정보를 제공할 필요가 있다.

(2) 초록

제목에 이어서 조사보고서의 내용을 간략하게 요약해 정리한 초록(abstract)이 위치한다. 정해진 초록의 길이에 대한 규정은 없으나 초록에는 다음의 순서대로 그 내용을 요약해 소개하면 된다.

- 연구의 목적을 밝힌다.
- 연구설계와 연구방법을 설명한다.
- 연구의 주된 결과가 무엇인지를 설명한다.
- 주요 연구결과의 함의를 사회복지정책과 서비스 차원에서 간략히 언급한다.

(3) 서론

서론에서는 연구의 목적과 필요성, 연구질문과 연구문제, 연구의 범위와 한계 등을 밝힘으로써 연구하고자 하는 내용의 전체적인 윤곽을 기술한다.

① 연구의 필요성과 목적

연구의 필요성과 목적을 피력하기 위해 그동안 관련 연구분야에서 이루어진 주요 연구를 소개하고 선행연구의 문제점, 제한점, 미흡한 점 등을 밝힌다. 이 바탕 위에서 새로운 연구가 필요한 점을 강조하면서 이번 연구가 어떻게 이러한 문제와 선행연구의 한계들을 극복하거나 보완할 수 있는지, 기존 연구와의 차별성은 무엇인지를 기술한다.

② 연구문제와 가설

대부분의 연구는 연구문제로부터 출발하므로 서론에서 구체적인 연구문제와 연구내용을 밝히게 된다. 하지만 모든 연구가 연구문제와 가설을 필요로 하는 것은 아니다. 즉, 탐색적 연구나 새로운 척도의 개발을 위한 연구에서는 연구문제나 가설이 없을 수도 있다. 이 경우 이번 연구에서 수행하고자 하는 내용을 위주로 기술하면 된다.

③ 연구의 범위와 한계

일반적으로 조사연구는 연구의 대상, 내용, 방법, 상황 등에 있어서 일정한 한계가 있을 수밖에 없다. 따라서 사전에 이번 연구의 범위와 한계를 밝힘으로써 연구를 명확하게 할 필요가 있다.

(4) 본문

① 문헌고찰

문헌고찰은 '선행연구 고찰' 또는 '이론적 배경'이라고도 한다. 현재의 연구문제나 연구방법 등과 직접 관련된 문헌의 내용을 통해 기존 연구의 반복을 피하고, 연구문제와 가설에 대한 근거를 찾고자 문헌고찰을 하게 된다. 그리고 선행연구 고찰을 통해 결론부분에서 연구결과의 해석에 도움이 되거나 비교할 수 있는 자료와 정보를 얻어 연구의 완성도를 높이는 역할을 하게 된다.

② 조사방법

조사방법에 주로 포함되는 내용은 연구대상, 측정도구, 자료수집 및 분석방법 등이다. 이를 통해 다른 연구자들도 같은 방법이나 유사한 조사방법을 통해 연구를 반복(replicate)할 수 있도록 돕게 된다.

- 연구대상: 누구를 대상으로 실시한 조사연구인지, 그들을 어떤 표집방법을 사용해 연구대상으로 포함시켰는지를 사실대로 기술하게 된다. 표본조사응답자들의 인구사회학적인 특성을 사례수와 백분율을 포함한 표를 통해 밝힘으로써 조사결과를 읽는 독자들이 표본의 특성을 쉽게 파악하도록 도울 수 있다.
- 측정도구: 자료수집을 위해 사용한 측정도구를 도구의 출처와 문항, 채점방식, 신뢰도와 타당도 등의 차원에서 밝히게 된다. 검사문항수와 신뢰도를 제시하고, 하위검사를 한 경우 하위검사별 문항수, 신뢰도 계수 등을 제시하게 된다.
- 자료수집과 분석방법: 자료수집 기간, 자료수집과정과 방법 등을 기술한다. 또한 수집된 자료를 어떤 통계적 자료분석방법을 사용해 분석하였는지를 밝힌다. 질적연구의 경우 자료의 분석단위, 부호화 및 범주화 방법, 분석방법 등을 구체적으로 기술하게 된다.

③ 조사결과

연구문제나 가설에 기초한 조사결과를 보고하게 된다. 일반적으로 양적조사 연구에 있어서 '연구결과'를 보고하는 부분에서 연구자는 적절한 분석방법을 이용해 수집한 자료를 통계적으로 분석한 결과를 밝히게 된다. 예를 들어 연구대상자의 일반적 특성을 밝히거나, 연구질문에 대한 답을 얻기 위해 사용한 상관관계분석, 분산분석, 회귀분석 등의 결과를 제시하게 된다. 이때 필요하다면 자료분석결과를 표나 도표, 그림 등으로 표현함으로써 독자들의 이해를 도울 수 있다.

연구결과 부분에서는 자료의 기술적 의미와 사실적 의미가 무엇인지를 서술하는 것에서 그치는 경우가 많다. 예를 들어 사회복지전공 대학생들을 상대로 노인복지분야 취업의향에 영향을 미치는 요인에 관한 연구결과, 노인복지분야 자원봉사 경험의 정도는 노인복지분야 취업희망자가 취업비희망자보다 높은 것으로 나타났으며, 통계적으로 유의미하였다고 가정해 보자. '연구결과' 부분에서는 이런 차이가 존재한다는 사실만을 밝히고 그런 차이에 대한 설명은 '결론 및 논의' 부분에서 다루게 된다(이봉재, 2006).

(5) 결론 및 제언

① 결론

이 부분은 조사연구를 통해 얻은 연구결과를 해석함으로써 결론과 함의를 이끌어내는 부분이다. 이때 연구자는 이번 연구에서 발견한 결과를 바탕으로 한 결론 도출이 이루어져야 한다는 점을 기억해야 한다. 간혹 결론에 대한 근거를 연구결과에서 발견할 수 없는 경우도 있는데 그럴 경우 근거도 없는 결론으로 취급당하게 된다. 따라서 결론에서는 연구결과에 대한 해석과 그에 따른 함의들이 상호유기적인 관련성 속에서 언급되어야 한다.

② 제언

제언부분에서는 이번 연구에서 충분히 담아내지 못한 점이나 연구방법, 조사대상자 등과 관련한 연구의 제한점 등을 언급하게 된다. 즉, 연구대상의 표집이나 측정도구와 같은 연구방법상의 한계 등을 기술하게 된다. 이를 통해 연구자는 후속연구에서는 보다 더 발전된 연구가 이루어지도록 돕는 기여를 하게 된다. 또한 연구결과를 바탕으로 해서 앞으로 후속연구가 진행된다면 진일보한 연구가 이루어질 수 있도록 참고할 만한 연구 아이디어를 제시하기도 한다. 그리고 서론에서 밝힌 연구의 범위와 한계에 따라 이번 연구에서 얻은 결론을 일반화시키는 데 제한점이 있다는 사실을 명시하게 된다.

(6) 참고문헌

연구를 수행하는 전체 과정에서 참고한 문헌과 자료, 인용한 자료 등을 가, 나, 다 순이나 A, B, C 순서와 같은 일정한 형식에 맞추어 제시하게 된다. 참고문헌을 정리하여 제시하는 이유는 본문에서 인용하거나 참고한 자료를 밝힘으로써 연구의 객관성을 담보하고 관련 분야의 후속연구자들을 위한 정보제공 목적이 있다.

① 참고문헌 인용 및 제시 방법

조사보고서 작성 시 인용 및 참고로 한 문헌들을 정확하게 표기해야 한다. 본문에서 인용된 선행연구에 대한 표시는 저자의 이름과 출판연도를 제시하면 된다. 영문 자료인 경우 저자의 성(姓)과 출판연도만 밝히면 된다. 예를 들어, (홍길동, 2014)이나 (Rubin and Babbie, 2016)처럼 표기하면 된다. 그리고 인용한 문헌의 저자 이름을 본문의 문장 속에서 밝혀야 할 때는 홍길동(2014) 또는 Rubin과 Babbie(2016)처럼 이름이나 성 다음에 출판연도를 괄호 속에 표기하면 된다. 인용각주와 참고한 문헌을 본문과 참고문헌에서 제시하는 방식은 학술지나 학회마다 조금씩 차이가 있다. 이 책에서는 미국심리학회(American Psychiatric Association: APA)에서 제시하고 있는 방식을 따라 설명하였다.

② 단행본

국문 단행본은 저자, 출판년도, 책 제목, 출판도시, 출판사 순으로 아래와 같이 제시하면 된다.

이봉재 (2014). 노년기 스트레스의 이해. 서울: 신정.

유수현 · 서규동 · 유명이 · 이봉재 · 이종하 (2018). 정신건강사회복지론(개정 3판). 서울: 신정.

영문 단행본의 경우 저자, 출판년도, 책 제목, 출판도시, 출판사 순으로 아래와 같이 제시하면서 책 제목을 이탤릭체로 표기한다.

American Psychiatric Association. (1994). *Diagnostic and statistical manual of mental disorders.* (4th ed.). Washington, DC: Author.

Beck, A. T., Zaid, K. A., & Brown, G. K. (1996). *Manual for the Beck Depression Inventory-Ⅱ*. San Antonio, TX: Psychological Corporation.

③ 정기간행물

정기적으로 발행하는 학술지에 게재된 논문을 인용하거나 참고한 경우 다음과 같이 표시하면 된다. 국문의 경우 학술지명을 진한 글씨로 처리하고, 영문 저널의 경우 권(호)까지 이탤릭체로 쓰고 각 단어의 첫 글자는 대문자로 표기한다.

이봉재 (2020). 성적지향에 대한 미국과 독일의 종교적 면책: 고용차별금지를 중심으로. **사회과학연구**, 제36집 1호, 25-49.

Eack, S. M., Greeno, C. G., & Lee, B. J. (2006). Limitations of the patient health questionnaire in identifying anxiety and depression in community mental health: Many cases are undetected. *Research on Social Work Practice*, 16(6), 625-631.

④ 정부간행물

정기적으로 발행되는 중앙정부 및 지방자치단체 간행물의 경우 다음과 같은 형식을 따른다.

교육과학기술부 (2010). 교육통계연보. 서울: 교육과학기술부.

⑤ 미발행 학위논문

석 · 박사학위 논문의 내용을 인용하거나 참고한 경우 다음과 같이 표시하면 된다.

이봉재 (1995). 사회사업가들의 동성애에 대한 태도 연구. 석사학위논문. 숭실대학교.

Lee, B. J. (2005). *Alcohol-induced stress and social support as influences of the adult substance abuser's health and well-being*. Unpublished Doctoral Dissertation. The University of Pittsburgh.

⑥ 학술대회 발표논문

학회 등에서 개최하는 춘계 · 추계 학술대회에서 발표한 논문을 인용하거나 참고한 경우는 다음과 같이 기재한다. 저자명, 발표연월, 논문 제목, 학술대회명, 개최장소 순서로 적고 논문 제목은 마무리를 마침표를 찍고 따옴표 처리하면 된다. 영문의 경우 제목을 이탤릭체 처리하여 구분하게 된다.

> 천덕희 · 이봉재 (2010. 11). "익명의 알코올중독자(AA)참여가 단주기간에 미치는 영향과 영적성 숙의 매개효과." 한국정신보건사회복지학회 추계학술대회. 전북: 전북대학교.
>
> Glanz, J. (March 2008). *John Dewey's critique of scientific dogmatism in education with implications for current supervisory practice within a standards-based environment*. Paper presented at the Annual Meeting of the American Eucational Research Association, NY. (ED500776).

⑦ 인터넷 웹 문서 자료

최근에는 인터넷을 통해 내려받은 자료를 인용하거나 참고문헌으로 활용하는 경우가 많이 있다. 이 경우 접속한 일자를 출판일로 하여 인터넷상의 웹 주소와 제목을 제시하면 된다.

> 후성유전학(2014. 8. 18). http://ko.wikipedia.org/wiki/%ED%9B%84%EC%84%B1%EC%9C%A0%EC%A0%84%ED%95%99

⑧ 부록

조사보고서는 필요한 경우 부록을 첨부할 수도 있다. 부록은 사진, 그림, 통계자료, 도표, 설문지 등 연구보고서의 본문에 넣기에는 그 내용이나 형식 및 분량이 적절하지 않을 때 참고문헌 다음에 첨부하는 것을 말한다. 그리고 '찾아보기(index)'를 통해 본문의 주요 용어나 빈번하게 언급되었던 인명 및 용어를 가나다순이나 알파벳순으로 정리할 수 있다.

2) 조사보고서 작성 양식의 예

조사보고서는 지금까지의 연구과정과 분석과정 등 전체적인 연구과정을 일목요연하게 보여주어야 한다. 이에 학술적인 목적의 연구보고서와 정책적 제언을 위한 연구용역보고서 체계를 중심으로 그 작성양식을 소개하면 다음과 같다.

(1) 학술논문

학술논문의 경우 별도의 정해진 형식 또는 구조가 있는 것은 아니다. 연구주제에 따라 다소간의 차이는 있겠지만 일반적으로 다음과 같은 양식으로 작성하여 보고되고 있다.

Ⅰ. 시작 부분	1. 연구제목 2. 연구자의 성명, 소속, 직위, 연락처 3. 초록
Ⅱ. 본문 부분	1. 서론 2. 이론적 논의(선행연구 고찰) 3. 조사방법 4. 자료분석 5. 결론
Ⅲ. 마지막 부분	1. 참고문헌 2. 부록(측정도구)

표 17-1 전문학술지 논문 구조의 예 1

제목: 여대생의 진로장벽 인식이 정신건강에 미치는 영향과 진로결정자기효능감의 매개효과에 관한 연구

저자: 이봉재
소속: 서울신학대학교

요약

Ⅰ. 서론

Ⅱ. 이론적 배경
1. 대학생의 진로문제와 정신건강에 대한 이해
2. 진로장벽인식에 대한 이해
3. 진로결정자기효능감에 대한 이해

Ⅲ. 연구방법
1. 연구모형과 가설
2. 조사대상자 및 표집방법
3. 측정도구
4. 자료분석방법

Ⅳ. 분석결과
1. 표본조사응답자의 일반적 특성
2. 표본조사응답자의 진로장벽인식, 진로결정자기효능감 및 정신건강의 수준
3. 진로장벽인식이 정신건강에 미치는 영향 및 진로결정자기효능감의 매개효과

Ⅴ. 결론 및 논의

참고문헌

출처: 청소년복지연구 제13권 제3호 2011, 23-42.

표 17-2 전문학술지 논문 구조의 예 2

Title: Limitations of the Patient Health Questionnaire in Identifying Anxiety and Depression in Community Mental Health: Many Cases Are Undetected

Authors: Shaun M. Eack, Catherine G. Greeno, Bong-Jae Lee
Affiliation: University of Pittsburgh

Abstract

Ⅰ. Introduction

Ⅱ. Method
1. Participants
2. Measures
3. Procedure

Ⅲ. Results
1. Diagnostic Prevalences
2. Accuracy of the PHQ in Screening Anxiety
3. Accuracy of the PHQ in Screening Depression

Ⅳ. Discussion and Applications to Social Work Practice

References

Source: Research on Social Work Practice, Vol. 16 No. 6, November 2006. 625-631

(2) 연구용역보고서

일반적으로 관공서나 공공기관에서는 필요로 하는 연구주제에 대한 연구용역을 공고하여 선정된 연구자에게 연구용역을 의뢰하고 있다. 그리고 연구자는 일정기간 동안 진행한 연구결과를 연구용역보고서 형태로 보고하게 된다. 이에 따라 연구용역보고서는 연구용역을 의뢰한 기관이 알고자 하는 것들을 밝혀서 특정한 방안들을 제안하는 형식을 취하게 된다.

표 17-3 연구용역보고서 구조의 예

제3기 ○○시 지역사회보장계획 수립을 위한 지역사회복지 욕구 및 복지자원 조사보고서

제1장 욕구 및 자원조사과정
　제1절 연구조사과정
　제2절 연구조사 설계

제2장 ○○시 지역적 특성과 현황
　제1절 지역적 특성
　제2절 인구현황
　제3절 재정현황

제3장 복지자원 조사
　제1절 ○○시 사회복지관련 기구 현황
　제2절 공공복지 자원
　제3절 민간복지 자원
　제4절 복지자원 네트워크

제4장 복지욕구 조사
　제1절 지역사회복지 욕구
　제2절 노인복지 욕구
　제3절 장애인복지 욕구
　제4절 아동복지 욕구
　제5절 청소년복지 욕구
　제6절 영·유아복지 욕구

제7절 저소득층복지 욕구
제8절 여성복지 욕구
제9절 다문화복지 욕구

참고문헌

18
조사연구의 윤리

인간을 대상으로 연구를 실시하는 경우 연구자들은 연구를 시작하기에 앞서 자신이 계획한 조사의 윤리성과 관련된 문제에 직면하게 된다. 즉, 연구대상자의 신체적 · 정신적 상해 문제, 사생활 침해 문제와 개인정보보호, 표절이나 데이터 조작 등 연구자 부정행위 등의 윤리성 문제가 생길 수 있다. 또한 연구자는 연구대상자의 보호에 관한 기관생명윤리위원회(Institutional Review Boards)의 심의를 통과하기 위해서라도 계획된 연구의 윤리성을 검토해서 기준에 부합되는지를 실질적으로 따지게 된다.

그런데 연구의 윤리성이 원래 이렇게 엄격했던 것은 아니다. 수십 년 전만 하더라도 인간을 대상으로 하는 연구가 윤리에 대한 아무런 검토 없이도 실시되었으며, 연구결과 역시 기본적인 윤리기준조차도 무시한 채 발표되었다. 예를 들어, 1932년부터 1972년 사이 40년 간 미국의 공중보건서비스를 담당하는 부서에서 진행한 터스키기 매독 실험(Tuskegee Syphilis Experiment)은 연구의 윤리성 문제를 부각시킨 대표적인 사례로 여겨지고 있다. 이 실험에서 연구자들은 매독을 앓고 있던 수백 명의 가난한 흑인 남성을 진단하였지만 그들에게 매독에 감염된 사실을 알려주지 않았다. 더욱이 연구자들은 이들을 치료할 생각도 없었고 오로지 그 질병의 진행상황을 연구하는 일에만 관심이 있었다. 심지어 매독치료제로 페니실린이 발견된 후에도 감염자들에게 페니실린을 제공하거나 페니실린의 약효에 대해 알려주지 않은 채 연구를 계속 진행하였다. 그리고 연구결과가 13개의 학술지에 발표되었음에도 불구하고 연구는 아무런 제지 없이 진행될 수 있었다. 하지만 연구의 비윤리성을 발견한 피터 벅스턴(Peter Buxtun)을 비롯한 사람들의 노력으로 마침내 연구는 중단되었고, 이후에 연구대상자들과 함께 감염된 배우자 및 태어나면서부터 감염된 아이들은 항생제 치료를 받을 수 있었다(김구, 2020; 이종승, 2013; Rubin & Babbie, 2016).

우리나라에서는 2004년 제정된 '생명윤리 및 안전에 관한 법률(2020. 12. 29. 일부개정)'에 따라 사람을 대상으로 물리적으로 개입하거나 의사소통, 대인 접촉 등의 상호작용을 통하여 수행하는 연구 또는 개인을 식별할 수 있는 정보를 이용하는 인간대상 연구는 사전에 반드시 기관생명윤리위원회(IRB)의 심의를 받아야 하는 원칙을 가지고 있다. 이에 따라 대표적인 사회복지관련 조사연구학회인 한국사회복지학회에서도 최근부터 학회지에 투고하는 모든 인간대상 연구는 기관생명윤리위원회(IRB) 심의를 받은 논문을 원칙적으로 심사대상으로 하고 있다.

응용학문이자 실천학문인 사회복지학의 학문성격상 수많은 조사연구가 이루어질 수밖에 없다. 이에 따라 사회복지 관련 조사연구자는 사회복지전문직의 윤리성과 생명윤리 및 안전에 관한 법률적 원칙들을 충분히 인식하고 조사연구 활동을 전개하는 것이 바람직하다. 이 장에서는 사회조사에서 윤리적으로 문제가 되는 영역들과 사회복지 조사연구의 윤리적 쟁점 및 기관생명윤리위원회(IRB)에 대해서 살펴보도록 한다.

1. 조사연구의 윤리적 문제 영역

1) 조사문제 자체에 관한 사항

조사문제의 선정이나 조사 주제가 다음과 같은 차원에서 사회적 · 윤리적으로 문제시될 수도 있다(김병섭, 2010).

(1) 연구대상에 대한 문제

조사연구는 연구대상에게 손해를 끼칠 수 있는 내용의 연구가 되어서는 안 된다. 예를 들어, 개인의 사생활을 침해하게 되는 경우나 조사대상자에게 신체적 · 정신적으로 침해를 입힐 수도 있는 연구를 수행해서는 안 된다. 그렇기 때문에 자발적 참여인 경우에만 조사연구가 허용되어야 하며 연구참여자들에 대한 고지된 동의가 중요시되는 이유이다.

(2) 이해관계의 문제

수행하고자 하는 조사연구가 연구자 개인의 이익이나 소속기관의 이익과 일치 또는 상반되는 여부가 있을 수 있다. 예를 들어, 연구계획서상 이번 연구가 연구자에게는 개인적으로 경제적 · 학문적 이익이 되지만 연구자가 속한 기관에는 해를 입힐 가능성이 있을 수 있다. 이런 경우 연구자가 연구를 수행할 때 본인이 속한 기관의 이익을 염두에 두어야 하고, 개인의 이익이 본인이 속한 기관의 이익과 상충할 때는 이를 소속 기관에 미리 보고하고 해결해야 하는 것으로 권고되고 있다.

(3) 연구의 자율성 문제

조사문제를 선정하는 데 있어서 학술적 가치와 실제적 가치가 아무리 크다고 하더라도 모든 연구문제를 연구할 수 있는 것은 아니다. 이와 관련하여 두 가지 입장이 있을 수 있다. 먼저 연구자는 본인이 속한 기관과 사회의 규범을 준수하는 가운데, 소속 기관과 사회가 허락하는 범위 내에서 연구문제를 선정할 수 있다는 보수적 관점이 있다. 반면에 모든 과학자는 본인이 원하는 어느 분야든 연구할 수 있기 때문에 연구의 범위를 사전에 제약할 수 없다고 보는 입장도 있다.

2) 조사과정 및 방법에 관한 사항

(1) 조사 시행 장소 관련

정신병원, 교도소, 학교, 정부 및 공공기관 등에서는 연구대상자가 완전히 자유롭게 그리고 완전히 본인의 의지로 조사연구에 참여 결정을 하기 어려운 문제가 있다. 그리고 그런 장소에서는 면접의 내용이나 설문조사에 대한 응답 역시 조사가 시행되는 장소가 영향을 미칠 수 있다.

(2) 조사설계 관련

만약 아동의 TV 시청 시간이 아동의 폭력행동에 미치는 영향을 조사한다고 가정하자. 이를 위한 실험조사에서 실험집단 또는 통제집단에 선정된 아동의 경우 실험 참가와 관련된 문제가 생길 수도 있다. 즉, 자극적인 폭력 드라마를 시청하도록 실험집단에 배치된 아동들의 경우 독립변수에 대한 조치로 인한 부정적 영향을 받을 수도 있는 윤리적 문제가 발생하게 된다.

(3) 표본선정 관련

줄기세포 발견을 위한 난자 제공, 생명복제 연구 등과 같이 윤리적으로 논쟁이 되는 경우 표본선정의 윤리성 문제에 직면할 수 있다. 그밖에도 저소득층 대상 연구, 아동 및 노인 대상 연구, AIDS 환자 대상 연구, 성소수자 대상 연구 등은 표본조사응답자에게서 정확하고 편견 없는 자료를 수집할 수 있을지 혹은 신체적 · 정신적 위험 없이 조사가 이루어질 수 있을지 문제시되고 있다.

(4) 자료수집방법 관련

만약 마약거래의 실태조사를 위해 연구자가 실제로 마약거래를 하게 된다면 이는 실정법 위반의 문제가 발생한다. 따라서 연구자는 자료수집방법에서 윤리적 · 법적 문제나 논란이 될 수 있는 부분을 충분히 고려한 조사를 수행하여야 한다.

2. 사회복지 조사연구의 윤리적 쟁점

사회복지 조사연구를 비롯한 과학적 탐구의 진행에 있어서 보편적으로 중요하게 여기는 몇 가지 윤리적 문제를 소개하면 다음과 같다(최성재, 2005; Rubin & Babbie, 2016).

1) 자발적 참여와 고지에 입각한 동의

사회복지 조사연구 윤리에서 일차적으로 중요한 사항은 연구참여자의 자발성이다. 모든 연구참여자는 자신들이 연구에 참여한다는 사실을 인지하고 있어야 하며, 그 누구도 연구에 참여를 강요당해서는 안 된다. 그런데 이러한 자발적 참여(voluntary participation)라는 규범이 연구자와 연구참여자 사이의 관계에 따라 영향을 받을 수도 있다. 예를 들어, 사회복지조사론 수업에서 교수가 자신의 연구를 위해 수업에 들어온 학생들을 대상으로 설문조사를 실시한다고 가정해 보자. 조사참여가 자발적이라는 사실을 알려주고 시작한 조사임에도 불구하고 학생 입장에서는 자발적 참여가 민감한 문제일 수 있다. 따라서 이러한 경우에는 설문지를 나누어 주고 조사대상자들에게 언제까지 우편으로 보내면 된다고 하거나, 다음 수업 시간까지 일정한 장소의 회수함에 넣어 달라고 요청함으로써 자발적 참여를 최대한 보장할 수 있을 것이다.

고지에 입각한 동의(informed consent)와 관련해 연구자는 연구대상자들에게 연구에 참여하기 전 동의서에 서명하도록 요청하게 된다. 이때 연구자는 연구와 관련된 모든 정보, 즉 연구절차, 발생 가능한 잠재적 위험, 익명성과 비밀보장 등 참여자가 참여 여부를 결정하는 데 도움이 되는 정보들을 제공하여야 한다.

한편 고지에 입각한 동의는 조사대상자의 다음과 같은 사항들을 전제로 하게 된다. 첫째, 조사대상자의 판단능력(competence)이다. 고지에 입각한 동의는 책임 있고 성숙한 개인이 판단능력이 있음을 전제로 한 행위로 본다. 따라서 정신적 장애가 있는 사람이나 영유아 등은 이 부분에서 부적절하기 때문에 후견인이나 부모 또는 다른 책임 있는 사람의 동의를 얻어 행하는 것이 바람직하다. 둘째, 자발성을 전제로 한 동의가 이루어져야 한다. 이는 조사대상자들이 조사에 참여할 것을 자유로운 분위기 속에서 결정하고 알려진 위험도 자발적으로 감수한 결과여야 한다는 말이다. 셋째, 고지에 입각한 동의는 충분한 정보를 필요로 한다. 조사대상자에게 조사절차를 최대한 상세히 설명하고, 예상되는 위험도 사전에 인지하도록 돕고, 자료수집방법에 대해서도 충분한 정보가 제공되어야 한다. 넷째, 조사대상자의 이해(comprehension)를 바탕으로 한 동의이다. 이해의 차원에서 고지에 입각한 동의는 조사대상자가 조사에 참여하면서 조사목적과 조사절차를 충분히 이해한 것을 확인하는 것으로 볼 수 있다. 이를 위해 연구자는 조사대상자들에게 조사내용을 충분히 이해했는지 직접 묻고 확인하는 절차를 거쳐야 할 것이다.

2) 익명성과 비밀보장

조사대상자로부터 솔직하고 자연스러운 답을 얻기 위해서는 조사대상자가 개인적으로 누구인지 확인되지 않는 상황이 도움이 된다. 이른바 조사 참여자의 익명성은 조사결과가 공개되더라도 특정 응답을 누가 했는지 분명하게 알 수 없을 때 보장된다. 이를 위해 조사대상자의 이름이나 주소, 소속 등을 묻지 않거나, 연구자가 그러한 정보를 알더라도 번호나 기호로 처리하거나 가명으로 대치함으로써 응답자에 대해서 제3자가 전혀 알 수 없도록 주의를 기울여야 한다.

또한 조사 참여자의 개인적 정보에 대한 비밀보장이 이루어져야 한다. 이와 관련하여 통계법 제33조(비밀의 보호)에는 통계의 작성과정에서 알려진 사항으로서 개인이나 법인 또는 단체 등의 비밀에 속하는 사항은 보호되어야 하며, 통계의 작성을 위하여 수집된 개인이나 법인 또는 단체 등의 비밀에 속하는 자료는 통계작성 외의 목적으로 사용되는 것을 금지하고 있다. 따라서 비밀유지가 엄격히 지켜질 수 있도록 연구자들은 윤리적 책무에 대한 훈련을 받아야 하며, 가능한 한 빠른 시간 안에 확보된 자료에서 개인정보를 식별할 수 있는 이름이나 주소를 설문지에서 제거하고 대체 기호를 부여해야 할 것이다.

하지만 자료수집을 위한 면접 수행과정에서 아동이 학대받는 것을 알게 되었거나 응답자가 자신이나 다른 사람들을 심각하게 해하려고 하는 긴박한 위험에 처해 있다는 사실을 알게 되었을 때는 비밀보장을 유지할 수 없다. 즉각적으로 그 사실을 관계 기관에 신고하거나 보고하는 것이 그 사실을 인지한데 따른 법적 책임이 될 수도 있다.

3) 연구 내용상의 윤리문제

조사연구자가 의도한 바는 아니지만 설문조사 문항이 조사에 참여한 대상자로 하여금 과거를 회상하도록 만들어 수치심이나 분노 등을 느끼게 만드는 경우도 있다. 더불어 성폭력 피해 여성이나 아동학대 피해자 등의 경우 수면 아래에 가라앉았던 트라우마를 떠올리는 결과를 가져올 수도 있다. 그리고 조사질문 가운데 조사대상자의 부채상황, 자산수준 등의 민감한 개인정보를 요구하거나 가정생활, 친구관계, 직업 등을 위태롭게 할 수 있는 정보의 노출이 기대되는 경우 조사대상자들은 연구참여로 인해 힘든 경험을 할 수 있을 것으로 예상할 수 있다. 또한 분석된 자료의 내용 및 연구결과에 대한 보고 시 연구참여자의 신분이 은연중에 드러날 수도 있다. 그리고 비록 익명으로 처리되었지만 연구참여자가 부정적으로 묘사되었을 경우, 연구참여자는 본인의 이야기에 강한 심적 부담을 느낄 수도 있다. 따라서 연구자는 조사대상자들이 연구에 참여하면서 위와 같은 어려움에 직면하지 않도록 세심한 주의를 기울일 필요가 있다.

4) 연구참여자 속이기

연구의 과학적 수준을 높이기 위해 연구자는 자신이 연구를 수행하고 있다는 것을 조사대상자들이 알지 못하게끔 하는 경우가 있다. 조사대상자들에게 연구를 수행하고 있다는 것을 알리지 않는 것은 윤리적으로 조사대상자들을 속이는 것이 되지만 과학적 이유로 또는 조사 관련 행정 차원에서 '연구참여자 속이기(deceiving participants)'가 정당화되는 경우도 있다. 예를 들어, 행정기관으로부터 사회보장의 사각지대 해소를 위한 방안에 대한 연구를 수행해 달라는 요청을 받았다고 하자. 이 경우 행정기관은 사회보장수급권자들의 현재 상황을 향상시키기 위한 방법을 찾기 위해 실시하고 있는 조사연구임에도 불구하고 수급자들은 행정기관이 '부정 수급자'를 찾는 것은 아닌지에 대한 염려가 클 가능성이 있다. 따라서 이들은 실제보다 더 빈곤한 삶을 사는 것처럼 보이기 위해 노력할 수도 있다. 하지만 이 연구에서 수급자들이 진실된 대답을 제공하지 않는다면 그 연구는 효과적인 생활조건 개선과 지원에 기여할 정확한 자료를 얻지 못할 것이다. 따라서 이러한 경우 연구자는 왜 이 연구를 하는지, 혹은 누구를 위해 연구하는지 등에 대해 속일 때가 있다.

5) 연구결과의 보고

연구자는 조사연구의 결과가 예상한 것과 달리 효과가 없거나 개입의 결과가 실패로 나타나는 경험을 할 수도 있다. 이때 연구자는 기대했던 연구결과와는 반대로 나온 결과도 보고해야 할 의무가 있다. 심지어 연구의 기술적 결함과 실패에 대해서도 동료 연구자와 연구결과에 관심이 있는 사람들에게 알려야 할 의무가 있다. 이 부분은 많은 경우 연구참여자에 대한 것이라기보다 동료 연구자들에 대한 윤리적 의무에 해당된다. 연구자는 정직함과 개방성을 통해 자신의 연구에서 경험한 바를 동료 연구자들에게 들려줌으로써 관련 연구의 진전과 과학적 탐구 전체에 기여할 수 있을 것이다.

덧붙여 연구자는 연구문제를 형성하고 조사연구를 계획하는 과정에 있어 조사연구의 수행으로 인한 이득과 연구윤리의 준수로 인한 손실이나 어려움을 심각하게 고민할 필요가 있다. 그 결과 조사연구의 실시로 인한 이득이 사회적으로 확실히 더 크다고 판단될 때 조사를 시행하는 것이 바람직하며 이와 관련하여 기관생명윤리위원회의 연구계획 검토와 그에 따른 승인여부 결정은 이 문제의 해결을 돕는 역할을 하고 있다.

3. 기관생명윤리위원회

미국의 경우 연방 차원에서 이루어지는 생명의학 및 행동연구의 윤리성에 대한 대중의 관심이 증가한 결과로 1970년대부터 연구계획에 대한 기관생명윤리위원회(Institutional Review Boards)의 심의가 실시되고 있다.

현재 조사연구와 관련해서 연방으로부터 연구비 지원을 받는 모든 대학, 연구소 등의 조직에서는 인간을 연구대상으로 제안된 연구의 윤리성을 검토할 수 있도록 기관생명윤리위원회를 설치하도록 되어 있다. 기관생명윤리위원회에서는 계획된 연구의 윤리성을 검토하고 윤리적 관점에서 연구수행의 찬반을 논의하게 된다. 이에 따라 인간을 대상으로 한 생명의학 및 행동연구를 수행하기 원하는 연구자는 본인이 속한 연구기관의 기관생명윤리위원회로부터 사전승인을 얻어야 한다. 그리고 기관생명윤리위원회는 연구 진행 중에도 필요한 경우 해당 연구에 대한 승인을 취소시키거나 종료할 것을 결정할 수도 있다.

물론 모든 조사연구가 기관생명윤리위원회의 검토를 요하는 것은 아니다. 예를 들어, 정상적 교육실천의 일부로서 이루어지는 조사연구, 비밀보장을 기하면서 설문조사 혹은 면접절차를 사용해서 일반인들의 행동을 관찰하는 경우, 비밀보장을 위반하지 않으면서 기존 자료(secondary data)를 사용하는 경우 등은 기관생명윤리위원회의 심사를 면제받는 것을 허용하고 있다. 또한 모든 기관생명윤리위원회의 결정이 올바르거나 연구의 윤리성에 대한 최선의 결정이 이루어지는 것을 보장하는 것은 아니다. 그럼에도 불구하고 기관생명윤리위원회의 심의는 연구자와는 이해관계가 없고 자아가 개입되지 않은 독립적인 전문심사단에 의해 평가가 이루어지기 때문에 조사참여자에 대한 최소한의 안전장치라고 할 수 있다.

기관생명윤리위원회마다 제안된 연구의 윤리성을 입증하기 위해 요구하는 정보의 양과 형식은 다양하다. 기관생명윤리위원회는 연구계획을 승인할지 결정하는 과정에서 특정 내용과 관련하여 연구가 받아들여지기 위한 수정을 요구할 수도 있다. 더욱이 연구가 문제가 될 만한 절차를 포함하고 있다면 기관생명윤리위원회의 승인을 받아내는 것이 문제가 될 수도 있다. 이때 문제가 될 만한 사안들로는 마약 남용이나 성행위 등 민감한 주제에 관한 설문조사나 성폭행, 집단따돌림, 아동학대 등과 같이 조사참여자가 기억해내기에 고통스러울 수도 있는 외상적 사건에 관한 설문문항이 포함된 경우이다(Rubin & Babbie, 2016).

우리나라에서도 미국의 기관생명윤리위원회처럼 인간과 조직, 세포, 혈액, DNA 등과 같은 인체유래물을 연구하는 연구자는 사전에 기관생명윤리위원회의 심의를 받도록 「생명윤리 및 안전에 관한 법률」(2020. 12. 29. 일부개정)에 규정하고 있다. 이 법에서 사회복지관련 연구 조사의 윤리성과 관련하여 주목해야 할 내용은 다음과 같다.

제3조 (기본원칙)

① 이 법에서 규율하는 행위들은 인간의 존엄과 가치를 침해하는 방식으로 하여서는 아니 되며, 연구대상자 등의 인권과 복지는 우선적으로 고려되어야 한다.

② 연구대상자 등의 자율성은 존중되어야 하며, 연구대상자 등의 자발적인 동의는 충분한 정보에 근거하여야 한다.

③ 연구대상자 등의 사생활은 보호되어야 하며, 사생활을 침해할 수 있는 개인정보는 당사자

가 동의하거나 법률에 특별한 규정이 있는 경우를 제외하고는 비밀로서 보호되어야 한다.

④ 연구대상자 등의 안전은 충분히 고려되어야 하며, 위험은 최소화되어야 한다.

⑤ 취약한 환경에 있는 개인이나 집단은 특별히 보호되어야 한다.

⑥ 생명윤리와 안전을 확보하기 위하여 필요한 국제 협력을 모색하여야 하고, 보편적인 국제 기준을 수용하기 위하여 노력하여야 한다.

제10조 (기관생명윤리위원회의 설치 및 기능)

③ 기관위원회는 다음 각 호의 업무를 수행한다.

1. 다음 각 목에 해당하는 사항의 심의

가. 연구계획서의 윤리적 · 과학적 타당성

나. 연구대상자 등으로부터 적법한 절차에 따라 동의를 받았는지 여부

다. 연구대상자 등의 안전에 관한 사항

라. 연구대상자 등의 개인정보 보호 대책

마. 그 밖에 기관에서의 생명윤리 및 안전에 관한 사항

제15조 (인간대상연구의 심의)

① 인간대상연구를 하려는 자는 인간대상연구를 하기 전에 연구계획서를 작성하여 기관위원회의 심의를 받아야 한다.

② 제1항에도 불구하고 연구대상자 및 공공에 미치는 위험이 미미한 경우로서 국가위원회의 심의를 거쳐 보건복지부령으로 정한 기준에 맞는 연구는 기관위원회의 심의를 면제할 수 있다.

제16조 (인간대상연구의 동의)

① 인간대상연구자는 인간대상연구를 하기 전에 연구대상자로부터 다음 각 호의 사항이 포함된 서면동의(전자문서를 포함한다. 이하 같다)를 받아야 한다.

1. 인간대상연구의 목적
2. 연구대상자의 참여 기간, 절차 및 방법
3. 연구대상자에게 예상되는 위험 및 이득
4. 개인정보 보호에 관한 사항
5. 연구참여에 따른 손실에 대한 보상
6. 개인정보 제공에 관한 사항
7. 동의의 철회에 관한 사항
8. 그 밖에 기관위원회가 필요하다고 인정하는 사항

〈그림 18-1〉은 국내 모 대학에서 이루어지고 있는 기관생명윤리위원회의 심의과정을 보여주고 있다. 연구자는 기관생명윤리위원회 승인을 받기 위해 연구계획서, 연구윤리교육 이수확인 등 필요한 서류를 갖춰 심의를 신청하면 기관생명윤리위원회에서는 그림과 같은 절차를 거쳐 연구자에게 승인 또는 승인불가를 통보하게 된다.

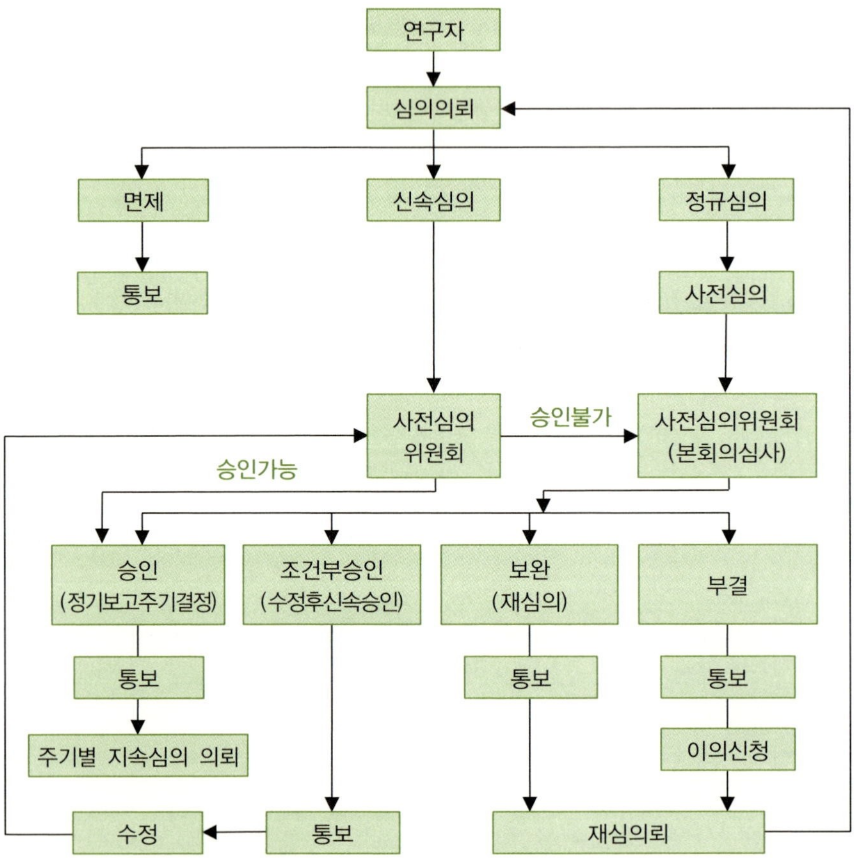

그림 18-1 기관생명윤리위원회 심의과정의 예

출처: http://snuethics.snu.ac.kr/

한편 우리나라의 경우에도 연구기관 내 기관생명윤리위원회 심의에서 다음과 같은 경우 심의 면제를 신청할 수 있도록 하고 있다.

- 일반 대중에게 공개된 정보를 이용하는 연구
- 개인 식별정보를 수집 · 기록하지 않는 연구
- 기타 초중고교에서 통상적인 교육과정의 범위에서 실무와 관련하여 수행하는 연구(정규수업에서 행해지거나 교수법 개선을 목적으로 하는 연구)
- 연구자가 개인정보를 수집 · 기록하지 않는 연구

참고문헌

강병서 · 조철호 (2006). 연구조사방법론. 서울: 무역경영사.

권장욱 · 이훈 (2021). 근거이론을 통한 여행자의 우연성 경험 분석. 관광학연구, 45(2), 9-26.

김광웅 (2006). 방법론 강의. 서울: 박영사.

김구 (2020). 사회과학연구조사방법론의 이해(3판). 서울: 비앤엠북스.

김렬 (2013). 사회과학도를 위한 연구조사방법론. 서울: 박영사.

김미진 · 정옥분 (2010). 아동의 다문화 수용성 척도개발과 타당화 연구. 인간발달연구, 17(4), 69-88.

김병섭 (2010). 편견과 오류 줄이기(2판). 파주: 법문사.

김영종 (2007). 사회복지조사론: 이해와 활용. 서울: 학지사.

김은정 (2016). 사회조사분석사(3판). 서울: 학진북스.

김현철 (2007). 표본의 추출과 분석. 서울: 교육과학사.

류청한 (2014). 가족중심실천 개념에 대한 내용분석: 장애아 가족지원연구를 중심으로. 한국장애인복지학, 24, 131-152.

박훈 (2013). Passion 조사방법론(제2판). 서울: 知&智.

사회복지교육연구센터 (2022). 사회복지조사론. 서울: 나눔의집.

성태제 (2019). 현대 기초통계학: 이해와 적용(제8판). 서울: 학지사.

성태제 · 시기자 (2020). 연구방법론(3판). 서울: 학지사.

소영일 (2001). 연구조사방법론. 서울: 박영사.

송근원 · 김태성 (2008). 사회복지정책론. 서울: 나남출판.

여정성 · 전상민 · 김소연 (2012). 소비자연구방법. 파주: 교문사.

유기웅 · 정종원 · 김영석 · 김한별 (2018). 질적연구방법의 이해(개정판2판). 서울: 박영사.

유수현 · 서규동 · 유명이 · 이봉재 · 이종하 (2018). 정신보건사회복지 총론(개정3판). 서울: 신정.

이경순 외 (2016). 정신건강간호학(제5판). 서울: 현문사.

이계오・박진우・이기재 (2021). 표본조사론. 서울: 한국방송통신대학교출판부.

이군희 (2008). 사회과학연구방법론(수정판). 서울: 법문사.

이민홍・박지영 (2012). 잠재적 클라이언트의 사회복지프로그램 참여를 위한 동의능력선별척도의 타당도 검증에 관한 연구. 한국사회복지교육, 19, 21-46.

이봉재 (2006). 사회복지전공 대학생들의 노인복지분야 취업의향에 영향을 미치는 요인에 관한 연구. 한국사회복지교육, 2(1), 75-103.

이봉재 (2014). 노년기 스트레스의 이해. 서울: 신정.

이봉주・김기덕 (2019). 사회복지프로그램 개발과 평가(2판). 서울: 신정.

이소현・박은혜・김영태 (2013). 교육 및 임상현장 적용을 위한 단일대상연구. 서울: 학지사.

이종승 (2013). 교육・심리・사회 연구방법론. 파주: 교육과학사.

이찬희・문영주 (2013). 부산지역 사회복지현장 실무자의 지역조직화 사업 수행 경험에 관한 연구. 한국지역사회복지학, 45, 1-32.

이학식 (2012). 사회과학연구를 위한 회귀분석. 서울: 집현재.

이현서 (2014). '문화복지' 개념 정의에 대한 내용분석: 학술지를 중심으로. 여가학연구, 11(3), 61-80.

정무성・정진모 (2001). 사회복지프로그램 개발과 평가. 파주: 양서원.

조경은 (2009). 정신장애인의 직업재활을 위한 동기강화 집단미술치료 프로그램의 효과. 장애와 고용, 19(3), 81-102.

조용래 (2012). 한국판 외상 후 인지 검사의 요인구조와 수렴 및 변별타당도: 외상경험 대학생들을 대상으로. 인지행동치료, 12(3), 369-391.

진영재 (2011). 사회과학 연구조사 방법론. 서울: 박영사.

채구묵 (2015). 사회복지조사방법론(4판). 파주: 양서원

채구묵 (2022). 사회과학 통계분석(5판). 파주: 양서원.

채서일 (2016). 사회과학조사방법론(4판). 서울: 비앤엠북스.

최성재 (2005). 사회복지자료분석론. 파주: 나남.

최성재 (2005). 사회복지조사방법론. 파주: 나남.

최일섭・김성한・정순둘 (2001). 사회복지조사론. 서울: 동인.

최일섭・이창호 (1993). 사회계획론. 서울: 나남.

최종혁 (2009). 질적연구방법론: 현상학적 자기평가론. 파주: 양서원.

한국청소년정책연구원 (2007). 청소년학연구방법론. 서울:교육과학사.

현경자 · 김연수 (2011). 여성결혼이민자의 한국생활적응 측정도구 개발연구. 보건사회연구, 31(4), 63-100.

홍영수 · 전선영 (2005). 청소년의 생활스트레스가 자살생각에 미치는 영향과 우울의 매개효과. 정신보건과 사회사업, 19, 125-149.

Babbie, E. (2021). The practice of social research (15th Ed.). 사회조사방법론. 고성호 외 역. 서울: 센게이지러닝코리아.

Beveridge, W. (1950). *The art of scientific investigation.* NY: Vintage Books.

Campbell, D., & Stanley, J. (1963). Experimental and Quasiexperimental Designs for Research. Chicago: Rand McNally.

Cook, T., & Campbell, D. (1979). *Quasiexperimentation: Design and Analysis Issues for Field Settings.* Chicago: Rand McNally.

Gilgun, J. (1994). Hand into glove: The grounded theory approach and social work practice research. in E. Sherman and W. Reid (Eds.). *Qualitative Research in Social Work* (pp.115-125). NY: Columbia University Press.

Glaser, B., & Strauss, A. (1967). The Discovery of Grounded Theory: Strategies for *Qualitative Research.* Chicago: Aldine.

Kaplan, A. (1964). *The Conduct of Inquiry.* San Francisco: Chandler.

Kerlinger, Fred N. (1986). *Foundations of behavioral research* (3rd ed). NY: Holt, Rinehart & Winston.

Krejcie, R., & Morgan, D. (1970). Determining sample size for research activities. *Educational and Physical Measurement, 30,* 607-610.

LeDoux, J. (2008). 시냅스와 자아. 강봉균 역. 파주: 동녘 사이언스.

Merriam, S. (1998). *Qualitative research and case study applications in education.* San Francisco, CA: Jossey-Bass.

Minium, E., Clarke, R., & Coladarci, T. (2006). Elements of statistical reasoning(2nd Ed.). 통계분석 논리의 기초(2판). 김아영 · 차정은 역. 서울: 박학사.

Monette, D., Sullivan, T., & DeJong, C. (2011). *Applied social research: Tools for the human sciences* (8th Ed.). Toronto: Brooks/Cole.

Nourbakhsh, M., & Ottenbacher, K. (1994). The statistical analysis of single-subject data: A comparative examination. *Physical Therapy, 74*(8), 768-776.

Punch, K. (2005). *Introduction to social research: quantitative and qualitative approaches* (2nd ed). Thousand Oks, CA: Sage.

Research Advisor (2006). Sample size table. http://research-advisors.com/tools/SampleSize.htm

Rubin, A., & Babbie, E. (2016). Research method for social work (8th Ed.). 사회복지조사방법론. 김기덕 외 역. 서울: 센게이지러닝코리아.

Schramm, W. (1971). Notes on case studies of instructional media projects, Academy for educational development, Washington, DC.

Stake, R. (1995). *The art of case study research*. Thousand Oks, CA: Sage.

White, T., & Mcburney, D. (2013). *Research Methods* (9th Ed.). CA: Wadsworth.

Wolcott, H. (1992). Posturing in qualitative inquiry. In M. D. LeCompte, W. L. Millroy & J. Preissle (Eds.), *The handbook qualitative research in education* (pp. 3-52). NY: Academic Press.

Yin, R. (2003). *Case study research design and method* (3rd ed.). Thousand Oks, CA: Sage.

찾아보기

이봉재

University of Pittsburgh, Ph.D.

서울신학대학교 사회복지학과 교수

사회복지조사론(2판)

1판발행 2016년 3월 10일 **1판 1쇄 발행**
2판발행 2023년 1월 10일 **2판 1쇄 발행**

지은이 이봉재
펴낸이 최용구 | **펴낸곳 도서출판 신정**
주소 (04316) 서울시 용산구 원효로 89길 19 (원효로1가)
전화 02)3211-4782, 0266(영업부), 3211-4783(편집부), 3211-4784(팩스)
이메일 sjbook2002@naver.com | **홈페이지** www.sjbook.co.kr
등록 2001년 5월 11일 제13-702호
기획마케팅 최용구 장만동 최충구 송대용 | **책임편집** 석기은 황가연

ISBN 978-89-5912-825-9 93330
정가 20,000원